Wer war Jacob Burckhardt?

Für Almick in Tokyo!

Gute Lektüre wünscht p.

Jacob Burckhardt im Jahre 1892.

René Teuteberg

Wer war Jacob Burckhardt?

In memoriam Werner Kaegi

© 1997, Druckerei Ganzmann AG, Basel
ISBN 3-9521248-0-X
Vertrieb: Buchhandlung Dr. Vetter, Schneidergasse 27, CH-4001 Basel

Inhalt

Die Werke

Zum Geleit

«Ich rathe ferner zum einfachen Weglassen des blossen Tatsachenschuttes – nicht aus dem Studium – wohl aber aus der Darstellung...

Endlich schreiben Sie einbändig, und erinnern Sie sich der stillen Verzweiflung, womit Sie wie ich auf irgend eine neue, etwa dreibändige Mono- oder Biographie hinzublicken pflegen, deren geistig wichtiger Neugehalt auf 4–5 Seiten abzuthun gewesen wäre. Die Concision, zu welcher ich rathe, braucht nicht im Ausdruck zu liegen, welcher im Gegenteil bequem und ruhig sein muss; besser erspart man den Raum, indem man den oben berührten Schutt auf das Nothwendigste beschränkt.»

Mit diesen Worten riet Jacob Burckhardt am 30. März 1870 dem jungen Historiker Bernhard Kugler zum Schreiben von knappen, aber gut lesbaren Büchern.

Als im Jahre 1982 der siebente, unvollendete Band Werner Kaegis grossangelegte Burckhardt-Biographie beschloss, da galt der Dank der wissenschaftlichen Welt dem 1979 verstorbenen Autor für eine breitangelegte Basler Kulturgeschichte des 19. Jahrhunderts, in deren Mittelpunkt die bis ins Einzelne sorgfältig nachgezeichnete Biographie Jacob Burckhardts

7

stand. Für die Jacob Burckhardt-Forschung stellt diese Biographie ein unentbehrliches Nachschlagewerk dar; auf den an einem konzentrierten Lebensabriss Burckhardts interessierten Leser wirkt sie durch ihren Umfang einschüchternd.

Dr. René Teuteberg, selbst Schüler Werner Kaegis, hat die Initiative ergriffen, eine anschauliche, im Umfang handliche Biographie Burckhardts zu verfassen. Aus eigener Forschung konnte er vor allem reizvolle Details aus nicht bekannten Briefen Friedrich von Preens beisteuern. Seine Vertrautheit mit Burckhardts Büchern, mit seinen Vorträgen und vor allem auch mit seinem Briefwerk gab ihm Mut und Sicherheit, eine im guten Sinne populäre Biographie vorzulegen, die, abgestützt durch eine grosse Sekundärliteratur, die Beschränkung auf das Wesentliche zum Ziel hat. Burckhardt selbst hatte ja Darstellungen gefordert, die «*ganz klar und krystallhell, ohne allen Schutt und Staub*» sein sollten. Gerade heute, da sich in vielen historischen Disziplinen eine Fachsprache eingebürgert hat, die für den interessierten Laien nur schwer verständlich ist, kann ein angenehm geschriebenes Buch die wichtige Aufgabe erfüllen, Werk und Persönlichkeit Burckhardts über den Kreis der Fachgelehrten hinaus einem weiteren Publikum bekannt zu machen. Dafür gebührt dem Verfasser Dank und Anerkennung aller an Burckhardt Interessierten.

Prof. Dr. Marc Sieber

Vorwort

Meine erste intensive Begegnung mit dem Werk Jacob Burckhardts liegt schon 50 Jahre zurück. An einem Januartag des
Jahres 1947 folgte Professor Dr. Werner Kaegi, mein Lehrer
an der Universität Basel, einer Einladung des jung vermählten
Ehepaars Susi und René Teuteberg-Bentz und brachte als Gast-
geschenk den soeben erschienenen ersten Band seiner Jacob
Burckhardt-Biographie mit. Diesem, heute arg zerschlissenen,
ersten Band folgten im Lauf der Jahre noch fünf weitere, und
nach dem Tode Kaegis im Jahre 1979 gesellte sich zuletzt ein
siebter Band dazu, den Professor Edgar Bonjour, der Kollege
Kaegis, und der Assistent Dr. Niklaus Röthlin betreut hatten.
So bin ich im Lauf von 35 Jahren in den Besitz der *«wohl um-
fangreichsten Historikerbiographie aller Zeiten»*[1] gekommen,
und sie ist während des ganzen halben Jahrhunderts immer in
Griffnähe geblieben.

Schon im Vorwort des ersten Bandes hat Kaegi alle Bedenken gegen eine Burckhardt-Biographie, gar eine von solchem
Umfang, so beseitigt: *«Es ist eine Pflicht der Historie, nicht
nur die Erinnerung an die Greuel der Vergangenheit wachzu-
halten, sondern auch das Bild derjenigen zu erneuern, die irgendeine hohe Gabe der menschlichen Natur so gepflegt und*

9

verkörpert haben, dass sie durch dieses ihr Charisma und Amt
den Mitlebenden und Nachfahren unvergesslich und vorbild-
lich geblieben sind.»[2]

Ist nicht, so kann man mit Recht fragen, hundert Jahre nach
dem Tod Burckhardts die Zeit erneut reif, um die erwähnte
«Pflicht der Historie» wieder einmal zu erfüllen? Gewiss werden die Jubiläumsschriften und die geplante Neuausgabe der
Werke Burckhardts die Diskussion über das Werk des grossen
Baslers wieder beleben, aber es geht noch um etwas anderes.
Ich glaube nämlich und habe die sichere Kenntnis davon, dass
eine Meinungsforschung mit der Frage «Wer war Jacob Burckhardt?», sogar in Basel vor dem Rathaus oder vor der Universität gestellt, ein ziemlich betrübliches Ergebnis zeitigen
würde.

Es besteht nämlich das merkwürdige Phänomen, dass die
Zahl der Bücher und vor allem der Aufsätze über Burckhardts
Gedankenwelt steigt, die Kenntnis des Menschen aber deutlich abnimmt. Ich gestehe zum vornherein, dass ich keine neu-
en Erkenntnisse über Burckhardt zu verkünden habe. Wenn
ich trotzdem schreibe, so stütze ich mich auf jene Weisheit, die
eine in der Burckhardtliteratur erzählte Anekdote verdeutlicht:
Der deutsche Kaiser Wilhelm I. besuchte einmal die Sternwarte
in Bonn und stellte, wie es einer königlichen Hoheit geziemt,
kluge Fragen, etwa: «*Herr Direktor, was gibt es Neues am ge-*
stirnten Himmel?» Darauf fragte der Direktor seelenruhig
zurück: «Kennen königliche Hoheit schon das – Alte?»[3]

Im vorliegenden Buch wird also nur das «Alte» erzählt, und
dabei wird methodisch jener Rat befolgt, den Burckhardt einst
einem Schüler gegeben hat: «*Bleiben Sie dilettantisch, glauben*

10

Sie, dass das, was gut schmeckt, auch gut ist. Wenn man Freude an einem Gegenstand hat, so kann man auch Freude bei andern erregen.»[4]

Nicht nur das «Alte» werde ich erzählen, ich werde wegen der zwangsläufigen Begrenzung des Buchumfangs auch eine Auswahl treffen müssen, nehme den Vorwurf, unvollständig zu sein, in Kauf und verweise den nach der Lektüre ungesättigten Leser auf die obenerwähnte, viertausendseitige Burckhardt-Biographie von Werner Kaegi.

Die Quellen, mit denen jeder Biograph arbeiten muss, sind in der «Literaturauswahl» und in den «Abkürzungen» aufgelistet. Schon hier aber muss das «Meisterwerk schweizerischer Editionsarbeit», die Ausgabe der Briefe Burckhardts von Max Burckhardt-Menzi (1910–1993) besonders erwähnt werden. Im März 1994 erschien das Gesamtregister, und nun besitzt der Leser der Schriften von Jacob Burckhardt einen Schlüssel, der die Schatzkammer aufschliesst, und kann damit intensiver, als es je zuvor der Fall gewesen ist, das Gespräch mit Jacob Burckhardt pflegen.

An dieser Stelle möchte ich noch vielfachen Dank aussprechen. Bücher, Dokumente und Bilder haben die Mitarbeiter der Universitätsbibliothek Basel und des Staatsarchivs Basel-Stadt bereitwillig besorgt. Für die Erlaubnis, Originale des Jacob Burckhardt-Nachlasses sehen zu dürfen, danke ich der Jacob Burckhardt-Stiftung, besonders dem Präsidenten, Herrn Professor Dr. Marc Sieber. Den Text hat, wie schon oft, Herr Dr. Rudolf Suter meisterhaft geglättet, meine Tochter Christine hat die Abschrift sorgfältig hergestellt und die Druckerei Ganzmann AG in Basel hat in guter Zusammenarbeit mit dem

Autor ein schönes Buch geschaffen. Der grösste Dank gebührt meinem alten Schulfreund Willy A. Bachofen, ohne dessen Grosszügigkeit dieses Buch nicht entstanden wäre.

René Teuteberg

Das Leben

Der Genius loci

Eine der Antworten auf die Frage: wer war Jacob Burckhardt? lautete: «*Burckhardt war einer der typischsten Verkörperungen echten Baslertums.*»[5] Aber was ist denn «Baslertum»? werden sich manche Leser fragen. Das pfeifen doch die Spatzen von den Dächern, wird der Altbasler antworten und auf die vielen Bücher historischer Schriftsteller hinweisen, nicht nur der baslerischen, sondern fast noch nachdrücklicher der zugezogenen deutschen Professoren.[6] Darin entwerfen die Gelehrten ein glänzendes Bild der Stadt, die seit Jahrhunderten als Hochburg des Humanismus gepriesen wird. Dies ist schon fast ein Topos oder Gemeinplatz in der Basler Historiographie geworden. Will man Genaueres wissen, so hört man etwa von folgenden Eigenschaften, die den Basler Lebensstil, eben das «Baslertum» geprägt haben sollen: Selbstbeherrschung, Mässigung in allem Tun, geduldiges Gottvertrauen, Streben nach Unauffälligkeit und Spiel der Selbstironie.[7] Wer sich mit diesen schlagzeilenartigen Aussagen nicht zufrieden gibt und zu einem Lexikon oder einer Basler Geschichte greift, erfährt gewiss, dass in Basel das grösste mittelalterliche Kirchenkonzil tagte, dass sich Basel damals mit Rom messen konnte, dass die Stadt die älteste Universität der Schweiz besitzt, dass sie einer der ersten Druckerorte am Oberrhein war, dass hier Hans Holbein und Konrad Witz gemalt haben und dass der grösste Gelehrte jener Epoche die längste Zeit seines Lebens in Basel gewohnt hat. Den Namen Erasmus bekommt der Fremde spätestens nach drei Tagen zu hören[8] (den Erasmus-Platz wird er freilich nie sehen). Ein anderer grosser Gast, der zitiert wird, ist Aeneas Silvius Piccolomini, der spätere Papst Pius II. In seiner bekannten Stadtbeschreibung, die zwar auch mit Seitenhieben nicht geizt, sagt er einmal, Basel sei *«eine Königin unter den umliegenden Städten»*. Und mit berechtigtem Stolz weist man darauf hin, dass die Basler Buchdrucker als Ort ihrer Offizin «Inclyta Basilea» (= das ruhmreiche Basel) genannt haben.[9]

Der fremde Besucher wird vielleicht denken, das alles rieche ein bisschen stark nach Eigenlob und, vor allem, man spüre davon im 20. Jahrhundert nicht mehr viel. Doch bei einer etwas intensiveren Bekanntschaft mit der Stadt wird er schliesslich merken, dass Basel sein Licht keineswegs unter den Scheffel zu stellen braucht. Aber mir scheint etwas anderes am «Baslertum» viel beachtenswerter als seine humanistische Vergangenheit. Die geographische Lage der Stadt, seit 2000 Jahren an der Grenze grosser politischer Mächte, hat ihr nämlich nie erlaubt, ein Territorium zu erwerben, das mit dem Berner oder dem Zürcher Machtbereich zu vergleichen wäre. Und doch wird niemand bestreiten, dass die kleine Stadtrepublik seit dem 16. Jahrhundert geistig-kulturell und heute auch ökonomisch einen grossen Einfluss, sogar über die Landesgrenzen hinweg, ausübt – eine Ausstrahlung, die ihre politische Macht weit übertroffen hat. Diese Tatsache findet ihren Niederschlag

16

am schönsten im Werk Jacob Burckhardts. Einer der am meisten zitierten Sätze steht in den «Weltgeschichtlichen Betrachtungen» und lautet: *«Der Kleinstaat hat überhaupt nichts als die tatsächliche Freiheit, wodurch er die gewaltigen Vorteile des Grossstaates, selbst dessen Macht, ideal völlig aufwiegt.»* [10] Burckhardt hat dies nicht am Schreibtisch im Elfenbeinturm erdacht, sondern in der Wirklichkeit seiner Heimat, der kleinen Stadtrepublik «Basel» erlebt – als *die* Form des echten «Baslertums».

Die Heimatstadt im 19. Jahrhundert

Jacob Burckhardt war ein Bürger der Stadt Basel im 19. Jahrhundert. Er hat die geradezu rasante Entwicklung und Veränderung der Stadt während dieser Epoche miterlebt. Zur Zeit seiner Geburt zählte Basel erst rund 16 000 Einwohner; als er 1897 starb, war beinahe die Zahl 100 000 erreicht.[11] In der Mitte des Lebens hat er die grösste Veränderung des Stadtbilds seit Jahrhunderten gesehen, als in der Folge des «Abbruchgesetzes» von 1854 die mittelalterlichen Mauern, Türme und Stadttore niedergelegt wurden.[12] Es spricht übrigens für den konservativen Geist der Stadt, dass man diese, längst die Entwicklung hemmende Ummauerung erst nach der Jahrhundertmitte beseitigte, während etwa Zürich dies schon 20 Jahre früher getan hat. Natürlich haben auch die Ereignisse von 1833, der Bürgerkrieg und die Kantonstrennung, die Stadt in eine solch zögende Abwehrhaltung getrieben.

Auch das innenpolitische Bild der Stadt veränderte sich zu Burckhardts Lebzeiten stark. Die Vorherrschaft des alteingesessenen Bürgertums, das sogenannte Ratsherren-Regiment, wurde 1875 in einer stillen Revolution von einer neuen Partei, «Freisinn» benannt, aufgehoben. Einen weiteren wichtigen Wandel brachte die Auflockerung der kirchlichen Einheit in der herkömmlichen Basler Kirche. Seit der Mitte des Jahrhunderts standen einander immer schroffer die konservative Orthodoxie, die sogenannten Positiven, und die Freisinnigen, die «Reformer» kämpferisch gegenüber.

Dank der kräftigen Industrialisierung wuchsen rasch Fabriken aus dem Boden und zogen eine Arbeiterschicht an, die im letzten Drittel des 19. Jahrhunderts ihre fordernde Stimme in den Arbeitervereinen hören liess. Und schon kündigte sich das Zeitalter des Motors an. Als Burckhardt 1897 in seiner Wohnung am Aeschengraben starb, fuhr dort bereits das «Trämli» vorbei zum Schweizer Bahnhof. Rings um die Stadt war das Eisenbahnnetz im Bau, was Burckhardt einmal zur unmutigen Äusserung veranlasste: *«Dämme, Durchstiche und ein ewiges Pfeifen und Heulen, das ist unsere nahe Zukunft.»* [13]

Welche Veränderung seit den Jahren, als der junge Köbi die Freie Strasse hinab zu den Verwandten am Nadelberg marschiert war! Damals liefen noch die Hühner frei herum; auf den Bänklein vor den Häusern schwatzten die alten Leute, und an den Brunnen wuschen die Mägde Wäsche. Je nach Jahreszeit wurden die Stadttore um sechs oder um neun Uhr geschlossen. Danach lagen die Strassen im Dunkel. Man sieht vor sich die Stadt der Biedermeierzeit, die von den zeitgenössischen Kleinkünstlern so liebevoll festgehalten worden ist. [14] Aber man täusche sich nicht. Dieses idyllische Bild trügt; das städtische Gemeinwesen hatte auch seine Schattenseiten. So erfährt man aus bester Quelle, nämlich aus dem Pfarrhaus des Münsterpfarrers, dass bei einer öffentlichen Hinrichtung von drei jungen Terroristen im August 1819 das Volk in Scharen herbeigeströmt sei und dann die Mägde erzählt hätten, *«wie schnell die drei Köpfe abgewesen seien».*[15] Die grausame Strafjustiz des Mittelalters wirkte also in Basel noch bis ins 19. Jahrhundert.

Jacob Burckhardt hat die städtische Entwicklung von frühster Jugend an bis zu seinem Tod aufmerksam verfolgt. Politisch aber beteiligte er sich – abgesehen von der kurzen Zeit als Redaktor der Basler Zeitung – nie aktiv, dafür aber leistete er grosszügig einen Beitrag besonderer Art für das öffentliche Leben. Davon später mehr! Wie kritisch, ja sogar sarkastisch er das öffentliche Leben Basels beurteilte, offenbaren seine erst im 20. Jahrhundert veröffentlichten Briefe. Aber auch nach dem Bekanntwerden solcher negativer Urteile besteht kein Zweifel: Burckhardt hat diese Stadt, vor allem ihre Miniaturuniversität geliebt, so sehr geliebt, dass er die glänzendsten Rufe auf die Lehrstühle grosser deutscher Universitäten schlankweg ablehnte. Hier in Basel und nur hier wollte er wirken – im alten Haus am Rheinsprung oder – das war ihm ebenso lieb – in den Zunftsälen oder in der Aula des Museums an der Augustinergasse.[16] Hier führte er, oft mit grossem Pathos, die Leute aller Stände, die sich zu Hunderten einfanden, in die Geschichte aller Zeiten ein und öffnete ihnen die Augen für die Denkmäler der Kunst.

Die Verrechnung von dem, was er der Stadt und sie ihm – etwa in Form von Honoraren und Ehrungen – gegeben hat, ist seinerseits gewiss mehr als ausgeglichen.

Der Familienkreis

Gewiss stärker als das «Baslertum» oder das Stadtbild des 19. Jahrhunderts prägte die familiäre Herkunft den Menschen Jacob Burckhardt. Das seit 1520 in Basel ansässige Geschlecht der Burckhardt, das wegen der Schreibweise hier auch die «ckdt» genannt wird, hat im Laufe der 470 Jahre seit seiner Einwanderung aus dem Schwarzwald so viele Gelehrte, besonders Pfarrer, Politiker, auch Künstler hervorgebracht wie kein anderes Basler Geschlecht.

Besonders im 17. und im 18. Jahrhundert war seine Macht so gross, dass ein Historiker schreiben konnte: *«Die Geschichte des Geschlechts durch das 17. und 18. Jahrhundert zu verfolgen, hiesse die Geschichte der Stadt Basel schreiben.»* [17]

Es ist hier nicht der Ort, um die Geschichte der Familie genau zu schildern; wir dürfen aber auf das Buch «ckdt (Basel)» hinweisen. [18] Der Leser findet darin 270 Namen aufgelistet, längst nicht alle Burckhardt, sondern nur jene, die aus irgendeinem Grunde erwähnenswürdig befunden wurden.

Nach den sechs Söhnen des Stammvaters gliedert man den Stammbaum in die Bernhard-, Hieronymus-, Theodor-, Johann Rudolf-, Samuel- und Daniellinie. Ausgestorben, das

Jakob Burckhardt, Vater (1783–1858), Pfarrer am Münster in Basel.

heisst erloschen im Mannesstamm, sind die Bernhard- und die Samuellinie.[19]

Unser Jacob stammt aus der Theodorlinie. Sieben Ahnen zählt man, bis man auf den Stammvater Christoph (um 1490–1578) stösst. Der Vater Jakob, der Grossvater Johann Rudolf und der Ururgrossvater Bonifazius waren alle Pfarrer im Dienste der reformierten Kirche Basel gewesen. Die andern vier Vorfahren waren Seidenhändler, Handschuhmacher, Gerichtsherren und einer von ihnen Oberstzunftmeister, nämlich der in den sogenannten Basler Wirren von 1691 berühmt oder (je nach dem politischen Standpunkt) berüchtigt gewordene Christoph Burckhardt-Schönauer.[20]

Während der Grossvater Jacobs, Johann Rudolf (1738–1820), fast 50 Jahre lang als Pfarrer an der Petersgemeinde gewirkt hatte, stieg sein Sohn Jakob (1785–1858), der Vater Jacobs, zur ersten Stelle der Basler Pfarrerhierachie auf: er wurde 1816 Obersthelfer, 1838 Antistes, das heisst als Pfarrer der Münstergemeinde Vorsteher der Basler Geistlichkeit. – Man braucht nur einen Blick auf die gedruckten Schriften des Münsterpfarrers zu werfen, um festzustellen, von wem der Sohn «Keebi» seine historisch-erzählerischen Fähigkeiten geerbt hat. Der Vater half nicht nur die «Historische Gesellschaft in Basel» gründen; er schrieb selbst einige gut fundierte Geschichtswerke, nämlich das zweite «Neujahrsblatt für Basels Jugend» im Jahr 1822 mit dem Thema «Auszug der Rauracher».

Aber bedeutender ist seine Darstellung des Konflikts zwischen der Stadt Basel und dem Bischof von Blarer im 17. Jahrhundert um das Laufental.[21] Methodisches Geschick und Quellenkenntnis bezeugt auch die «Gedenkschrift für die Reformationsfeier im Januar 1819».[22] – Welche Achtung, vermischt mit Herzlichkeit, der Vater von seiten des Sohnes genoss, beweisen die Briefe an den «Herzlieben Vater» vom «dich liebenden Sohn» aus Köbis Jugendzeit. Das Meisterstück unter diesen Briefen ist gewiss die Neujahrsgratulation vom 31. Dezember 1832; sie ist in klassischer griechischer Sprache abgefasst![23]

Die Mutter, Susanna Maria Schorndorff (1782–1830) stammte ebenfalls aus einer alten Basler Familie.[24] Ihr Stammvater, Hans I., war 1475 aus Württemberg eingewandert. Seine Nachkommen hatten es als Wirte, Handwerker, Kaufleute, und besonders als hohe Beamte zu Wohlstand gebracht und besassen zu Beginn des 19. Jahrhunderts ein grosses Haus am Nadelberg. Für das gute Verhältnis zwischen der Mutter und ihrem zweiten Sohn – der erste hatte nur drei Jahre gelebt – gibt es rührende Zeugnisse inniger Verbundenheit. Auch auf Jacob scheint zuzutreffen, was Goethe geschrieben hat: *«Vom Vater hab ich die Statur, des Lebens ernstes Führen, vom Mütterchen die Frohnatur, die Lust zu fabulieren.»* Als 1830 die Mutter starb, erlitt der 12-jährige Jacob den ersten grossen Schmerz seines Lebens. Man wird später im eigenhändigen Lebenslauf Jacobs lesen, wie er Zeit seines Lebens die Mutter verehrt hat. Das schönste Zeugnis findet man freilich in einem Brief des Zwanzigjährigen an einen Freund im Ausland. Die Mutter, so heisst es darin, habe wie eine Heilige gelebt und sei als Heilige gestorben. Ein Jahr später, 1840, datiert er einen Brief: *«Zehn Jahre und vier Tage nach dem Tod meiner unvergesslichen Mutter.»*[25]

Die burckhardtsche Familienforschung hat Erstaunliches geleistet und die Vorfahren in den Männern – wie in den Frauenlinien bis ins 16. Jahrhundert zurück namhaft gemacht.[26] Auf dieser Ahnentafel steht auch der Name des berühmten Humanisten Celio Secundo Curione (1503–1569).[27] Dieser war als Glaubensflüchtling aus Italien nach Basel gekommen, hatte hier als Lehrer an der Universität gewirkt und war hier gestorben. Sein schönes Epitaph befindet sich noch heute im kleinen Kreuzgang des Münsters. Burckhardt hatte also einen Tropfen italienischen Blutes in den Adern. Zur Zeit seiner jugendlichen Italienbegeisterung, im Jahr 1839, ersann er einmal im Übermut eine phantastische Geschichte seiner Herkunft: er könnte der Sohn einer Meernixe des Mittelmeers sein, den man in einer mondhellen Nacht auf der Landungstreppe eines italienischen Palastes ausgesetzt habe und der dann von mitleidig-grausamen Leuten einer praktischen Erziehung wegen nach Basel transportiert worden sei.[28] Aber auch der alte Burckhardt hat sich an den «Tropfen italienischen Blutes» erinnert, als er auf einer späten Italienreise nach Basel schrieb, es komme ihm alles so «verwandt» vor; ob daran etwa der «*verdünnte Tropfen italienischen Geblütes*» schuld sei.[29]

Wir fügen diesem Blick auf die Vorfahren eine Aufzählung der Geschwister und ihrer wichtigsten Nachkommen bei. Aus der ersten Ehe des Vaters mit Susanne Schorndorff stammen fünf Kinder, ohne den frühverstorbenen Rudolf. Es waren die Mädchen Margaretha (1811–1873), Louise (1813–1889), Susanna (1824–1851) und die Knaben Jacob und Gottlieb (1821–1889). Die zweite Gattin, Hanna Stark (1795–1846), kam aus dem fernen Königsberg und schenkte dem Obersthelfer noch zwei Kinder: ein Mädchen Hanna (1834–1909) und den Knaben Fritz (1836–1876). Alle vier Mädchen waren glücklich verheiratet: die älteste, Margaretha, mit dem in Basel gut bekannten Architekten Melchior Berri (1801–1854), dem Erbauer des Museums an der Augustinergasse; die zweite, Louise, mit Pfarrer Johann Jakob Oeri (1817–1897), der ein Cousin von Jacob war und jetzt sein Schwager wurde; die dritte, Susanna, mit dem Bankier Eduard Bernoulli (1819–1899); die jüngste, Hanna, mit dem Industriellen August Veillon (1833–1898).[30] Das Verhältnis des Junggesellen Jacob zu seinen Geschwistern war – was man in einem Basler Pfarrhaus eigentlich erwarten durfte – nicht nur herzlich, sondern sehr harmonisch. Eine Ausnahme bildete nur das schwarze Schaf der Familie, der Sohn Fritz (1836–1876).[31] Dieser habe zehn Jahre als Student vertrödelt, klagte Jacob, der versucht hatte, ihn in Zürich zu einem geregelten Studium zu ermuntern. Später sprechen die Geschwister sogar davon, den Bruder Fritz «versorgen» zu müssen. Er starb kurz vor seinem 40. Geburtstag in einem kleinen Dorf im Grossherzogtum Baden.

Den innigen Verkehr mit den vier Schwestern bezeugen viele Briefe Jacobs von der frühesten Jugend bis ins hohe Alter. Besonders rühmte er die älteste, Margaretha, sie sei «in allen Tugenden» ein Abbild der Mutter.[32] An sie, die mit 43 Jahren Witwe geworden war, richtete der alte Burckhardt seine köstlichen Reisebriefe aus London und Paris, in denen er sich mit ihr auch über Kunstfragen unterhält. Der Schwester Louise gesteht er als Student in Berlin: «Wir werden immer nahe bleiben... Du kannst meiner Treue sicher sein.»[33]

Aus den Ehen seiner Schwestern und des Bruders Gottlieb stammen 25 Neffen und Nichten. Jacob hat sich einmal scherzhaft geäussert: «*Man muss sich beizeiten als Onkel beliebt machen*»[34]. Ganz besonders ans Herz gewachsen ist ihm der Sohn seiner Schwester Louise, Jakob Oeri, auch Jaqui genannt.[35] Das Studium dieses Neffen hat der alte Burckhardt intensiv verfolgt, studierte dieser «Neweh» – wie Burckhardt schreibt – in Berlin doch Altphilologie und unterrichtete anschliessend in einem Gymnasium weit im Osten Deutschlands. Jaqui erhielt nicht nur lange Briefe des Onkels mit Ratschlägen, sondern auch regelmässig einen finanziellen Zustupf. Der Neffe hat es seinem Onkel reichlich vergolten, denn er ist es gewesen, der Burckhardts gedankenschwere Vorlesung «über das Studium der Geschichte» nach dem Tod des Onkels herausgebracht hat, mit dem berühmt gewordenen Titel «Weltgeschichtliche Betrachtungen». – Der Sohn dieses Jakob Oeri, Albert, also ein Grossneffe Burckhardts, war der in Basel unvergessene Chefredaktor der «Basler Nachrichten», aus dessen viel gelesenen Leitartikeln unverkennbar der gedämpfte Pessimismus des Grossonkels spricht. Wie Albert Oeri seinen Grossonkel erlebt hat, werden wir später schildern. Ein anderer Grossneffe war der Althistoriker Felix Staehelin, der von seinem Grossonkel besonders geschätzt wurde.

Seine Rückschau auf das Leben

Zu Beginn unserer Darstellung von Burckhardts Lebenslauf überlassen wir ihm selbst das Wort. Er gibt uns sozusagen eine Skizze in die Hand, die wir noch mit Hilfe der hinterlassenen Schriften, der Briefe und der Werke etwas ausmalen wollen. Dass Burckhardt diesen Lebenslauf schrieb, hat nicht zu tun mit den zahllosen «Memoiren» oder «Lebenserinnerungen» berühmter Staatsmänner, Gelehrter und Künstler, die in ihren alten Tagen ihre Taten, gelegentlich auch ihre Untaten rechtfertigten. Burckhardt gehorchte in seinem Fall bloss einer Basler Tradition, die gebot, dass bei der Trauerfeier ein Lebenslauf verlesen wurde, den der Verstorbene selbst in seinen letzten Lebensjahren verfasst hatte. Hier also der Text, den Pfarrer Arnold von Salis am 10. August 1897 in der Elisabethenkirche in Basel verlas:

«Der Schreiber dieser Zeilen, Jacob Christoph Burckhardt, wurde in Basel am 25. Mai 1818 geboren.

Das erste Leid im Leben brachte ihm der Tod der lieben Mutter am 17. März 1830, in welchem Jahr das Haus auch durch Krankheiten heimgesucht war. So machte sich bei ihm schon frühe der Eindruck von der grossen Hinfälligkeit und

Unsicherheit alles Irdischen geltend, und dies bei einer sonst zur Heiterkeit angelegten Gemütsart, wahrscheinlich einem Erbe seiner seligen Mutter.

Auch wurde ihm schon frühe inne, dass es ihm bei manchen Anlässen nicht schlimmer und oft besser ging als andern, welche in ähnlicher Lage waren.

Den Schulen von Basel ist er schon Dank schuldig dafür, dass er sich nicht überarbeiten musste und keinen Hass gegen das Lernen fasste, sodann ganz besonders für diejenige Grundlage in den alten Sprachen, welche ihm in allen Zeiten seines Lebens die Vertrautheit mit dem Altertum möglich gemacht hat. Ein besonderes Andenken widmete er mit zahlreichen andern Schülern vieler Generationen der Methode und der Persönlichkeit des verehrten Herrn Rektor Dr. Rudolf Burckhardt.

Nach Absolvierung des Pädagogiums folgte 1836/37 ein dreivierteljähriger Aufenthalt in Neuenburg, wo ihm der Eingang in die französische Gedankenwelt eröffnet und eine zweite geistige Heimat bereitet wurde.

Auf den Wunsch des seligen Vaters begann er hierauf an der hiesigen Universität das Studium der Theologie und widmete demselben die vier Semester vom Frühling 1837 bis 1839, worauf ihm der Übergang zur Geschichtswissenschaft vom seligen Vater ohne Widerstand gestattet wurde. Er hatte später seine Beschäftigung mit der Theologie, unter Lehrern wie De Wette und Hagenbach, niemals bereut oder für verlorene Zeit erachtet, sondern für eine der wünschenswertesten Vorbereitungen gehalten, welche dem Geschichtsforscher zuteil werden können. Nachdem das letzte Semester in Basel bereits dem neuen Studium angehört hatte, bezog er im Herbst 1839 die Universität Berlin, welcher er bis zum Frühling 1843 angehörte, mit Ausnahme des in Bonn zugebrachten Sommersemesters 1841.

Nicht sehr systematisch, sondern im wechselnden Angriff von verschiedenen Seiten her suchte er sich seiner nunmehrigen Fachwissenschaft zu bemächtigen. Er hatte das Glück, für Rankes Seminar zwei umfangreichere Arbeiten zu liefern und die Zufriedenheit des grossen Lehrers als Lohn zu empfangen.

Ausser der Geschichte aber hatte ihn auch die Betrachtung der Kunst von jeher mächtig angezogen, und neben den reichen geistigen Anregungen jeder Art, welche Berlin ihm gewährte, waren die dortigen Museen von Anfang an für ihn eine Quelle des Lernens und des ersehnten Genusses. Es wurde ihm die Lehre und der nahe Umgang Franz Kuglers zuteil, welchem er im wesentlichen seine geistige Richtung zu verdanken haben sollte. Eine edle Persönlichkeit öffnete ihm Horizonte weit über die Kunstgeschichte hinaus.

Nach einem längeren Aufenthalt in Paris (1843) habilitierte er sich 1844 an unserer Universität als Dozent der Geschichte und erhielt 1845 den Titel eines ausserordentlichen Professors. Vom Frühling 1846 an folgte wieder eine zweijährige Abwesenheit zum Zwecke von Studien und literarischen Arbeiten in Berlin und Italien. Der Geschichte und den Denkmälern dieses Landes hat er auch weiterhin nach bestem Vermögen seine Kräfte geweiht und dies nie zu bereuen gehabt. Im Frühling 1848 trat er sein hiesiges Amt wieder an, jetzt zugleich als Lehrer der Geschichte an der realistischen Abteilung des Pädagogiums, und glaubte nun zum erstenmal in gesicherter Lage seiner Wissenschaft leben zu können. Allein bei der Umwandlung dieser Anstalt zur Gewerbeschule 1853 büsste er diese Stelle ein und sah sich nun wesentlich auf literarische Tätigkeit angewiesen, anfangs wieder in Italien, dann hier, wo er seine Vorlesungen wieder aufnahm. Eine entscheidende Wendung trat für ihn ein durch die Berufung als Professor der Kunstgeschichte am Eidgenössischen Polytechnikum, welches Amt er im Herbst 1855 antrat.

Der Aufenthalt in Zürich, an einer neu beginnenden Anstalt, gewährte ihm Anregungen und Erfahrungen aller Art; auch war ihm jetzt ruhige Arbeit nach bestimmten Zielen gegönnt. Im Frühling 1858 folgte er dem Ruf an die hiesige Universität, welcher er seither als ordentlicher Professor der Geschichte angehörte. Der selige Vater hat noch die vollständige Rehabilitation des Sohnes erleben dürfen.

Die Jahrzehnte, welche er in diesem Amte verlebte, sind die glücklichsten seines Lebens geworden. Eine feste Gesundheit erlaubte ihm, sich ungestört seinen Aufgaben zu widmen, ohne eine einzige Stunde aussetzen zu müssen bis zu einem Unfall im Mai 1891. Auch in andern Beziehungen verfloss sein Dasein jetzt fast ungetrübt. Nachdem in den ersten Jahren die Ausarbeitung unternommener Schriftwerke beendigt war, lebte er ausschliesslich seinem Lehramt, in welchem die beharrliche Mühe durch ein wahres Gefühl des Glückes aufgewogen wurde. Die Aufgabe seines akademischen Lehrstuhls glaubte er, den Bedürfnissen einer kleinern Universität gemäss, weniger in der Mitteilung spezieller Gelehrsamkeit erkennen zu sollen, als in der allgemeinen Anregung zu geschichtlicher Betrachtung der Welt. Eine zweite Tätigkeit, den Unterricht am Pädagogium (zuerst an den zwei obern, dann nur noch an der obersten Klasse), welcher ihm ebenfalls zu einer beständigen Freude gereichte, gab er – ungerne – teilweise und endlich völlig auf, um dafür an der Universität neben der Geschichte noch ein möglichst vollständiges Pensum der Kunstgeschichte zu übernehmen, so dass in den Jahren 1882–1886 die akademische Verpflichtung wöchentlich zehn Stunden betrug. Endlich ist Schreiber dieses auch häufig vor dem Publikum unserer Stadt aufgetreten, anfangs mit eigenen Zyklen von Vorträgen, später in der Reihe der allgemeinen Unternehmungen dieser Art, welche teils in der Aula, teils im Bernoullianum stattfinden.

Möge die wohlwollende Erinnerung der ehemaligen Studierenden der Universität Basel, die seine Zuhörer waren, der Schüler des Pädagogiums und der Zuhörerschaft der Wintervorträge ihm über das Grab hinaus gesichert bleiben; er hat dies Amt in seinem ganzen Umfange stets hochgehalten und daneben auf literarische Erfolge von Herzen gerne verzichtet. Ein bescheidener Wohlstand hat ihn in der späteren Zeit davor bewahrt, um der Honorare willen schreiben zu müssen und in der Knechtschaft buchhändlerischer Geschäfte zu leben.

Mahnungen der herannahenden Altersbeschwerden bewogen ihn zu Ende 1885, bei der hohen Behörde um Entlassung von seinem Amt als Lehrer der Geschichte einzukommen; auf seinen Wunsch blieb ihm noch seit Herbst 1886 der Lehrstuhl für Kunstgeschichte. Asthmatische Beschwerden nötigten ihn endlich im April 1893 um gänzlichen Abschied einzukommen.» [36]

Den Lesern dieser «Autobiographie» ist seit jeher aufgefallen, dass Burckhardt mit keinem Wort von seinen grossen Werken und dem Erfolg spricht, den sie ihm schon zu Lebzeiten einbrachten. Man hört davon nur die Andeutung, «die Ausarbeitung unternommener Schriftwerke» sei in den früheren Jahren seines Lebens beendigt worden. Den guten Einfluss bedeutender Männer verdankt er mit der Nennung ihres Namens. Am ausführlichsten spricht er noch von seiner Lehrtätigkeit an der Universität, im Gymnasium und in den öffentlichen Vorträgen. Wahrlich eine bescheidene Revue seines Wirkens, dessen Welterfolg sich schon längst abzuzeichnen begann!

Wir werden diesen Lebensweg nochmals abschreiten; gewiss nicht mit der Gründlichkeit der schon seit hundert Jahren geschriebenen Biographien. Der Schritt wird rasch sein. Nur gelegentlich bei uns wichtig scheinenden Stationen verweilen wir länger, zeichnen Orte und Personen und lassen dabei möglichst oft die Quellen, also Jacob Burckhardt selbst, sprechen.

Kindheit und Schule

Das Haus, in dem Jacob Christoph Burckhardt am 25. Mai 1818 als viertes Kind des Obersthelfers, des zweiten Pfarrers der Münstergemeinde, geboren wurde, steht nicht mehr. An dieser Stelle befindet sich heute der monumentale Renaissance-Bau des ehemaligen Realgymnasiums, heute des Baudepartementes.

Welche Gestirne am Himmel standen und sein Los bestimmt haben sollen, interessiert uns nicht. Wohl aber nennen wir einige geistige Sterne, berühmte Menschen, deren Namen im Pfarrhaus gewiss oft Gesprächsstoff geliefert haben. Noch lebte, freilich als verblassender Stern, Napoleon I. in der Verbannung auf der Insel St. Helena. Vater Burckhardt hatte einst während seines Studiums in Heidelberg die tiefste Demütigung Deutschlands miterlitten und in seinen Briefen nach Basel den Kaiser mit dem berüchtigten Herzog Alba in den Niederlanden verglichen.[37] Die Mutter bezeichnete noch 1813 Napoleon als einen «grossen Greuel». Jetzt diente der einst gefürchtete Namen nur noch für einen Abzählvers der Basler Kinder. «Napoleon isch nimme stolz/er handlet jetzt mit Schwäfelholz/er lauft die Strosse uf und ab/wer kauft mr mini Helzli ab?» Napoleon wird Burckhardt sein ganzes Leben lang in

Atem halten. Mit dem Kapitel «Napoleon» schliesst er 1882 die mehrmals gelesene Vorlesung «Über die Geschichte des Revolutionszeitalters» ab. In einem öffentlichen Vortrag im Februar 1881 redet er von den neuesten Quellen zur Geschichte Napoleons.[38] Darin gesteht er diesem ein Riesenmass von Kräften zu, aber – *«was ihm fehlte, war das Herz».* Schwingen in diesem Verdikt nicht noch die Erinnerungen der frühsten Kindheit mit?

Ein anderer grosser Mann jener Zeit lebte noch 14 Jahre lang nach Burckhardts Geburt: Johann Wolfgang Goethe. Wahrscheinlich hat ihn Jacob in den Schulstunden des hochgeschätzten Deutschlehrers Wilhelm Wackernagel (1806–1869) gründlich kennengelernt. Goethe wird ihn durch das ganze Leben begleiten. Im Jahr 1890 schrieb er z.B. in einem Brief: *«Ich bin noch in jenen Zeiten und unter Einwirkung Goethes jung gewesen.»*[39] Ähnlich wie der Todestag der Mutter blieb ihm auch der Todestag Goethes als ein festes Datum in Erinnerung. *«Morgen sind es zehn Jahre, seit Goethe starb...»* oder *«Am 28. August, am Jahrestag von Goethes Hinschied...»*, was freilich falsch ist, denn dieser Tag war Goethes Geburtstag.[40] In einem Bericht aus Frankfurt finden wir beim Dreiundzwanzigjährigen schon eine jener klassischen Formulierungen, die den späteren Geschichtsschreiber auszeichnen werden. Als er vor Goethes Geburtshaus am Hirschengraben in Frankfurt a.M. steht, denkt er: *«Liebe deutsche Literatur, wo ständest du, wenn Er dich nicht auf seine Adlerschwingen genommen hätte.»*[41] – Als Student in Berlin erlebt er eine jener grossen Stunden, die einen jungen Menschen begeistern können. Er war am 22. März 1842 bei Bettina

Arnim, geb. Brentano (1785–1859) eingeladen. Was die langjährige Freundin Goethes dem jungen Basler erzählte, erfährt man nicht, aber es folgten weitere Besuche bei seiner «Gönnerin». Zum Abschied von Berlin schenkte ihm Bettina ein eigenhändig geschriebenes Blatt – Thema Napoleon! Es befindet sich heute in der Autographensammlung der Universitätsbibliothek Basel.

Der dritte grosse Name in Jacobs Jugendzeit hiess Ludwig van Beethoven (1770–1827). Gewiss erklangen seine Melodien im Pfarrhaus des Obersthelfers, denn zur Aussteuer von Jacobs Mutter gehörte ein «*Fortepiano mit sechs Oktaven und vier Pedalen*».[42] Als Zwanzigjähriger findet Jacob alles, was er von Beethoven gehört, «*unsäglich schön*».

Einen andern, zumindest für die Basler grossen Zeitgenossen, Johann Peter Hebel (1760–1826), hat Jacob wohl nie persönlich gesehen, denn Hebel lebte während der letzten Lebensjahre in Karlsruhe. Aber gewiss hat er in der Münstergemeindeschule, der damaligen Primarschule, Gedichte Hebels kennengelernt. Burckhardts Gedichtbändchen «E Hämpfeli Lieder» von 1853 hat noch alle Biographen an Hebels «Alemannische Gedichte» erinnert.

Wo in der Burckhardt-Literatur vom Geburtstag Jacobs die Rede ist, wird darauf hingewiesen, dass nur 20 Tage vorher, also am 5. Mai 1818, ein anderer grosser Mann des 19. Jahrhunderts das Licht der Welt erblickt hat: Karl Marx. Es fehlt auch nicht an tiefschürfenden Studien, die den Werdegang der beiden Denker vergleichend beschrieben haben.[43] Wir können dazu nur sagen, dass die beiden einander nie begegnet sind, nie geschrieben haben, aber vielleicht (!), ohne einander zu kennen, im gleichen Hörsaal der Universität Berlin während ihrer Studienjahre 1839–1842 gesessen haben.

Zurück zur Geburt Jacobs im Pfarrhaus beim Münster! Wer wissen will, wie es bei einer Heimgeburt zu Beginn des 19. Jahrhunderts zuging, muss den umständlichen Bericht des Vaters lesen.[44] Wir wenden uns jetzt dem Schüler Jacob, genannt «Keebi», zu. Welche Schulen hat ein Kind der Basler Oberschicht im 19. Jahrhundert besuchen können? Der Unterricht begann schon sehr früh. Köbi, jetzt noch «Köbisli», zottelte als 3–5-Jähriger, von 1821 bis 1824 in die Privatschule des Magisters Munzinger am Münsterberg. Nicht um dort – wie heute üblich – zu spielen, sondern um lesen und schreiben zu lernen. Im Mai 1824 trat er in die Münstergemeinde-Schule ein, eine Schule mit einem einzigen Klassenzimmer, in dem zwei Lehrer gleichzeitig hundert Schüler unterrichteten, beziehungsweise drillten. Wie hartnäckig Basel damals an seiner humanistischen Vergangenheit hing, zeigt der Lehrplan, der Lateinunterricht vorschreibt.[45] Im Jahr 1826 tritt Köbi ins altehrwürdige Gymnasium am Münsterplatz ein, über dessen Tor heute noch wie damals die Inschrift «Moribus et litteris» prangt. Sechs Jahre dauerte der Unterricht auf der Gymnasialstufe.[46] Köbi brauchte sieben! Er, einer der intelligentesten Buben seiner Zeit, ist also einmal «sitzengeblieben». Die Biographen geben verschiedene Erklärungen für diesen Vorfall; der Tod der geliebten Mutter habe im Pfarrhaus einen solchen Schatten geworfen, dass die Kinder darunter gelitten hätten. Man glaubt auch, dass der Vater selbst Köbi die fünfte Klasse wiederholen liess, weil er ihn für die oberen Klassen reifer sehen wollte. Wie wir aus dem Lebensbericht Burckhardts

Jacob Burckhardt, gemalt als etwa 3-jähriges Kind um 1820.

wissen, hegte er nie einen Groll gegen die Schule, sondern bedachte sie mit Lob.

Die oberste Schulstufe, das Pädagogium, war eine typische, 1817 gegründete Basler Institution.[47] Während drei Jahren wurden hier die Knaben – nur die Knaben – auf einem sehr hohen Niveau auf das Universitätsstudium vorbereitet. Man hat diese Schule schon als eine der «glücklichsten Schöpfungen» der Basler Schulgesetzgeber bezeichnet.[48] Sie war im ehemaligen Augustinerkloster untergebracht; man atmete dort in den Kreuzgängen noch mittelalterlichen Geist. Fast die Hälfte der Lektionen beanspruchten der Latein- und der Griechischunterricht. Die Lehrer waren fast alle zugleich Professoren der Universität; unter ihnen so bedeutende Köpfe wie der Latinist Franz Dorotheus Gerlach (1793–1876), der Italienischlehrer Luigi Picchioni (1784–1869), der Romanist Alexander Vinet (1797–1847), der Germanist Wilhelm Wackernagel (1806–1869). Ein Glanzschüler war Köbi nie. Professor Wackernagel sagte einmal von ihm, er sei «*viel zu selbstgefällig*». Aber als ein «iuvenis humanissimus», wie die Lehrer bezeugen, verlässt er im April 1836 das Pädagogium; er ist jetzt reif für ein Studium an der Universität.

Bei vielen Knaben dieses Alters füllt der Schulbetrieb den Tag völlig aus. Nicht so bei Köbi. Was er in diesem Alter an geistigen und körperlichen Aktivitäten leistet, grenzt schon ans Ungewöhnliche, ja ans – Geniale! Da gibt es – man staunt – ein 40-seitiges Notenheft mit dem Titel «Compositioni di Giacomo Burcardo». Es wurde angefangen am Neujahrstag 1833. Bis in die 1840er Jahre folgen weitere Kompositionen, meistens Vertonungen von zeitgenössischen Liedern oder alten Chorälen mit Klavierbegleitung. Meisterwerke wie die des jungen Mozart sind es freilich nicht, aber der Schatten Beethovens taucht doch auf.[49]

Ein Zeugnis für die historische Begabung des Knaben ist ein altes Album, das einst als Haushaltungsbuch gedient hatte. Köbi schrieb darüber «Alterthümer»,[50] füllte die leeren Seiten mit Zeichnungen aus, klebte Ausschnitte aus der Basler Chronik Wurstisens ein.[51] Mit der Schere Wappen und Illustrationen aus Wurstisen ausschneiden, erscheint uns heute als ein Sakrileg. Damals jedoch stand die Wurstisen-Chronik noch in fast jedem Haushalt, und Köbi scheint ein ziemlich verlottertes Exemplar in die Hände bekommen zu haben. Die Zeichnungen stellen Objekte aus dem Basler Münsterschatz dar, kurz vor seiner Auslieferung und Versteigerung infolge der Kantonstrennung. Der junge Burckhardt hat also die wertvollsten Stücke noch mit dem Bleistift festgehalten. Später wird Burckhardt auf allen Reisen stets ein Skizzenbuch mittragen und darin zeichnen, was ihm als Kunstobjekt wichtig war oder als Naturszenerie schön schien.[52]

Im Unterschied zum noch kindlich anmutenden Album «Alterthümer» zeugen die Briefe des etwa Siebzehnjährigen an den deutschen Historiker Heinrich Schreiber (1793–1872) schon von eigenem kritischem Forschen in alten Büchern und im Archiv. Professor Schreiber sass damals an einem Buch über den Humanisten Glarean und bat Köbi, in den Basler Bibliotheken Quellen zu exzerpieren. Seitenlang, teils lateinisch, teils altes Deutsch, waren nun die Zitate, die er dem älteren Historiker schickte. Den väterlichen Freund hat er bis an dessen Lebensende verehrt, obwohl oder gerade weil dieser katholische Theologe vom Erzbischof von Freiburg exkommuniziert worden war. Als freier Schriftsteller publizierte er eine Reihe prächtiger Bücher, darunter eine mehrbändige Geschichte der Stadt Freiburg. Das schönste Zeugnis für die Freundschaft zwischen dem alten und dem jungen Geschichtsforscher ist der Besuch Burckhardts im Dezember 1852, als er Schreiber persönlich sein erstes umfangreiches Werk, «Die Zeit Constantins des Grossen», brachte und es ihm «in ehrerbietiger Dankbarkeit» widmete.[53]

Angesichts so vieler geistiger Aktivitäten könnte man meinen, der junge Burckhardt sei ein Bücherwurm und Stubenhocker gewesen. Doch Stubenhocker waren alle Kinder des Obersthelfers nicht. Zuviele Pfarrhäuser im Baselbiet und in der Zürcher Landschaft lockten zum Besuch. Jacob hatte bis zum 20. Lebensjahr die ganze Schweiz, ausser dem Wallis und Graubünden, kennengelernt. Natürlich auf Fusstouren, denn das Eisenbahnzeitalter hatte noch nicht begonnen. Bemerkenswert ist nun, dass es sich nicht nur um Ausmärsche im Sinn von Turnerfahrten oder sportliche Leistungen im Bergsteigen handelte. Burckhardt suchte ganz ausgewählte Orte auf, deren Kunstdenkmäler ihm eine Reise wert waren. Bekannt ist die Geschichte vom zwölfstündigen Fussmarsch an einem Februarartag im Jahr 1836 von Basel nach Freiburg im Breisgau, nur des Münsters wegen, das Köbi zwei Freunden zeigen wollte.[54] Ergebnis dieser frühen «Kunstfahrten» waren die «Bemerkungen über schweizerische Kathedralen», die in der «Zeitschrift über das gesamte Bauwesen» in den Jahren 1837 und 1838 erschienen.[55] Doch die Seele des jungen Kunstbetrachters ist viel zu sehr aufgewühlt, als dass er sich mit einer sachlichen Beschreibung zufrieden gegeben hätte. Das Erlebte und Gesehene bekommt die geprägte Form des Gedichts. Ein Poem von 1835 ist betitelt: «Das Freiburger Münster bei Nacht». Die erste Strophe lautet:

«Die Sterne ziehn hell und klar
Hoch überm Münsterturm vorbei,
Des Mondes Licht quillt wunderbar
Hell durch des Helmes Bildnerei.
Der Dom taucht in die blaue Nacht
Hinauf als dunkle Felsenwand –
Wer gab ihm diese Zauberpracht?
Ist er geschmückt von Geisterhand?»

Das Strassburger Münster wird im gleichen Jahr mit acht sechszeiligen Strophen gewürdigt. Die beiden ersten lauten so:

«Gehüllt in Wolken war dein Gipfel schon
Und auf die Erde sank die Nacht hernieder;
Da hört' ich deiner Glocken Geisterton
Und deinen Hallen nah' ich scheu mich wieder.
Noch einmal sah ich dich im Abendschein,
Da brach die dunkle Nacht herein.

Und dieser Anblick in der letzten Röte
Hat in die Seele mir hineingeblitzt –
Wohl anders hat den Strahl empfunden Goethe,
Als er des Turmes Quader aufgeritzt –
Doch als ich nachts zum Schlaf geneigt,
Hat sich dies Traumbild meinem Sinn gezeigt...»[56]

Wir haben die frühe Begabung Burckhardts auf drei Gebieten geschildert. Musik wird noch bis in die letzten Lebensjahre ausgeübt, nicht mehr kompositorisch, sondern als privates Klavierspielen in den Abendstunden.[57] – Der Zeichner wird mit seinen Skizzenbüchern beweisen, dass er in der Gesellschaft der zeichnenden Dilettanten des 19. Jahrhunderts einen hohen Rang einnimmt. – Am wichtigsten aber: der jugendliche Führer zu den Kirchen wird einst zum Verfasser des «Cicerone», in dem er unzählige Menschen bis heute «*zum Genuss der Kunstwerke Italiens*» anleitet.

Glaubenszweifel und Weltanschauung

Nach Beendigung der Schulzeit wurde Jacob für dreiviertel Jahre nach Neuenburg in eine Pension geschickt, weil Französisch zum unabdingbaren Besitz eines gebildeten Baslers gehörte, ob er nun Akademiker oder Kaufmann werden wollte. Dann begann er im Frühjahr 1837 das Studium der Theologie an der Universität Basel. Wir erinnern uns der Formulierung in seinem Lebensbericht: *«Auf Wunsch des seligen Vaters begann er an der hiesigen Universität das Studium der Theologie und widmete demselben die vier Semester vom Frühling 1837 bis 1839, worauf ihm der Übergang zur Geschichtswissenschaft vom seligen Vater ohne Widerstand gestattet wurde.»*

In diesen vier Semestern des Theologiestudiums hat sich offensichtlich etwas Wichtiges ereignet, das Jacob veranlasste, die Familientradition – der Grossvater war 60 Jahre, der Vater 50 Jahre lang Pfarrer gewesen – zu durchbrechen. In einem inneren Kampf, über den wir aus vielen Briefstellen gut Bescheid wissen, erkannte er mehr und mehr, dass er mit seiner religiösen Verfassung nicht fähig wäre, eines Tages auf der Kanzel die baslerische orthodox-christliche Lehre zu verkünden. Was in diesen Jugendjahren geschehen ist, erfährt man aus den Briefen Burckhardts an die beiden guten Freunde Friedrich von Tschudi (1820–1886) und Johannes Riggenbach (1818–1890). Beide studierten damals Theologie in Berlin und Bonn. Mitten im Theologiestudium schrieb Burckhardt: «*Mit meinen jetzigen Überzeugungen könnte ich nie mit gutem Gewissen eine Pfarrstelle übernehmen.*»[58] Dann rechnet er ab mit seinen theologischen Lehrern, die versuchen, den alten «suprarationalen» Glauben mit der «rationalen» Theologie des 18. Jahrhunderts zu vereinen. Vom Hauptvertreter dieser Vermittlungstheologie, Professor Wilhelm Martin Leberecht de Wette, sagt er: «*De Wettes System wird vor meinen Augen täglich kolossaler... aber es schwindet auch alle Tage ein Stück der gebräuchlichen Kirchenlehre unter seinen Händen. Heute bin ich endlich draufgekommen, dass er Christi Geburt durchaus für einen Mythus hält – und ich mit ihm.*»[59] Und dann fragt er sich, was er unter solchen Umständen tun könnte, und gibt seine Antwort: «*Noch steht mir das Gebet offen, aber es gibt keine Offenbarung, ich weiss es.*»[60] In den letzten Wochen des Jahres 1838 bahnt sich eine Entscheidung an. «*Indess muss ich langsam kämpfend und ringend fortschreiten... Allein die Übergangsperiode ist noch lange nicht vorbei, und wenn es der Religion besser geht, so geht's einstweilen manchem einzelnen z.B. der Bibel desto schlimmer.*»[61] Aber es scheint uns, auch die neuen Ufer, zu denen Burckhardt aufgebrochen ist, werden im gleichen Brief sichtbar. Burckhardt hatte im Sommer 1838 vier Wochen in Italien zugebracht und wurde dort zu einem «Glückseligen», der weiss, «*was er mit dem Leben anzufangen hat*». Was hat ihn in Italien so «glückselig» gemacht? Wir finden die Antwort in einem Brief an den gleichen Freund. Auf der Domkuppel von Florenz habe er den Sonnenuntergang betrachtet und «*die Reichtümer der Kunst und Natur vor sich liegen gesehen*». Und diese Reichtümer fand er so schön, «*als wäre die Gottheit wie ein Sämann über dieses Land geschritten*».[62] Wird aus solchen Briefstellen nicht schon sichtbar, dass nicht die Kanzel der Ort sein wird, von dem Burckhardt die Taten Gottes verkünden wird, sondern das Katheder, auf dem er den Spuren des Sämanns nachgehen und sie in seherischer Begeisterung beschreiben wird?

Gewiss war die stürmische Zeit der religiösen Krise mit dem Wechsel der Studienrichtung und des Wohnorts vom Elternhaus in Basel in die Freiheit der Studentenbude in Berlin beendet. Aber die Frage bleibt: Was hat der junge und später der alte Burckhardt von der Religion in der herkömmlichen Form seines Elternhauses gehalten oder behalten? Es sind dicke Bücher zur Beantwortung dieser Fragen geschrieben worden.[63] Sie muten an wie Versuche, in die Seele des grossen Mannes zu blicken; eines Mannes, der sehr zurückhaltend mit «Bekenntnissen» gewesen ist und keine «Confessiones» wie der heilige Augustinus oder der unheilige Rousseau geschrieben hat. Doch auch da geben einige Briefstellen und zusätzlich die Aussagen der Schüler und Freunde ein Bild seiner Religiosität, freilich keines, das man dogmatisch klar umschreiben könnte. Wir zitieren aus drei Briefen.

Einem seiner besten Freunde während des Studiums, dem späteren Pfarrer und Theologieprofessor Willibald Beyschlag (1823–1900), der auch um das Seelenheil Burckhardts bemüht war, gesteht er im Januar 1844: «*Ich habe für ewig mit der*

Kirche gebrochen, aus ganz individuellen Gründen... Die Kirche hat über mich jegliche Gewalt verloren, wie über so viele Tausend Andere.» Überraschenderweise folgt nun aber nicht eine bittere Kritik, wie bei so viel anderen, sondern ein typisch burckhardtsches Geständnis: «*O hätte ich gelebt, zur Zeit als Jesus von Nazareth durch die Gaue Juda's wandelte, ich wäre ihm gefolgt und hätte allen Stolz und Übermut aufgehen lassen in der Liebe zu ihm... Ich glaube, er ist der Grösste unter den Menschen... Als Gott ist mir Christus gleichgültig... als Mensch geht er mir läuternd durch die Seele, weil er die schönste Erscheinung der Weltgeschichte ist.»*[64]

Etwa 43 Jahre später schreibt der 60-jährige Burckhardt seinem Freund Friedrich von Preen, er habe «*einst mit grossem Interesse vier Semester Theologie studiert*» und dann gefunden, er habe den Glauben nicht für die Kanzel, worauf er zur Geschichte übergegangen sei.[65]

Ein anderes, oft publiziertes Wort findet man in einem Brief des alten Burckhardt an einen seiner besten Freunde, den Architekten und Kunsthistoriker Heinrich von Geymüller (1839–1909). Darin beklagt er seine Altersschwächen und fährt dann fort: «*Das Hinscheiden hat für mich zwar nicht die Hoffnungen, womit Sie, lieber Herr und Freund, erfüllt sind, aber ich sehe demselben doch ohne Furcht und Grauen entgegen und hoffe auf das Unverdiente.*»[66] Die Anspielung, er (Burckhardt) habe nicht die Hoffnungen wie dieser Freund, versteht man nur, wenn man weiss, dass Heinrich von Geymüller ein gläubiger Protestant war, der sich so sehr um das Seelenheil Burckhardts bemühte, dass er sogar ein Gebet für seinen Freund, schriftlich formuliert, hinterlassen hat. Es beginnt so: «*Verzeih mir o Gott, überhaupt, dass ich mir einbilde, dass ich armer Heinrich von Geymüller für einen andern und gar für Jacob Burckhardt beten dürfe...»*! Das Gebet ist nie in die Hand Burckhardts gekommen; es befindet sich im Nachlass Geymüllers.[67]

Zum Schluss zwei Zeugnisse von ebenfalls berühmt gewordenen Studenten Burckhardts: Carl Spittelers und Arnold von Salis'. Spitteler, der Nobelpreisträger für Literatur (1845–1924), hörte 1865 bis 1870 Vorlesungen bei Burckhardt und rühmt sich der Einladungen Burckhardts, in seine Wohnung zum abendlichen Besuch zu kommen. Er berichtet: *«Skeptisch, ja das war Burckhardt, wenigstens in einigen seiner Stilgebärden; sein Voltaire hatte auf ihn abgefärbt... dagegen war er keineswegs frivol, sondern das gerade Gegenteil... er war der ernsteste Denker, dem ich in meinem Leben begegnet bin.»*[68]

Gewiss das Sicherste, was man über den Glauben Burckhardts sagen konnte, hat der Münsterpfarrer Arnold von Salis (1847–1923) überliefert.[69] Als er in den letzten Lebenstagen Burckhardt besuchte, sprachen die beiden von der Unvergänglichkeit: *«Ich habe die Ewigkeit nie aus den Augen verloren; aber die im neuen Testament geforderte Askese ist für unsere Natur zu streng.»*

Und als von Salis das Urteil Burckhardts über den Wert der Evangelien als Geschichtsquellen hören will, antwortet Burckhardt: *«Die vier Evangelien, Johannes inbegriffen, sind so echte und ehrliche Bestrebungen, Geschichte zu geben als nur möglich... Auch Paulus ist evident echt, ob aber ein Glück für das Christentum? Er ist viel zu schwer und verlangt viel zu viel Studium.»* Als von Salis Abschied nimmt, sagt Burckhardt:

«Denken Sie an mich... Nur nicht noch ein Erdenleben! (Sie hatten vorher von der Seelenwanderung gesprochen.) *Die geringste Wohnung im Vaterhaus, und wäre es am äussersten Ende, ist doch ein Stück Unvergänglichkeit.»*

Endlich mag noch die Frage beantwortet werden, worin Burckhardt eigentlich die Aufgaben des Lebens gesehen hat. Dazu äusserte er sich schon einmal als Zwanzigjähriger. «Höre», sagt er dem Freund, dem er die religiösen Bedenken bekannt hat, «*der Zweck, den die Vorsehung den Menschen will erreichen lassen, ist die Zernichtung der Selbstsucht und Aufopferung des Einzelnen für das Allgemeine... Im Kampfe mit seinen Wünschen wird der Mensch alt, und sein höchstes Ziel ist,* liebend *Verzicht zu leisten auf seine Wünsche, keinem menschenfeindlichen Augenblick Gehör zu geben und mit der Welt in Frieden zu sterben.»*[70] Die Zeugnisse dafür, dass Burckhardt ein solches Leben gelebt hat, sind zahlreich!

Studienjahre in Deutschland

Am 19. September 1839 brach Jacob Burckhardt mit seinem Vetter Jakob Oeri nach Berlin auf. Als sie den Basler Grenzstein beim Hörnlifelsen im rechtsrheinischen Dorf Grenzach passierten, hielt Burckhardt inne, zeichnete zwei Ansichten vom Rheinlauf ins Skizzenbuch und schrieb dazu die Verse:

«*Ich blicke traurig um mich*
Und seh nur Waldesgrün
Und hoch über mir die Wolken
Die nach Helvetien ziehn.
Nur Leute sind da, keine Menschen,
Drum still und nicht geklagt,
Und unter vier Augen der teuern
Heimat Lebewohl gesagt.»[71+72]

Das Heimweh nach der Heimat wird ihn in den vier Jahren im Ausland immer wieder überfallen; aber es gibt auch das andere, das er kurz vor der Abreise einem Freund geschrieben hat: «*Ich bin von unendlicher Sehnsucht und Ungeduld nach meinem neuen Arbeitskreis geplagt.*»[73] Und was er, wie noch viele Schweizer Studenten, in der Grossstadt auch genossen hat, steht in einem andern Brief: «*Das beste an Berlin ist das ungenierte Leben; kein Mensch kennt uns.*»[74] Das sollte nicht lange so bleiben! In den vier Jahren gewann er in Deutschland einen Freundeskreis, der an Geist und Gemüt weit übertraf, was er in der Schweiz hätte finden können.

Für die Reise nach Berlin hatte Burckhardt einen grossen Umweg gewählt. In der langsamen, holpernden Postkutsche durchquerten die beiden Basler Süddeutschland, besichtigten ausgiebig die Städte München, Augsburg, Regensburg und erreichten Berlin über Böhmen. Was auf der genau geplanten Reise Burckhardt fesselte, verrät das Skizzenbuch: Kirchen, vor allem gotische, und romantische Stadtwinkel.[75] Am 27. Oktober kamen die Basler Studenten am Ziel an, und Burckhardt nahm Wohnung in einer der vornehmsten Strassen Berlins, «Unter den Linden». Freilich nicht im Gebäude mit der prunkvollen Vorderfassade, sondern im zweiten Hof, «*wo man die Zimmer nicht teurer bezahlt als in andern Gassen*».[76]

Die Stadt, in der Burckhardt, mit Unterbrüchen, nun mehrere Jahre leben wird, war schon damals mit ihren rund 400 000 Einwohnern eine Weltstadt. Ihr Prunkstück war – natürlich neben den königlichen Schlössern – die Universität. In der Zeit der tiefsten Demütigung Preussens durch Napoleon hatte das Königshaus der Hohenzollern ihre Gründung angeordnet, und 1810 hat sie der grosse Gelehrte und Staatsmann Wilhelm von Humboldt organisiert. Als Burckhardt dort studierte, galt sie als die beste Universität Deutschlands und zählte rund 2000 Studenten. (Zum Vergleich: in Basel waren es etwa 50–60!) Besonders attraktiv war natürlich das

Museum, 1824–1828 von Karl Friedrich Schinkel erbaut, mit seinen 900 Gemälden, für deren Besichtigung man «nischt» bezahlen musste.[77]

Glücklich fühlte sich der junge Basler Student zuerst gar nicht. Einige Monate nach seiner Ankunft schildert er dem Dienstmädchen im Pfarrhaus, Dörli Hartmann-Brodbeck, seinen neuen Wohnort. Dem Bildungsstand der Adressatin entsprechend, beschreibt er schlicht, wie die Leute in Berlin wohnen und essen. *«Berlin ist ein ganz widerwärtiger Ort, eine langweilige, grosse Stadt in einer unabsehbaren, sandigen Ebene. Viele Stunden herum ist kein guter Acker; Obst wächst der Kälte wegen nicht mehr... Deshalb ist hier alles arm, selbst die vornehmen Leute haben lange nicht soviel als die Baslerherren, und Herr Christoph Merian hat ein viel grösseres Einkommen als der Kronprinz von Preussen... Ich wohne im neueren Teil der Stadt... Das Essen ist sehr schlecht im Vergleich mit dem, was man in Basel hat... Beim Morgentrinken verzehre ich viel weniger als daheim, beim Mittagessen desgleichen, abends trinke ich Tee und esse ein paar kleine Brötchen dazu... Dazu kommt noch, dass das Wetter abscheulich ist. Auch jetzt liegt überall tiefer Schnee und die Gassen sind so pflotzig, dass man ohne Überschuhe gewiss immer mit ganz durchnässten Schuhen... nach Hause käme.»* Jetzt steigt ein Bild seiner Kindheit auf: *«Erinnerst Du Dich noch, wenn wir meisterlos waren, wie man uns immer sagte: Wart nur, bis du unter fremden Leuten bist, da wird man dir die Zunge schaben. Diese Zeit ist nun eingetreten.»* Und dann hat er Dörli noch etwas ganz Aktuelles zu berichten: *«Wenn man sich etwas zu gute tun will, so sitzt man auf die Eisenbahn und rutscht*

33 oder 35 Minuten nach dem fünf gute Stunden entfernten Potsdam... Das Fahren auf der Eisenbahn ist sehr lustig; man fliegt eigentlich wie ein Vogel dahin.»[78]

Was das Dörli nicht verstanden hätte, das geistige Klima, das schildert er seinem alten Freund Professor Schreiber. *«Als ich die ersten Stunden bei Ranke, Droysen und Böckh gehört hatte, machte ich grosse Augen... ich hatte meine Wissenschaft auf Hörensagen hin geliebt, und nun trat sie plötzlich in gigantischer Grösse vor mich, und ich musste die Augen niederschlagen. Jetzt bin ich fest entschlossen, ihr mein Leben zu widmen, vielleicht mit Entbehrungen des häuslichen Glücks; von nun an soll kein Zwitterzustand meine Seele ängstigen.»*[79] Wer waren diese Lehrer, die Burckhardt die Geschichtswissenschaft *«in gigantischer Grösse»* vor Augen stellten?

Wir erinnern uns des Lebensberichtes, in dem Burckhardt schreibt, welches Glück ihm zuteil geworden sei, weil er für Ranke zwei grössere Arbeiten habe liefern können, für die er *«die Zufriedenheit des grossen Lehrers»* erhalten habe. Keinen andern Lehrer hat Burckhardt je mit dem Attribut *«gross»* bezeichnet. Leopold von Ranke (‹von› wegen der Erhebung in den Adelsstand) (1795–1886) war gewiss der bedeutendste Historiker der politischen Geschichtsschreibung des 19. Jahrhunderts; ein sehr fruchtbarer, umfassen doch seine gesammelten Werke 54 Bände, neben denen sich die 14 Bände «Burckhardt» (bis heute!) geradezu bescheiden ausnehmen. Ranke war mit dreissig Jahren schon Professor an der Universität Berlin geworden, 1841 erhielt er den Titel eines «preussischen Hofhistoriographen». So hoch Burckhardt den Gelehrten Ranke schätzte, so kritisch war er gegenüber dem Menschen mit seiner «*wenig soliden*» Gesinnung.[80] Tief beeindruckt hat den Studenten Burckhardt jener erste Satz mit dem Ranke seine Vorlesung über deutsche Geschichte begonnen hat: «*Meine Herren, Völker sind Gedanken Gottes.*»[81] Ob Ranke von seinem Studenten ebenso beeindruckt war, lässt sich nicht mehr genau feststellen. Aber der «wunderliche Kauz» hat 15 Jahre später dem bayerischen König Maximilian vorgeschlagen, Burckhardt an die Universität München zu berufen, weil dieser «*in seinem Buch über Konstantin Geist der Forschung und Gabe der Darstellung in ungewöhnlichem Grade bewiesen*» habe.[82]

Johann Gustav Droysen (1808–1884), der zweite Genannte, war 1835 ausserordentlicher Professor in Berlin geworden und ist in die Geschichtsschreibung eingegangen als der erste gründliche Darsteller Alexanders des Grossen. Seine Vorlesung über «Alte Geschichte» im ersten Semester Burckhardts in Berlin eröffnete dem jungen Basler ganz neue Einblicke in die alte Geschichte. Noch 25 Jahre später, als er selbst seine grosse Vorlesung über griechische Kulturgeschichte vorbereitete, lag, wie die Anmerkungen zeigen, auch Droysens Werk auf seinem Schreibtisch.[83] Der dritte Genannte, August Böckh (1785–1867), war seit der Gründung der Universität Berlin einer der führenden Geister. Bei ihm hörte Burckhardt im ersten Semester «Griechische Altertümer». Diese Gelehrten haben Burckhardts historische Interessen so weit gespannt, dass er auch noch Arabisch zu lernen begann.

Aber wie schon in Basel genügte ihm die wissenschaftliche Tätigkeit noch lange nicht. Er brauchte Freunde, mit denen er

Franz Kugler, Kunsthistoriker, Lehrer und Freund Burckhardts in Berlin um 1850.

zwar nicht mehr nächtelang über religiöse Fragen diskutierte, sondern Freunde, die begeistert selbst dichteten, musizierten, über Kunst und Geschichte diskutierten und wohl auch schon über die politische Entwicklung, die 1848 zur deutschen Revolution führen sollte. In diesem Kreis äusserte Burckhardt seine Meinung über das Geschichtsstudium, nämlich diese: *«Mein ganzes Geschichtsstudium ist so gut wie meine Landschaftsklekserei und meine Beschäftigung mit der Kunst aus einem enormen Durst nach Anschauung hervorgegangen.»*[84] Welch ein Glück für Burckhardts weitere Entwicklung, dass er den Mann, der den enormen Durst löschen konnte, schon in den ersten Wochen in Berlin kennenlernte. Er hiess Franz Theodor Kugler (1808–1858) und dozierte seit 1833 Kunstgeschichte an der Universität. Wir erinnern uns der Autobiographie, wo Burckhardt geschrieben hatte, Kugler, *«eine edle Persönlichkeit»* habe ihm Horizonte weit über die Kunstgeschichte hinaus geöffnet. Das schönste Zeugnis der Verehrung Burckhardts für diesen nur wenig älteren Mann steht in der Widmung des «Cicerone». Wir zitieren es hier und nicht in der Werkbetrachtung des zweiten Teils. *«Die Frucht eines... längeren Aufenthaltes in Italien, welche ich Dir, liebster Freund, hier überreiche, gehört Dein von Rechts wegen. Ich könnte sie Dir widmen, weil ich vier Jahre in Berlin als Kind Deines Hauses gelebt und grosse Arbeiten von Dir anvertraut erhalten habe... Diese Widmung soll Dich erinnern an unsre friedlichen Spaziergänge durch den sommerlichen Flugsand wie durch die Winternässe Eurer Umgebung...»*[85] Viel heimeliger, sozusagen viel baslerischer werden diese Spaziergänge in einem Brief an einen Basler Freund beschrieben: *«Ich habe hier einen wahren*

Glücksschuss getan, indem ich mich (obwohl unempfohlen) an Kugler machte. Der gute Mann muss überflüssigen Fettes wegen täglich spazieren gehn, und hat mir erlaubt, ihn abholen zu dürfen, sooft es mir gelüste. Das habe ich schon öfter getan und so zotteln wir zwei Stunden lang durch den schönsten Schreibsand; das Ding sieht hell gelb aus, es ist eine wahre Pracht. Über gefrorne Sümpfe lasse ich den fetten Herrn weislich voran marschieren; trägt es ihn, so trägt es auch mich.» [86]

Es gelang nun Burckhardt nicht nur, nach wenigen Wochen die Freundschaft dieses damals bedeutendsten Kunsthistorikers Deutschlands zu erwerben; er fand, wie er schrieb, *«in Deutschland das Glück an allen Türen.»* [87] –

Das höchste Glück empfand er in Bonn, wo er das Sommersemester 1841 zubrachte. Schon von der Reise von Berlin nach Bonn, zum grossen Teil zu Fuss, schickt er seiner Schwester eine ausführliche und begeisterte Schilderung. Sie zeigt den Jüngling, der den grossen Stätten deutscher Vergangenheit nachgeht und dabei in helle Verzückung gerät. Ein Beispiel: Auf der Wartburg, dem heute so grässlich überlaufenen Wallfahrtsort deutscher und ausländischer Touristen, wird ihm deutsche Geschichte lebendig. *«In diesen Waldschluchten ist Luther auf die Jagd gegangen... drunten in der Schlosskapelle hat er gepredigt – alles ist ohne Spur geblieben; aber hier in der stillen Kammer hat er die Bibel übersetzt und das dauert fort.»* [88] Man beachte: *«das dauert fort»*. Er lebt in und mit dieser Vergangenheit, was ihn dann veranlasste, aus Ehrfurcht die Mütze abzunehmen. Ein deutscher Student in der Kammer fragte ihn verwundert: *«Warum nehmen Sie in dieser kalten*

Luft die Mütze ab?» – *«Ich habe es unwillkürlich getan»*, sagte Burckhardt. Und jetzt tat der geschichtslose Mediziner das Gleiche![89]

Wie muss Burckhardt aufgeatmet haben, als er den geliebten Rhein wieder strömen sah, als er statt «die Streusandbüchse des Heiligen Römischen Reichs» den gewundenen Stromlauf und die waldigen Berge des Mittelgebirges erblickte. Mit welchen Augen er die Rheinlandschaft sah, schildert er reizvoll in der kleinen Schrift «Die vorgotischen Kirchen am Niederrhein»[90]. Aber Burckhardt fand noch Besseres als eine romantische Landschaft. Er gewann ähnlich wie in Berlin einen nur drei Jahre älteren Gelehrten zum Freund, den in der deutschen Geschichte wohlbekannten 48er Revolutionär Gottfried Kinkel (1815–1882).[91] Auch er war im Begriff, wie einst Burckhardt von der Theologie Abschied zu nehmen. Ein Konflikt mit den Behörden – Kinkel heiratete eine geschiedene Katholikin – mag mitgeholfen haben, dass er zur Kunstgeschichte wechselte. Als beliebter Lehrer bekam er bald eine ausserordentliche Professur an der Universität in Bonn und hatte gute Aussichten, einmal nach Berlin berufen zu werden, hätte er sich nicht in die Politik gestürzt. Er wurde während der Revolution gefangengenommen, zum Tode verurteilt, konnte nach England fliehen und kam 1866 nach Zürich, wo er eine Professur für Kunstgeschichte an der Eidgenössischen Technischen Hochschule (ETH) erhielt. Burckhardt ist dort seinem alten Freund wieder begegnet, blieb aber recht reserviert. Am 7. September 1866 schrieb er ihm: *«Ich sage wieder wie vor 19 Jahren: Geh Du Deine Wege und lass mich meine gehn.»*[92] Damals in Bonn tönte es ganz anders: Wir lassen die

Lebenserinnerungen Kinkels, geschrieben 1848, reden. *«Ich fasste eine heisse Liebe zu Jacob Burckhardt, der durch das feinste Gefühl für bildende Künste und ein herrliches Talent für Geschichtsdarstellung mich in Gebieten bezauberte, in denen auch ich meine Geistesheimat dämmernd vorausahnte... Mit Burckhardt Galerien oder Bauten zu besehen, war der höchste Genuss, weil er sowohl die feinste Geistigkeit, als den sinnlichen Reiz der Kunst verstand und jedes Werk in seinem Zusammenhang mit den Ideen und Tendenzen seiner Entstehungszeit begriff.»*[93] Im folgenden zollt Kinkel der dichterischen Begabung Burckhardts hohes Lob. Dabei hat er seine gute Erfahrung. Er hatte nicht nur eine Schar von sangesfreudigen Studenten in seiner Wohnung vereinigt, sondern einen Club gegründet, dessen Mitglieder die wöchentlich erscheinende, handgeschriebene Zeitschrift «Der Maikäfer» mit eigenen dichterischen Beiträgen speisen mussten. Von Burckhardts Beiträgen sagt Kinkel, der «Eminus» – das war das Cerevis Burckhardts – habe sich in allen Dichtungsgattungen mit unerhörter Leichtigkeit und feinstem Geschmack bewegt. Summa: einen reicher begabten Menschen als Burckhardt habe er nie gekannt.

Eine fast wörtlich ähnliche Schilderung Burckhardts gibt der etwas jüngere Bonner, später auch Berliner Kommilitone Willibald Beyschlag (1823–1990). Auch diesem Theologen öffnete Burckhardt die Augen, schrieb doch dieser in seiner Autobiographie: *«Burckhardt mit seinem ausgezeichneten Kunstverstand wusste mir auf alles bedeutende ein Licht zu werfen.»* Dabei habe er nicht nur auf die grossen Werke eines Schinkel und eines Schlüter aufmerksam gemacht, sondern

Gottfried Kinkel, Bonner Freund Burckhardts, gezeichnet von Ferdinand
Weiss, Bonn 1836.

«*mit einer gewissen antipreussischen Ironie auch auf Arm-
seliges und Lächerliches*» hingewiesen.[94] Man muss sich
diese Worte von der «antipreussischen Ironie» merken, wenn
man versucht, Burckhardts Verhältnis zu Deutschland im
Fazit der insgesamt fünf Deutschlandjahre zu verstehen.
Wenn man erfährt, welche nächtlichen Kahnfahrten auf
dem Rhein er mitgenossen, welche fröhlichen Zechereien er in
den Wäldern der Eifel mitgefeiert hat, ist man sehr erstaunt,
festzustellen, dass er auch intensiv wissenschaftlich gearbeitet
hat. Sein erstes grösseres selbständig publiziertes Werk ist das
157 Seiten starke Büchlein «Conrad von Hochstaden, Erzbischof von Köln 1238–1271»[95]. Erschienen ist es erst 1843,
aber wichtige Vorarbeiten leistete Burckhardt gewiss während
jener Sommermonate im Rheinland. Wir werden vom Text im
zweiten Teil sprechen.

Bevor Burckhardt im Oktober 1841 nach Berlin zurück-
kehrte, reiste er vierzehn Tage durch Belgien, durch die alten
geschichtsträchtigen Provinzen Flandern und Wallonien. Das
Ergebnis – ein Geniestreich! So darf man das kleine Bändchen
«Die Kunstwerke der belgischen Städte» wohl bezeichnen.[96]
Möglich geworden ist es nur dank der *«überaus starken
geistigen und physischen Konzentrationsfähigkeit»* des 23-
jährigen Köbi.[97] Er selbst rechtfertigte sein Büchlein später so:
*«Ich fand den rein sachlichen Standpunkt des gewöhnlichen
Reisehandbuchs ungenügend und scheute mich deshalb nicht,
einmal zur Probe die nötigste Subjektivität walten zu lassen.»*[98]
Das heisst, er sagt ungeschminkt, was er für schön, weniger
schön oder gar als hässlich empfindet. Das ist schon ganz der
spätere Kunstkritiker! Nur zur Probe habe er es getan. Wir

meinen, er habe sie bestanden und zwölf Jahre später das dazu gehörende Meisterstück, den «Cicerone», geliefert.

Im März 1843, kurz vor der Abreise von Berlin, lud Burckhardt seine Freunde noch einmal ein. Einer der Beteiligten, der schon erwähnte Willibald Beyschlag, erzählte in seinen «Erinnerungen und Erfahrungen der jüngeren Jahre» davon. *«Es war eine herzbewegende Schlussfeier des Winters, als Burckhardt, der nun von dem geliebten Deutschland scheiden musste, uns zum letzten Mal auf seine Stube zusammenbat. Als ihm schliesslich in unser aller Namen Wolters unsern Dank aussprach für alles, was wir an ihm und durch ihn gehabt, brach er in Tränen aus, wollte dem einen dies, dem andern jenes abbitten und redete herrliche Worte über Deutschland und deutsche Freunde.»*[99] Herrliche Worte über Deutschland sprach Burckhardt nicht nur im kleinen Kreise der Berliner Freunde aus; er verkündigte sie in Gedichten, die gedruckt worden sind, und in Briefen an seine Schwester und den Freund Kinkel. In der Zeitschrift «Vom Rhein» erschien, freilich viel später, das 1841 entstandene Gedicht «An Deutschland».[100] Es ist symptomatisch; wir drucken es in seiner ganzen Länge ab.

An Deutschland

«Du hast mir Freuden viel bereitet,
Du heilig grosses Vaterland,
Hast deine Pracht mir ausgebreitet
Vom Alpenschnee zum Meeresstrand.

Und deiner Städte Zinnen liessest
Du funkeln mir im Morgenschein,
Und in der Wälder Rauschen giessest
Du duftend Abendgold hinein.

Du wecktest mir ein stilles Ahnen,
Auch ich sei dein geliebtes Kind;
Du liessest nicht vom treuen Mahnen
Mit Mutterhand so sanft und lind.

Und dich verschmäht' ich, ach, wie lange!
Doch ward zuletzt die Liebesglut
Der Mutterbrust, an der ich hange,
Gewalt'ger als mein Übermut.

Du führtest mich in deiner Söhne,
In meiner Brüder Jugendreihn –
Und deiner hohen Frauen Schöne,
Ich kenne sie – und ich bin dein.

In deines Rheines Prachtgelände,
Da zogst du eng ans Herze mich;
Zum Himmel hob ich meine Hände
Und schwor's, zu leben nur für dich.

Dort möcht' ich vor dein Antlitz treten,
Zu blauen Bergen hingewandt,
Und mit des Dankes Tränen beten
Zu dir, mein deutsches Vaterland!»

Die Erläuterungen in den privaten Briefen lauten so: *«Liebe Schwester, was soll ich Dir von Deutschland schreiben? – Ich bin Saul, der ausging, verlorne Esel zu suchen und eine Königskrone fand. Ich möchte vor dieser heiligen deutschen Erde auf die Knie sinken und Gott danken, dass ich deutsche Sprache rede! Ich danke Deutschland* Alles! *meine besten Lehrer sind Deutsche gewesen, an der Mutterbrust deutscher Kultur und Wissenschaft bin ich ernährt; von diesem Boden werde ich stets meine besten Kräfte ziehen...»*[101] Dies ist die persönliche Bindung Burckhardts an Deutschland, aber er hat natürlich auch eine «historische». – *«Wo wäre all unsre Freiheit, wenn nicht Deutschland den Napoleon gestürzt hätte?»* – Aus dem Brief an Kinkel vom 30. Dezember 1841 zitieren wir: *«Ich weiss jetzt alles, wie es gekommen ist, dies und anderes Glück; ich erkenne die Mutterarme unseres grossen gemeinsamen deutschen Vaterlands, das ich anfangs verspottete und zurückstiess, wie fast alle meine schweizerischen Landsleute zu tun pflegen... Und daran will ich mein Leben setzen, den Schweizern zu zeigen, dass sie Deutsche sind.»*[102]

Nicht wahr, man staunt! Erstens: das noch 1838 so gelobte und verheissene Land Italien scheint vergessen zu sein, und die Schweiz, die er bis zum 20. Lebensjahr oft durchwandert und begeistert geschildert hat, ist verblasst hinter dem faszinierenden Bild Deutschlands, das in solchen Stunden vor seinem inneren Auge steht. Diesen Burckhardt, wie es gelegentlich geschieht, als einen miserablen Schweizer zu bezeichnen oder ihn gar mit den Studenten, die hundert Jahre später, um 1933, nach Deutschland blickten, zu vergleichen, ist gänzlich verfehlt. Das Deutschland, das Burckhardt damals liebte,

Zeichnung Burckhardts. Marburg von der Lahnbrücke aus, September
1841.

war himmelweit verschieden vom Deutschland der 30er Jahre des 20. Jahrhunderts. Und die Schweiz von 1842 ebenso von der Eidgenossenschaft des 20. Jahrhunderts. An jener übte Burckhardt harte Kritik, weil *«man das Recht nicht mehr kennen will, welches die einzige Garantie der Schweiz ist.»*[103] Trotzdem will er sein Vaterland nicht aufgeben. *«Seiner Geschichte will ich mich widmen, aber mein erstes und letztes wird sein, den Landsleuten zuzurufen: gedenkt, dass ihr Deutsche seid... Nur ein fester – wenn gleich nicht politischer – Anschluss an Deutschland kann die Schweiz retten... ich bin nicht untreu, wenn ich sage: nur wer die Interessen deutscher Bildung von Herzen zu fördern sucht, kann in der Schweiz Nutzen stiften; denn es gibt nur* ein *Mittel gegen den drohenden Zerfall eines Volkes; es ist: sich auf seinen Ursprung zurückzubeziehen.»*[104]

So dachte und schrieb der junge Burckhardt in den 20er Jahren seines Lebens. Wir werden noch schildern, was Burckhardt dachte, als 1870/71 das zweite deutsche Reich, das Kaiserreich, entstand.

Nun aber schildern wir noch den zweiten längern Aufenthalt Burckhardts in Berlin vom September 1846 bis September 1847. Diesmal kam er mit ganz andern Plänen und Wünschen in die preussische Hauptstadt als sieben Jahre früher. Er war nun Dr. phil. und a.o. Professor der Universität Basel und nahm eine vom preussischen Staat bezahlte Aufgabe in Angriff. Das kam so: Seinem Freund Franz Kugler war die Arbeit an der Universität und für das Kulturministerium über den Kopf gewachsen, und doch wünschte der Minister eine Neuauflage der weitverbreiteten Handbücher der Kunstgeschichte und der Geschichte der Malerei. Kugler war überfordert und schlug dem Minister vor, einen jungen Schweizer namens Jacob Burckhardt mit dieser Aufgabe zu betrauen. Der Minister stimmte zu. So wurde Burckhardt, zwar als freier Gelehrter, vom preussischen Staat besoldet. Kulturgeschichtlich interessant sind die Briefe, die der republikanische Schweizer einem preussischen Minister in amtlichen Dingen zu schreiben hatte. Wir zitieren daraus: «*Hochwohlgeborener Herr! Hochgebietender Herr Geheimer Staatsminister! ... Indem ich Ew. Excellenz den aufrichtigsten Dank, und zugleich meine Verpflichtung ausspreche, mich der freundlichen Gesinnungen Ew. Excellenz in jeder Weise nach Kräften wert zu machen, verharre ich mit vollkommenster Hochachtung und Ehrerbietung Ew. Excellenz ganz gehorsamster Dr. J. Burckhardt, Prof. extr. an der Universität Basel.*»[105] Wie es ihm wirklich im Dienst Ew. Excellenz zu Mute war, schildert er einige Tage später einem seiner besten Freunde: «*Herzgeliebter Ete! Ich wohne Wilhelmstrasse 41, bin in vollem Oxen. Aussichten: ganz passabel. Geld: reichlich, wenigstens für den Augenblick. Liebschaften: keine. Theater: unter Null. Spaziergänge: Tempelhof und Charlottenburg. Kneipen: wenig. Gesamteindruck von Berlin: zum Davonlaufen, scheusslich, niederträchtig, gemein bis ins Bösartige und dabei glücklicherweise lächerlich.*»[106]

Wie weit entfernt sind solche Töne von jenem oben zitierten Deutschlandlied! Was war dazwischen geschehen? Ein Blick in die biographischen Zeugnisse klärt alles. Burckhardt ist den ganzen Sommer über in – Italien gewesen! Zum zweiten Mal seit jenem Sommer des Jahres 1838. Und nun gesteht er: «*Die Sehnsucht nach Rom quält mich täglich mehr.*» [107] Was lockte ihn denn so nach Rom? Er sagt es in einem Brief vom 27. Februar 1847. «*Ach Gott, wie öd und fad liegt diese hiesige Welt um mich her! Wie ganz anders war das in Rom, wo Erinnerungen, Volksleben und Kunst jeden gemeinen Gedanken in nichts auflösten und jede Stimmung auf Adlerschwingen der Poesie in die verklärten Aether trugen!*» [108] Ja, nicht einmal begraben möchte er in Deutschlands Erde werden. Falls das Ende nahe, solle man ihn nach Rom bringen. In einer Strasse am Abhang des Quirinals an einem Fenster, wenn es Ave Maria läute, möchte er mit Vergnügen sterben. Und dann – «*Versenkt mich ins Tyrrhenische Meer! Das ist die stillste Grabesgrotte.*» [109]

Das am meisten bekannte Bild von Burckhardt ist doch jenes des weisen, abgeklärten alten Mannes, der in der St. Alban-Vorstadt sitzt und über die Welt kluge Betrachtungen anstellt. Dieses Bild stimmt zwar, aber darüber darf man nicht vergessen: Bis zu seinem 35. Lebensjahr ist Burckhardt ein ebenso leidenschaftlicher Mensch wie jeder grosse – Künstler!

Journalistisches Zwischenspiel

Wir kehren biographisch wieder zurück in den September 1843, als Burckhardt nach ziemlich genau vier Jahren Aufenthalt in Deutschland wieder in Basel ankam und im Elternhaus Wohnung nahm. Er war jetzt ein zwar junger, aber ausgeprägter Gelehrter. Für seine Dissertation «Carl Martell» hatte ihn die philosophische Fakultät der Uni Basel zum Dr. phil. promoviert. (Er hatte nicht einmal zu einem mündlichen Examen antreten müssen.) Man wusste in Basel wohl, mit welch gescheitem und nützlichem Mitbürger man es zu tun hatte und welche Bereicherung er für die dahinserbelnde Universität werden konnte. Seit der Kantonstrennung und der Teilung des Universitätsvermögens zählte die Universität nur achtzehn feste Professorenstellen und in den ersten 1840er Jahren nur 30 bis 40 immatrikulierte Studenten. Nur dank freiwilligen Spenden liess sich die alte Hochschule, auf die Basel einst so stolz war, erhalten.[110] Es ist begreiflich, wenn Burckhardt nach seinen anregenden Berliner Semestern zunächst nur die Enge der Heimat fühlte. *«Ich sage aus voller Überzeugung, Basel wird mir ewig unleidlich bleiben. Ich bleibe hoffentlich kaum zwei Jahre hier... Kein Wort wird verziehen. Eine Zwischenträgerei ohne Gleichen vergiftet alles.»*[111] Das war bös gesprochen beziehungsweise geschrieben, denn über die Universitätsbehörden konnte er sich wirklich nicht beklagen. Sie erlaubten ihm sofort, an der Universität Vorlesungen zu halten, und schon im März 1845 ernannten sie ihn zum ausserordentlichen Professor. Die Akten sind voll Lobes für den *«wissenschaftlich wohl ausgerüsteten jungen Mann»*. Aber – von einem Honorar ist nirgends die Rede![112] Ein Gelehrtenleben, wie es etwa den Söhnen aus reichen Basler Handelsfamilien möglich war, konnte sich die Pfarrerfamilie Burckhardt mit sieben Kindern nicht leisten. Köbi wollte auch nicht, dass sein *«guter Alter»* – wie er den Vater einmal nannte – seinen Lebensunterhalt bestreiten müsse. Er suchte eine Erwerbsquelle und fand sie. Schon in Berlin gestand er einem Freund, als er merkte, dass mit der Dichtung nicht lebenslänglich Lorbeeren zu holen waren: *«Aber ein Zeitungsschreiber möchte ich gerne werden.»*[113] Und ein solcher wurde er denn auch, als er am 1. Juni 1844 die Stelle eines Redaktors der «Basler Zeitung» antrat. Nach neunzehn Monaten, Ende Dezember 1845, verliess er das Zeitungsbüro am Fischmarkt wieder. Es waren für ihn anderthalb bewegte, ja stürmische Jahre gewesen.[114]

Die Basler Zeitung – bis 1840 hiess sie «Baseler Zeitung» – war im Sturmjahr 1831 von konservativen Basler Herren gegründet worden. Sie war also ein Kind der dreissiger Wirren. Während einiger Jahre war sie die einzige Tageszeitung der Schweiz. Sie galt als die *«besonnene führende Stimme der konservativen Kreise protestantischer Richtung».*[115] Im Jahr 1859 ist sie wieder eingegangen. Der führende Kopf im Verein, der diese Zeitung materiell unterstützte, war der Politiker, Universitätsprofessor und Präsident des Erziehungskollegiums Andreas Heusler I. (Weil drei Heusler gleichen Namens existierten, unterscheidet man sie durch die Zahlen I., II., III.) Heusler I., einer der bedeutendsten Politiker Basels und der Schweiz im 19. Jahrhundert, erkannte bald die problematische Situation des jungen Redaktors, als er schrieb: «*Ich glaube, Burckhardt ist zu Besserem gemacht als zum Zeitungsschreiber; aber warum sollte er nicht durch solche Tätigkeiten hindurchgehen, um so die Geschichte alle Tage entstehen zu sehen, die er in der Wissenschaft mehr oder weniger abgeschlossen vor sich hat!*»[116] Tatsächlich zeigte es sich nach wenigen Wochen, dass die historische Betrachtung der Vergangenheit und die Würdigung der Tagesereignisse zweierlei Stiefel waren. Politischer Kommentator der Tagesereignisse sein, hiess sich engagieren, Stellung beziehen und darum auch Feindschaften in Kauf nehmen. Um diese kurze, aber wichtige Phase im Leben Burckhardts zu verstehen, muss man einen Blick auf die Schweizer Geschichte zwischen 1840 und 1848 werfen.

Der seit der Revolution von 1798 bestehende Gegensatz zwischen Liberalen und Konservativen ging seinem Höhepunkt entgegen. Die Liberalen, bald links überflügelt von den sogenannten Radikalen, zehrten vom Gedankengut der Französischen Revolution: Freiheit auf allen Lebensgebieten, Gleichheit aller, also allgemeines Stimm- und Wahlrecht, folglich Herrschaft der ungebildeten Masse, wie die Konservativen befürchteten. Dieses Bild ist aber sehr unpräzis. Die politische Situation war um einiges komplizierter, denn die klaren ideologischen Linien verschwanden in der Praxis, weil die Zentralisierung der damaligen Eidgenossenschaft auf den harten

Widerstand der Föderalisten stiess. Föderalistisch gesinnt war aber nicht nur die katholische Innerschweiz, sondern auch das protestantische Basel. Das Fanal für den Beginn des unversönlichen Kampfes war die Aufhebung der Klöster im Kanton Aargau im Jahr 1841. Der Gegenschlag der Katholiken, die Berufung der Jesuiten als Geistliche und Lehrer nach Luzern, erbitterte die Radikalen aufs äusserste. Sie reagierten mit den «Freischarenzügen», ein Mittelding zwischen den mittelalterlichen Saubannerzügen und den modernen AKW-Demonstrationen. Angesichts dieser turbulenten politischen Verhältnisse musste der junge Burckhardt als Redaktor öffentlich Stellung beziehen.

Die Zeitungsartikel Burckhardts in der Basler Zeitung und seine Korrespondenzartikel für die «Kölner Zeitung» sind heute wieder publiziert.[117] Wir werfen einen Blick auf die Tagesberichte vom 11. und vom 16. Juli 1844. Man feierte in Basel in jenem Sommer nicht nur die traditionelle Erinnerung an die Bewahrung der Stadt im Armagnakenkrieg 1444, sondern auch ein wochenlanges eidgenössisches Schützenfest. Diese Feste waren von hochpolitischer Brisanz; hier kamen die radikalen Führer aus allen Kantonen bei den Begrüssungsreden auf der Tribüne zu Wort. (Wir erinnern an die berühmte Beschreibung Gottfried Kellers im «Fähnlein der sieben Aufrechten».) Über eine solche Festrede und den durch sie verursachten Zwischenfall berichtete Burckhardt am 11. Juli 1844 so: «... *es war unvermeidlich, dass die Radikalen im Ganzen das grosse Wort führten, da sie, wie männiglich bekannt, die stärksten Lungen und lauter ausgewaschene, breit getretene, bequeme Themata haben... Die glänzende Rede des Regie-*

rungsrates [Curti aus St. Gallen], welche ein Meisterstück radikaler Perfidie ist, weckte den Brüllradikalismus auf...»[118] Solche Berichterstattung weckte natürlich den Zorn der radikalen Partei. In ihrem Parteiblatt, der «Nationalzeitung», kam sofort die gepfefferte Reaktion. *«Ein junger gebildeter Mann, der Sohn eines protestantischen Kirchenhauptes, hat sich die Aufgabe gestellt, Menschen und Dinge nach der Art des grössten Staatsmannes zu beurteilen. Er debütierte mit dem berüchtigten Artikel über das eidgenössiche Schützenfest, der... in der ganzen Schweiz gerechte Entrüstung erregt hat... in den Augen der liberalen Schweizer ist er gebrandmarkt.»*[119] Wie nahm Burckhardt solche Ausfälle gegen ihn auf? Im Brief vom 16. Juli 1844 an einen deutschen Freund gibt er Auskunft: *«Ich werde zu meiner Freude bereits in den Blättern herumgezerrt... Noch vor sechs Wochen beschlich mich ein leiser Schauer bei diesem Gedanken; jetzt habe ich ein Fell wie ein Krokodil und lache dabei und beantworte das Zeug nicht.»*[120] Wir müssen gestehen, das mit dem «Krokodilfell» glauben wir nicht. Es gibt genug Stellen aus Briefen jener Zeit, in denen seine leichte Verletzbarkeit sichtbar wird. Aber sein Mut wurde nicht gebrochen. Einige Tage später erschien der zweite grosse Artikel, und zwar in anderer Stossrichtung; er war der Jesuitenfrage gewidmet. Das Typische darin ist die differenzierte Betrachtungsweise. Er hat zuviel historische Kenntnis, als dass er die Jesuiten reinwaschen könnte, aber er hat auch zuviel Sinn für staatliche Ordnung und Recht, als dass er in das hässliche Geschrei der Radikalen einstimmen könnte. Wir zitieren aus dem Zeitungsartikel vom 16. Juli 1844: *«Es ist einer der schwersten Konflikte, von welchem wir zu reden haben. Wir haben uns und unsere Leser niemals getäuscht über die Natur und die Eigenschaften des Ordens, welcher seit zwei Jahrzehnten stets mächtiger in alle Verhältnisse der Schweiz eindringt; uns scheinen die Jesuiten ein Fluch der Länder und Individuen, welche ihnen in die Hände fallen.»* [121] Bis hier scheint Burckhardt ein echter Vertreter des kampflustigen Protestantismus zu sein. Aber nun folgen staatsmännische Reflexionen: *«Was hindert uns, die Jesuiten aus dem Lande zu jagen? Fürs erste: das Recht, fürs zweite: die Klugheit.»* Im folgenden erörtert er die Gründe für diese Behauptung. Die Kantone allein hätten das souveräne Recht, die Jesuiten zu dulden oder wegzuweisen; ein verfassungsmässiges Mittel, sie aus der ganzen Schweiz wegzuweisen, gebe es nicht. Und die Klugheit gebiete, die Jesuiten nicht zu Märtyrern zu stempeln; man würde ihnen damit nur einen Gefallen tun. Bis hierher spricht ein kluger Analytiker der politischen Szene, aber am Schluss hört man noch einen andern Burckhardt, wohl den eigentlichen. Er fragt nämlich, was denn in dieser heiklen Lage helfen könne, und antwortet so: *«Was allein kann helfen? Nicht direkte Angriffe, auch nicht indirekte Massregelungen der Regierung, sondern allein die wahre Bildung, die echte Bildung, die Consequenz, die Loyalität. Hier ist ein weites Feld nationaler Tätigkeit offen... freilich ein schweres, saures, geräuschloses Stück Arbeit, wofür nur das Gewissen lohnt, aber würdig, ein Leben auszufüllen, das im höchsten Sinne dem Vaterland gewidmet sein sollte.»*

Da spricht gewiss der echte Burckhardt, der den Tageskampf bald verlässt, aber im Alter noch intensiver über das Verhältnis «Staat und Religion» nachdenken und seine Erkenntnisse in den «Weltgeschichtlichen Betrachtungen» meisterhaft formulieren wird.

Mit diesen Zeitungsduellen in den ersten Monaten ging die eigentliche Redaktorenaufgabe zu Ende. Burckhardt blieb noch eineinhalb Jahre in der Redaktion, arbeitete als Textkompilator noch bis Ende 1845. Dann kam die Erlösung. *«Erst am Sylvester, mittags um 12 Uhr, als ich die letzte Korrespondenz meiner letzten Zeitung aus den Händen legte, schlug die Stunde meiner Befreiung... Seitdem ist die Welt für mich wieder anders angemalt... Denn Ende März gehe ich nach Rom.»*[122]

Zeichnung Burckhardts. Rom, Santa Maria in Trastevere, Herbst 1847.

Italien, das prägende Erlebnis

... und er ging nach Rom! Am 1. April 1846 kam Burckhardt dort an und blieb in Italien, bis ihn der Ruf nach Berlin zur Rückkehr nach Deutschland drängte. Kaum aber war der letzte Bogen der dort überarbeiteten Bücher fertig, reiste er schnurstracks, ohne die Schweiz zu betreten, über Wien und Triest nach Rom. Am 11. Oktober 1847 gelangte er zum zweiten Mal an den Ort seiner Sehnsüchte und blieb nun dort bis in den Frühling 1848.

Bevor wir das Leben Burckhardts während dieser insgesamt dreizehn Monate dauernden Italienaufenthalte in den Jahren 1846 bis 1848 schildern, zitieren wir einige Verse aus verschiedenen Lebensaltern, in denen seine Italienbegeisterung, echt burckhardtisch, aufklingt.

1837: *«Passgeschichten, schlechtes Wasser,*
   Wanzen in den Betten, ja –
   Niemand weiss, wie schön Italien,
   der nicht all den Jammer sah»[123].

1838: *«Denn Italien liegt an des Bergs jenseitigem Abhang –*
   O wie rufet das Wort laut an das bebende Herz! –

Dürft' ich!... Nicht Lawine und nicht die
*   entsetzliche Brücke*
Würden mich schrecken – es ruft jenes
*   allmächtige Wort.»* [124]

1847: «*Was soll mir fürder dieser Norden*
*   mit seinen trivialen Horden?*
*   ...*
*   O nimm, du heissgeliebter Süden!*
*   den Fremdling auf, den Wandermüden!*
*   Erfülle seine Seele ganz*
*   mit deinem heitern Sonnenglanz!»* [125]

1878: «*Denn neben Dir ist Alles Tand,*
*   O Du, halb Dreck – halb Götterland*
*   Wo Alles hoch und luftig*
*   (Der Mensch bisweilen schuftig).»* [126]

In Rom wohnte Burckhardt an der Via delle quattro Fontane, Nr. 11, im vierten Stock. Die Aussicht aus dieser schöngelegenen Wohnung zeichnete er für seinen Stiefbruder in einem Brief vom 6. Dezember 1847.[127] In Worten beschreibt er sie in einem Brief an seinen ehemaligen Lehrer Wilhelm Wackernagel: «*Es ist hier buchstäblich ein Jugendtraum wahr geworden, es sind die Paläste im Mondschein, dann links ein ungeheures Panorama vom Pantheon bis Monte Pincio, jetzt ins schönste Silberlicht getaucht, endlich über einige friedliche Klöster und zerfallene Mauern weg der schwarze Pinienhain von Villa Ludovisi.»* [128]

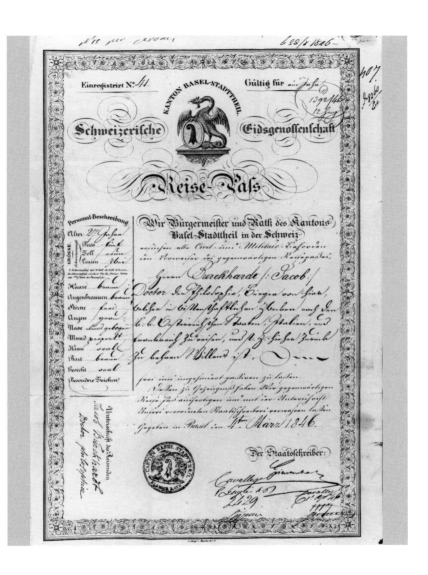

Reise-Pass Burckhardts, ausgestellt im März 1846 im Kanton Basel-Stadt. Vorderseite.

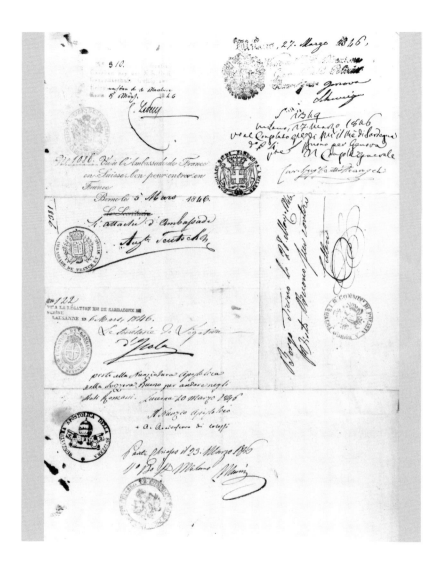

Reise-Pass Burckhardts, 1846. Stempel der Behörden der durchreisten Staaten.

Man staunt: Burckhardt ist erst jetzt an dem Ort, an dem sein Jugendtraum wahr geworden ist. Versunken ist, was ihn fünf Jahre früher in Deutschland zutiefst ergriffen hatte. An die Stelle Deutschlands ist Italien als Ganzes, vor allem aber Rom getreten. «*Ich weiss es jetzt, dass ich ausserhalb Roms nie mehr recht glücklich sein werde und dass mein ganzes Streben sich törichter Weise in dem Gedanken konzentrieren wird, wieder hinzukommen und wäre es als Lakai eines Engländers.*»[129]

Man weiss es längst; ohne Italien wäre Burckhardt wohl kaum der grosse Kunsterzieher, ja Künstler geworden, und ohne Burckhardt wäre Italien um zwei klassische Beschreibungen seiner Kunstwerke und Kultur, den «Cicerone» und «Die Kultur der Renaissance», ärmer.

Wie einst von Berlin besitzen wir aus seiner Feder auch eine Beschreibung von Rom und dessen Bewohnern. Wegen ihrer kulturhistorischen Qualitäten zitieren wir eine längere Passage: «*Alles zusammengenommen ist Rom doch noch die Königin der Welt und gibt einen aus Erinnerung und Genuss so wundersam zusammengesetzten Eindruck wie keine andere Stadt... Die Römer gefallen mir, d.h. das gemeine Volk, denn der Mittelstand ist so erbärmlich läppisch wie in Mailand. Der gemeine Römer hat nicht das tückisch Verkniffene des gemeinen Mailänders, er ist gentiler und in seinem Äusseren malerischer. Er bettelt zwar, aber er sucht nicht durch geringere Dienstleistungen den Fremden zu erpressen. Wer ihm nichts gibt, den lässt er artig und ohne Flüche laufen. Man fühlt sich auch in den grössten Volksmassen von sozusagen honetten Leuten umgeben, besonders in den armen und verfallenen*

Quartieren... Gegen die Arbeit hat man sich hier seit Jahr-
hunderten als gegen den ärgsten Feind bewaffnet; von der
leichtesten Industrie ist kaum eine Spur; so fehlen z.b. die öf-
fentlichen Stiefelwichser hier fast ganz; Droschken- und Om-
nibusdienst existieren kaum in den ersten Anfängen; ein Avis-
blatt mangelt gänzlich; kaum ein oder zwei Restaurants haben
ihre römische Küche nach der französischen modifiziert usw.
Ja in jedem Nest der Sächsischen Schweiz z.B. existiert mehr
Fremdenindustrie als hier, wo 30 000 Fremde (meist nur zu
geniessendem Dasein) wohnen. Ich halte dies für eine Wohl-
tat Gottes... Der Römer wartet, bis man ihn frägt, und auch
der zerfetzte Gassenjunge ist für strassenlanges Mitlaufen mit
einem Bajocco (= Sou) zufrieden. ... Der Müssiggang hat hier
eine Kunst der Artigkeit zum Blühen gebracht, die dem Aus-
länder gar wohl tut.»[130]

Dem Müssiggang hat Burckhardt in Rom nicht gehuldigt;
von einem beschaulichen Dasein kann man kaum sprechen,
denn schon in den ersten Tagen seines römischen Aufenthalts
wurde er tätig, und zwar auf eine Weise, die man von ihm nach
dem Basler Intermezzo als Journalist nicht erwartet hätte. Er
wird aus freiem Entschluss Auslandkorrespondent der «Basler Zeitung», und damit es mehr einträgt, auch der «Kölni-
schen Zeitung». Für sie schildert er sehr ausführlich die
Heilige Woche des Jahres 1846 mit allen ihren Zeremonien,
und wie das Zitat beweist, mit einiger Sachkenntnis: *«Mitt-*
woch nachmittags nach zwei Uhr begann der Fremdenstrom
nach der sixtinischen Kapelle, wo Mittwoch, Donnerstag und
Freitag die drei Misereres gesungen werden... Ihr Korrespon-
dent hat wenigstens Mittwoch und Freitag seine Pflicht getan

und ausser dem Miserere von Allegri auch das in ganz ähnlichem Stil komponierte von Baini gehört. Obwohl Laie in der höheren Tonkunst, hofft er doch, dass man, nachdem tausend Unberechtigte über diese Musiken mitgesprochen, dem tausendundersten das gütige Gehör nicht versagen werde.»[131] Dann schildert dieser «Laie» den Gesang des sixtinischen Chors so: «*Es gibt schlechterdings keinen Chor auf der Welt, wie der sixtinische, welcher ohne alle Begleitung rein und ohne zu sinken, oft acht- bis sechzehnstimmig zu singen vermag. Da ist keine Stimme..., die nicht die vollkommenste Gleichheit und Reinheit des Tones, das herrlichste Portament besässe.*» Härter ist sein Urteil über die italienischen Komponisten. «*Es wollte ihm (dem Korrespondenten) bedünken, dass doch in dieser Musik... gar viel konventionelles... Spiel getrieben sei... Im Ausdruck des einzelnen sind Mozart und Beethoven... ungleich grösser und reicher.*»[132]

Nach dem Musikkenner Burckhardt lassen wir noch den späteren Verfasser der «Weltgeschichtlichen Betrachtungen» zu Wort kommen. Im Juli 1846 widerspricht Burckhardt in einem Bericht für die «Kölnische Zeitung» einem deutschen Reiseschriftsteller, der Italiens moderne Entwicklung gerühmt hat, so: «*Wahr ist, Italien hat in vielen äusseren Dingen moderne Gestalt angenommen und sich dem Einfluss der ungeheuren Weltereignisse seit 1796 fügen müssen; aber wer den jetzigen Zustand und den Charakter der Italiener kennt, dem scheint ihre weltgeschichtliche Rolle für lange Zeit ausgespielt. Bei einer so durchgehenden Selbstsucht des Individuums, wie sie den heutigen Italiener bezeichnet, muss man von vornherein an jeder grösseren Entwicklung verzweifeln... indes ist diese Selbstsucht in Oberitalien wenigstens mit einer gewissen Energie verknüpft; man arbeitet und rührt sich..., und besonders der lombardische Bauer wird dem deutschen an Fleiss und Beharrlichkeit wenig nachstehen. Ganz anders verhält es sich in Rom, wo Müssiggang und Bettelei sich in das Leben der mittleren und unteren Stände teilen.»* [133] Jetzt schrieb nicht nur ein scharf beobachtender Referent, sondern der Historiker: *«Der Römer hat als Erbteil seines furchtbar wilden und unsichern Mittelalters einen Geist des Müssigganges mitbekommen... Man kann einem seit so undenklicher Zeit auf das Faulenzen eingerichteten Volke nicht plötzlich das Arbeiten anbefehlen... Jahrtausende haben gesündigt, und Jahrhunderte werden noch büssen müssen.»* [134]

Auf seinen Streifzügen durch Rom, wo er auf Schritt und Tritt von Bettlern belästigt wird, entdeckt Burckhardt nun das jüdische Quartier, das Getto. *«Während ganz Rom faulenzt, ist das Getto fleissig, während Rom in Lumpen einhergeht, trägt das Getto ganze Kleider, während dort alles bettelt, wird man hier nie um Almosen angesprochen... denn hier ist ja eine industrielle Oase inmitten des trägen Rom, hier will man nicht betteln, sondern verdienen... Auch hier ist wieder ein Stück Mittelalter einbalsamiert vorhanden; denn das Schicksal Roms besteht darin, Dinge, die sonst überall aufgehört, dem Fremden noch einmal zu handgreiflicher Anschauung zu bringen... Jedes Mal, wenn ich [aus dem Getto] hinaustrat nach Madonna del Pianto, fand ich Fleiss und Industrie wie mit dem Messer abgeschnitten.»* [135]

Neben diesen eher feuilletonistischen Beiträgen für die «Kölnische Zeitung» liefert Burckhardt für die «Basler Zei-

Zeichnung Burckhardts. Das Kapitol in Rom, Frühjahr 1846.

tung» überaus gründliche Analysen der politischen Ereignisse. Diese waren nicht weniger turbulent als in der Schweiz. Der zuerst als liberal geltende Papst Pius IX. – Pontifex von 1846 bis 1878 – kam nach seiner Wahl in Konflikt mit den progressiven Parteien, die eine nationale Einigung und soziale Reformen anstrebten. Demonstrationen und Fackelzüge für und gegen den Papst brachten Unruhe. Burckhardt mischte sich unter das Volk, studierte Parteipamphlete, fragte nach den Hintergründen – kurz, aus dem in Basel so leidenschaftlich beteiligten Bürger wurde hier in Rom ein kühler, wenn auch nicht teilnahmsloser Betrachter der geradezu revolutionären Ereignisse.[136]

Dass aber im turbulenten Rom die eigene wissenschaftliche Produktion nicht ganz erloschen ist, bezeugt die kleine Schrift «Andeutungen zur Geschichte der christlichen Skulptur».[137] Aber es gibt noch andere Präliminarien für den 1855 erschienenen «Cicerone». Burckhardt war nämlich schon damals mit dem Notizbuch in der Hand durch die Kirchen und Gemäldesammlungen Italiens gegangen und hatte begonnen, die Kunstdenkmäler zu inventarisieren. Damals entwickelte sich seine Fähigkeit, in kurzen und präzisen Formulierungen das Wesentliche zu sagen. Im «Cicerone» übernahm er, oft fast unverändert, jene Notizen. So lässt sich als Bilanz des Italienaufenthaltes von 1846 bis 1848 sagen, was Burckhardt selbst so formuliert hat: *«Italien hat mir für tausend Dinge einen ganz neuen Massstab gegeben.»*[138]

Elf Jahre später schwelgt Burckhardt noch einmal in seinen römischen Erinnerungen, als er den Vortrag über «den Zustand Roms unter Gregor dem Grossen» am 3. Dezember 1875 so schloss: «*Oft, wenn du die Hügel des jetzigen Rom durch-irrst, zwischen den einsamen Weinbergen und den Kloster-gärten hindurch, überfällt dich mit Macht der Gedanke an die ungeheuren Weltschicksale, welche sich hieran geknüpft ha-ben, – ein Eindruck, dem du dich nicht zu entziehen vermagst, gegen welchen alles andere klein und nichtig erscheint.*»[139]

Zeichnung Burckhardts. Rom, Arco de' Saponari, Frühling 1848.

Lyrik und Liebe

Lyrik! Ist der grosse Gelehrte Burckhardt auch ein Dichter gewesen? Hat man ein Recht, ihn in der Schweizer Literaturgeschichte irgendwo zwischen Johann Peter Hebel und Gottfried Keller anzusiedeln? Sein deutscher Freund, Paul Heyse, ein vielgelesener Dichter und Literatur-Nobelpreisträger, rückte ihn gar in die Nähe von Eduard Mörike.[140] Aber in die grosse Gesamtausgabe der Werke Burckhardts wurden keine Gedichte aufgenommen.[141] Man sah wohl von solcher «Verewigung» ab, weil man wusste, dass er selbst die beiden von ihm publizierten Gedichtbändchen aus dem Verkauf zurückgezogen hatte. Nicht zurückziehen konnte er freilich jene Gedichte, die seine deutschen Freunde, oft gegen seinen Willen, in Jahrbüchern und Almanachen veröffentlicht hatten. Sie fanden solchen Anklang, dass ein bekannter deutscher Verleger Burckhardt bat, ihm weitere Gedichte zur Publikation zu senden.[142] – In der Basler Literatur, in Neujahrsblättern und Jahrbüchern lobte man schon zu Lebzeiten Burckhardts seine «formal ausgezeichneten» Gedichte. Einmal liest man die kuriose Würdigung, niemand würde hinter diesen Gedichten einen Gelehrten vermuten, wohl aber einen feinen, resignierten Menschen, bei dem sich ein «Stück Humor» finde.[143] In der neusten Mundartsammlung wird Burckhardt wieder als einer der besten Dialektdichter Basels gepriesen.[144] Freilich in den gängigen deutschen Literaturgeschichten wird Burckhardt kaum erwähnt oder doch nur als guter Prosaschriftsteller.

Wie hat Burckhardt selbst über sein dichterisches Schaffen gedacht? Die Briefe geben Auskunft. *«Oft erlaube ich mir das gefährliche Vergnügen, mich in eine ideale Welt zu flüchten; komme ich dann aus dem siebten Himmel zurück, so bringe ich immer den Gedanken mit, die ideale Welt mit der wirklichen, oder vielmehr diese mit jener in Einklang zu bringen und kann ich's nicht wirklich, so tröstet mich die Poesie; sie kann, was ich nicht kann.»* Als Beleg für diesen Trost durch die Poesie legte Buckhardt dem Brief sein erstes umfangreiches Gedicht «Elegie» in der klassischen Form der Distichen bei.[145]

Nur zwei Jahre später, als er in Berlin mit grösstem Eifer und Ernst das Studium der Geschichte begonnen hat, heisst es: *«Meine Poesie schwebt in Gefahr, den Abschied zu erhalten, seit ich die höchste Poesie in der Geschichte finde.»*[146]

Wiederum nur wenige Jahre später, als ihn der Missmut in seiner Redaktorenzeit ergriff, gewinnt die Dichtung wieder Oberwasser. *«Ich bin nicht unglücklich, aber unbeglückt, bis wieder etwas goldene Musse und etwas Poesie zurückkehrt. Ich traue mir wieder etwas zu und muss freiwillig oder unfreiwillig als einen Pfeiler meines Lebensglücks die Dichtung nennen. Es ist nicht Übermut, sondern Notwendigkeit.»*[147]

Diese Notwendigkeit bestand achtzehn Jahre später – die grossen Werke Burckhardts waren inzwischen erschienen – nicht mehr. *«Der Poesie habe ich seit sehr langer Zeit Valet gesagt.»*[148] Und noch später – er ist jetzt, wie er sagt *«ein 58-*

jähriger alter Mensch» – fällt das Verdikt: «*Ich weiss zu spät, dass das wenige Törichte, das ich in jungen Jahren zu Papier gebracht, aber in alle Welt zerstreut habe, noch eher geniessbar war, als das Ernsthafte.*»[149]

Blicken wir auf das «wenige Törichte»! Als Siebzehnjähriger sammelte Köbi seine ersten Gedichte in einem Poesiealbum. Es sind Dokumente der ausklingenden Pubertäts- und Glaubenskrise, tragen aber den Stempel eines sehr begabten Jünglings, der die Gesetze der Metrik beherrscht. Zwei Beispiele:

An die Vorsehung
«*Ja, du gabst mir Gesang, heilige Vorsehung,*
Und ich fühl' es, du gibst wieder ihn mir zurück,
Denn mit göttlichem Hauche
Wehst du Leben ins Herz.»[150]
(es folgen sechs Strophen)

In einer Sturmnacht
«*Schwarze, donnernde Nacht, schaurige Stätte, wo*
Südwind kämpft, mit dem Nordwind und im Streite siegt,
Sage, bist du des Frühlings
Botin mir, und des Lebens Bild?

Kleinen Seelen geziemt's, zagend zu weinen; nicht
Ziemt's den männlichen! – führt Gott der Allmächt'ge nicht
Hoch den grossen Orion
Über Wetter und Wolken hin?»[151]
(es folgen drei Strophen)

Neue Töne hört man in den Jahren des Deutschlandaufenthalts und der Rheinlandbegeisterung. Im Bonner Freundeskreis fanden geradezu Dichterwettkämpfe statt wie einst – woran man sicher dachte – auf der Wartburg im Mittelalter. Das Ende einer burschikosen Studentennacht in der Eifel wird in den letzten Versen des Gedichts «Altenahr» so geschildert:

> «Werft die Fakeln hier zusammen, wo die duft'gen
>   Sträucher blühn!
> So vergehn die Jugendtage, wie die Flammen hier
>   verglühn –
> Doch besucht in grauen Haaren Einer noch dies Felsental,
> Feir'er dann mit glüh'ndem Weine hier ein stumm
>   Gedächtnismahl!» [152]

Das ist die Poesie von 1841! In die gleiche Phase gehört das oben zitierte Gedicht «An Deutschland». Doch in den folgenden Jahren wechseln die Themen; die italienischen Eindrücke finden dichterische Form, z.B. unter den Titeln «Monte Argentario», «In Neapel», «Aus Venedig».

Bevor wir die beiden wichtigsten Sammlungen burckhardtscher Dichtung vorstellen, seien einige anspruchslose Gelegenheitsverse zitiert. Es sind keine Kunstwerke, aber Zeugnisse eines witzigen Geistes in heiterer Stimmung, die Burckhardt auf Auslandreisen seinen Freunden in Basel schickte. Aus Mailand im August 1878 ein «Architekturlied»:

> «An manchem schönen Vestibül
> Verstärkt' ich schon mein Kunstgefühl,

An mancher schönen Stegen;
Es ist ein wahrer Segen.

Ich bin im Welschland wohl bekannt,
jetzt durchgeschwitzt und hartgebrannt
Und thu mich nicht geniren,
Krummkrüpplich zu skizziren.»[153]

Aus London im August 1879. Burckhardt legt bei der Betrachtung des Obelisks ‹die Nadel der Cleopatra› der ägyptischen Königin folgenden Vers in den Mund:

«Ich alter Pharaonenbesen,
Wie bin ich doch so grob gewesen!
Wirst du, o Leser, mir verzeihn?
Doch wenn man soll vor lauter Schuften
Beständig Distinction verduften,
So darf man wohl des Teufels sein.»[154]

Aus Berlin im August 1882 nach einem Museumsbesuch:

«Gestern ging's in Einem Drehum
Durch das alt und neu Museum
Und Nationalgalerie,
Aber fragt mich nur nicht: wie.
Dumm und matt vom vielen Schauen,
Doch nicht ohne frommes Grauen
Schlich ich mich von Dir davon,
Riesenkampf von Pergamon!»[155]

Zurück zur ernsthaften Poesie! «Ferien, eine Herbstgabe» und «E Hämpfeli Lieder» sind schmale Büchlein, die in einer Basler Buchdruckerei 1849 und 1853 erschienen sind – ohne Autorenname! Das erste enthält 18, teils mehrteilige Gedichte in neuhochdeutscher Sprache, das zweite vierzehn im alemannischen Dialekt. Entstanden sind alle in den Jahren 1848/49, also nach der grossen zweiten Italienreise und, was auch durchschimmert, im europäischen Revolutionsjahr. Warum Burckhardt diese Bändchen auf eigene Kosten drucken liess, erklärt er so: Die Zeiten für die Poeten seien schlecht, es gebe kein lesendes Publikum mehr, jedoch trotzdem «*man solle*

Zeichnung Burckhardts. Lugano, Santa Maria degli Angeli, August 1839.

wieder Gedichte drucken lassen, aber nicht mehr auf den Erfolg hin, nicht mehr auf zu erhoffende Rezensionen hin, auf Cliquenverbindung hin, auf Tendenz hin – und wie all die Kulturfäulnis heisst, die mit der wahren Poesie gar nichts zu tun hat». Wenn man keinen Verleger finde, *«so lasse man die Sachen auf eigene Kosten drucken und betrachte die Veröffentlichung als eine Pflicht. Man kann ja den Namen füglich weglassen».*[156]

Das Bändchen «Ferien» enthält neben Edelsteinen wie die Naturschilderung «Am Vierwaldstättersee» und «Im Jura» auch Kieselsteine wie die balladeske «Romanze». Als Kostprobe der burckhardtschen Poesie zitieren wir drei Strophen eines Gedichts!

Nachts
«In dem Laub am Strande,
Wann die Sonne schied,
Wie zu leiser Klage
Rauscht der Wind sein Lied

Überm Strom im Dunkeln
Rasche Wellen fliehn;
aus des Wassers Brausen
Klingt's wie Melodien.

Sei getrost! die Sterne,
Strom und Abendwind
deine Brüder sind es,
Dichtung, schüchtern Kind!» [157]

Oft zitiert wird auch das Gedicht «An Claude Lorrain». Er war einer der Lieblinge Burckhardts unter den Malern. Im «Cicerone» wird er ihm herrliche Zeilen widmen. – Die Lebensregel für sich selbst formuliert er im Gedicht «Bestimmungen des Dichters». Ihm, dem Dichter, ist das heilige Gut der Dichtung anvertraut; sie ist auch sein Schutz. Darum begibt er sich in ihren Dienst.

> «Mag rings sich abmühn irdische Gier und Not,
> Ich bleibe dein! ob du der Vergessenheit,
> Ob du zum Trost einsamen Herzen
> Göttlich Erhabene, mich bestimmtest.»[158]

Das Beste aber, was Burckhardt als Dichter geben konnte, sind einige Gedichte der Sammlung «E Hämpfeli Lieder». Sie bilden ein geschlossenes Ganzes und gelten ausser dem ersten Gedicht «Maie» – Burckhardts Geburtstag fällt auf den 25. Mai – und dem letzten «Vorgsicht» einer geliebten Frau, deren Name nie genannt wird. Das leidenschaftlichste ist wohl das Gedicht «Nyt eiges meh». Wir zitieren daraus die erste und letzte Strophe.

> «Was wie-n-e Flamme-n-uf mym Scheitel rueht,
> du bisch die Glueth!
> Was wie-n-e helli Wulke-n-um mi wallt,
> Du bisch die Gwalt!
>
> Es ghört mer weder Denke, Gseh noch Thue
> Meh eige zue, –

Wer het mi au mit allem was i bi
verschenkt an Di?»[159]

Unbestritten das beste und wohl dauerhafteste Gedicht ist
nun das «Vorgsicht», ein Dialektwort, das man etwa mit
«Ahnung» oder «Vision» umschreiben könnte. Es gilt als
eigentliches Glaubensbekenntnis Burckhardts. Der Inhalt:
drei junge Männer, Burckhardt selbst und zwei Freunde, begegnen nach einer langen Wanderung an einem heissen
Sommertag in der Dämmerung vor der Birsbrücke drei Eben-
bildern, die jedem sagen, was im Leben auf ihn wartet. Burckhardts Ebenbild sagt:

«O glaub's, heig d' Mensche gern!
'S isch 's einzig Glück! Und was di jetzt bigeistret,
Sygs Liebi, Fründschaft, Heimeth, Poesie,
Gib's nit lycht uf! 'S ka mengs e Täuschung sy,
Und enneweg e gheime Sege druf!»[160]

Bevor wir vom Thema «Liebe» sprechen, müssen wir auf
eine kaum bekannte Prosadichtung Burckhardts hinweisen. Es
ist eine unvollendete Novelle, die in Fortsetzungen in der
«literarischen Beilage» der «Basler Zeitung» vom Oktober bis
in den Dezember 1849 zu lesen war. Der Autor nannte sich
nie, aber es ist gewiss, dass Burckhardt die Geschichte
«Schmuckeli» geschrieben hat, unterzeichnete er doch in einem heute verlorenen Brief so: *«Jacob Burckhardt, Verfasser*
des ‹Schmuckeli›, des ‹Constantin›, der ‹Ferien› und anderer
Bücher, ohne die es die Welt auch machen könnte.» Man hat

diese heitere Geschichte schon neben Gottfried Kellers «Die drei gerechten Kammacher» gestellt. Der Held ist ein schüchterner Basler Jüngling, der in verzwickte Frauengeschichten gerät, von denen man allerdings nie erfährt, wie sie ausgegangen sind, weil der Autor wegen «Faulfieber» – wie er selbst erklärte – keine Fortsetzung mehr geschrieben hat.[161]

Nun zum Thema «Liebe»! Das überlieferte Bild Burckhardts ist jenes des alten weisshaarigen Junggesellen, eines Hagestolzes. Aber Burckhardt ist ein gesunder Mann gewesen, der in seiner Jugend die schönen Frauen sah und sich auch tüchtig verliebt hat. Nicht nur das «Hämpfeli Lieder» bezeugt dies; einige Briefstellen verraten mehr. In Freiburg im Breisgau sah er 1839 *«alle zehn Schritte ein schönes Mädchen»*. In einer Trattoria in Mailand faszinierte ihn eine *«schwarzäugige Tessinerin»*, an die er sich sechs Jahre später noch erinnerte. Und dass unter seinen Zuhörern seiner Vorträge im Winter 1846/47 etwas *«Glühendes, Schwarzäugiges»* sitzt, bewegt ihn zum folgenden Geständnis: «*Überhaupt soll ich hie und da Eindruck gemacht haben, was meinem armen, mehrfach verschmähten Herz so wohl tut wie der Duft von Apfeltorten vormittags. Ich sage nicht: wie die Apfeltorten selbst, denn das ist mir nur zu klar, dass es dabei bleibt, einem die Schätze des Lebens an der Nase vorüber zu tragen. Ach Gott, ich könnte vielleicht reiche Partien machen, – aber so ohne rechte Liebe sich an die Geldsäcke eines hiesigen Schwiegervaters anlehnen – pfui Teufel! – Italien ist mir jetzt, Gott verzeih mir,... noch lieber als selbst das glühende, schwarzäugige Etwas.*»[162] *«Das schwarzäugige Etwas»* war, wie die Biographen längst wissen, Margaretha Stehlin, die Tochter des

Bürgermeisters Johann Jacob Stehlin. Sie war, als sie in den Vorträgen Burckhardts sass, siebzehn Jahre alt, heiratete 1849 den Bankier Fritz Riggenbach und starb 1906. Sie ist die im «Hämpfeli Lieder» nie mit Namen genannte, aber stark umworbene Frauengestalt gewesen.

Es scheint uns unpassend, den Schleier, der über jener Beziehung liegt, wegzuziehen, aber einen Grund, weshalb Burckhardt vor einer Verehelichung zurückschreckte, verrät ein Brief an den sehr guten Freund Hermann Schauenburg vom 25. März 1847. Er rät ihm: «... *in allem Ernst: heirate!... Hörst Du, heirate nur gleich! Mit mir ist das ein ander Ding, ich muss mobil bleiben.*»[163]

Worin diese «Mobilität» bestand, haben wir im Kapitel «Italien» geschildert und werden im Kapitel «Die Cicerone-Reise» noch mehr dazu sagen. Dass der Mann, der die Schönheiten der italienischen Kunstdenkmäler beschrieben hat, auch als alter Herr hübsche Frauen mit Vergnügen sah, bezeugt ein launiger Brief im August 1878 aus Rimini «*spät abends*». «*Heute Abend gingen zwei Mädchen aus dem Volk von ganz sublimer Schönheit an mir vorüber. NB., ich nehme es ihnen nicht etwa übel, dass sie an mir vorübergingen, sondern will nur sagen, dass ich sie ganz kurz sah. Wenn eine von diesen sich in Basel sehen liesse oder einquartierte, es gäbe eine Krisis unter jungen und älteren Herrn.*»[164]

Kehren wir zum Schluss nochmals zurück zum Thema «Dichtung»! Nachdem Burckhardt eingesehen hatte, dass er sein Bestes nicht in der Dichtkunst geben könne, erteilte er dafür andern aufsteigenden Talenten – Ratschläge. «*Der Dichter soll in einem gewissen Sinn immer ‹das Beste zu den Sachen* reden›. Das Bittre ist an sich nichts weniger als ausgeschlossen, aber es darf nicht vorherrschen. Die Poesie soll ja andere trösten helfen.»[165]

Die Cicerone-Reise

Von Ende März 1853 bis Mitte April 1854 unternahm Burckhardt eine grosse Reise durch fast ganz Italien. Man nennt sie
die «Cicerone-Reise», weil er unterwegs die Materialien für
den «Cicerone» in vielen Notizbüchlein gesammelt und festgehalten hat. («*Wie eine Biene den süssen Honig der Kunst
schlürfend*», sagte dazu ein Schüler Burckhardts, der spätere
Kulturhistoriker Carl Neumann.)[166] Innerhalb von wenigen
Wochen nach seiner Rückkehr ist in Basel das kleine, aber
dicke Buch «Der Cicerone, eine Anleitung zum Genuss der
Kunstwerke Italiens» geschrieben worden. Von diesem Buch
werden wir später sprechen. Hier sind zunächst die Gründe zu
schildern, die Burckhardt bewogen haben, die höchst strapa-
ziöse Reise zu unternehmen. Es gibt äussere, das heisst solche,
die durch die Umwelt, und innere, das heisst solche, die durch
seine schriftstellerischen Pläne bedingt sind.

Der äussere, oft erwähnte Anstoss war der Konflikt Burckhardts mit den Basler Schulbehörden im Jahr 1852. Das Schul-
gesetz vom 23. März 1852 hatte eine neue selbständige höhere
Schule, die dreijährige Gewerbeschule, geschaffen. Sie sollte
im Frühjahr 1853 eröffnet werden. Während der Lehrplan-
planung fragte der Rektor der neuen Schule, Wilhelm Schmid-

lin, Burckhardt, ob er geneigt sei, an dieser Schule, wie bisher am Pädagogium, den Geschichtsunterricht zu erteilen.[167] Burckhardt sagte zu, stellte aber zwei Bedingungen: erstens wünsche er *«gänzliche Freiheit vom Korrigieren schriftlicher Arbeit»*, zweitens bittet er, dass die bisherige Stundenzahl garantiert werde, auch wenn eine Klasse, aus Schülermangel, nicht zustande komme. Am 5. Juli 1852 erfolgte eine böse Antwort von der Inspektion der Gewerbeschule: sie wolle unter diesen Umständen *«auf die Mitwirkung Burckhardts verzichten»*. Das war gleichbedeutend mit der Entlassung aus einem Amt, das er geliebt und in dem er erfolgreich gearbeitet hatte. Er hat darunter gelitten, da offensichtlich persönliche Intrigen an dieser Entlassung schuld waren. Noch im hohen Alter ordnete er die betreffenden Akten und schrieb dazu mit zittriger Hand: *«Absetzung in Basel 1852!»* Das ist das Geschehen, das verdeckt im Lebenslauf erwähnt wird, wo es heisst: *«Der selige Vater hat noch die vollständige Rehabilitation des Sohnes erleben dürfen.»* [168] Die Rehabilitation bestand darin, dass die Universitätsbehörden 1858 mit grösster Ehrerbietigkeit Burckhardt baten, seine Stelle in Zürich aufzugeben und als ordentlicher Professor in der Heimat zu wirken.

Der innere Anlass, jene Italienreise zu unternehmen, war, dass Burckhardt Italiens Reichtum an Kunstdenkmälern schon auf den ersten Reisen – siehe Kapitel «Italien» – kennengelernt und wohl auch festgestellt hatte, wie wenig die bisher benützten Handbücher für ein wirkliches Verständnis der italienischen Kunst genügten. Deshalb plante er *«eine umfassende kunsthistorische Arbeit, eine Art künstlerischer Ergänzung zu den Reisehandbüchern»*.[169]

Das Itinerar der Cicerone-Reise sah so aus: Abreise in der Postkutsche von Basel Ende März 1853 – Schifffahrt von Genua nach Civitavecchia – drei Monate in Rom – am 7. Juli Weiterreise nach Neapel, wo er bei grösster Sommerhitze bis in den August hinein bleibt – zweiter Aufenthalt in Rom bis Mitte September – Aufenthalt in Florenz während des Winters 1853/54 – Heimreise in einem grossen Bogen nach Osten, nach Venedig – Bergamo – Grenzübertritt am 11. April 1854 im Tessin. Burckhardts Pass gibt vom politisch kunterbunten Italien seiner Zeit ein Zeugnis, durchquerte er doch ein halbes Dutzend souveräner Staaten – mit je verschiedener Währung, verschiedener Polizei, verschiedenem Glanz und verschiedenem – wie er selbst gesagt hat – Dreck.

Sucht man nach Zeugnissen über seine Stimmung und seine Begegnungen, so wird man enttäuscht. Es gibt nur ganz wenige Briefe aus den dreizehn Monaten Italien. Doch da hilft ein mündlich überlieferter Bericht. Man erfährt folgendes: In Neapel war um fünf Uhr Tagwache; um sechs fing er an mit seinen Gängen, machte ein paar Pausen bei Caffè nero und Caffè latte, nahm um elf Uhr ein Gläschen süssen Weins und dann ein Bad im Meer; nachmittags machte er sich's auf seinem Zimmer bequem und schrieb die Notizen ins Reine; gegen Abend folgte ein Ritt auf einem Maulesel auf die Höhe. So ging es Tag für Tag, sechs Wochen lang – im heissen Neapel.

Den grössten Gegensatz dazu bildete das Leben in Florenz im Winter 1853/54! Hier sass Burckhardt in jenen kalten Bibliotheken, wo man im Mantel und in Wollschuhen arbeiten musste, um nicht zu erfrieren.[170] Im Februar 1854 reiste Burckhardt von Florenz nach Pisa, Genua, Parma, Bologna

Jacob Burckhardt in Paris, 1843. Photographie, resp. Daguerreotypie.

und nach Venedig. «*Alles bei Nordwind mit blutenden Händen... Wenn das Publikum nur wüsste, wie ich um dieses Buches willen habe frieren müssen, es würde Pietät für mich empfinden.*»[171]

Es fällt ihm ein Stein vom Herzen, als er mit den zuletzt geschriebenen Notizbüchlein – einen Teil hatte er vorher mit der Post nach Basel geschickt – die Schweizergrenze überschritt. Die politische Situation in Oberitalien war brenzlig geworden. Es wetterleuchtete. Die kriegerische Auseinandersetzung zwischen Österreich, der herrschenden Macht in Oberitalien, und dem Königreich Sardinien-Piemont lag wie ein schweres Gewitter in der Luft.

Ein amüsantes Ereignis auf dieser Reise, die sonst von äusserster Konzentration und Selbstdisziplin geprägt war, müssen wir noch erwähnen. Im Sommer 1853 traf Burckhardt in Rom einen befreundeten Basler, den Kunstmaler Arnold Böcklin (1827–1901). Der 26-jährige Künstler war im Begriff, um die 17-jährige Angela Pascucci zu werben. Burckhardt, der besser italienisch sprach, half ihm dabei und wurde Trauzeuge. Für die Trauung soll der arme Bräutigam den schwarzen Anzug seines Freundes entliehen haben.[172] Wenn wir daran erinnern, dass Böcklin damals «arm» gewesen sei, so darf man daraus nicht schliessen, dass Burckhardt «reich» war. Er hat die ganze Cicerone-Reise aus eigenen Ersparnissen finanziert und nie die finanzielle Förderung genossen, die damals vielen deutschen Gelehrten und Künstlern zuteil wurde. Auch dies war gut – baslerisch!

Die Zürcher Jahre

Im «Schweizerischen Bundesblatt» vom 21. Oktober 1854 erschien unter dem Titel «Inserate» die öffentliche Ausschreibung der Lehrstellen am neugegründeten schweizerischen Polytechnikum, der ersten gesamtschweizerischen Hochschule im jungen Bundesstaat. In der III. Abteilung «Literarische und staatswirtschaftliche Wissenschaften» wird für das Fach «Kunstgeschichte und Archäologie» eine Professorenstelle ausgeschrieben. Die «*Aspiranten auf die eine oder andere dieser Lehrstellen*» werden aufgefordert, unter «*Beilegung von Zeugnissen und Diplomen*» ihre Bewerbung bis Ende November an den Präsidenten des schweizerischen Schulrates, Dr. Kern, einzusenden.[173] Drei Wochen nach dieser Anzeige, am 18. November, griff Jacob Burckhardt zur Feder und schrieb dem Präsidenten des Schulrates einen Brief, der so beginnt: «*Hochverehrter Herr Präsident! Der ergebenst Unterzeichnete gibt sich hiermit die Ehre, für die Professur der Kunstgeschichte und Archäologie am schweizerischen Polytechnikum sich zur Konkurrenz zu melden.*» Nach der Aufzählung seiner Werke und Vorlesungsthemen beendigt er den Brief so: «*Über das, was ich als Dozent leisten kann, steht mir kein Urteil zu, ich glaube jedoch, dass die Zeugnisse, welche*

Ihre hohe Behörde sich von hier verschaffen kann, nicht zu meinem Nachteil lauten werden.» Als Beilage schickt er den eben erschienenen «Cicerone» und ergänzt einige Tage später seine Anmeldung mit der Bemerkung, er spreche *«geläufig»* französisch und italienisch, so dass er sich auch Studenten *«nicht deutscher Zunge»* verständlich machen könne, also den Welschen und Tessinern.[174]

Die Zahl der Anmeldungen – rund 190 für die 30 Stellen – war ungewöhnlich hoch, obwohl die Löhne der Eidgenossenschaft hinter denjenigen ähnlicher ausländischer Institute weit zurückblieben.[175] Doch lockte die politische Situation im neuen Bundesstaat manchen tüchtigen Gelehrten oder erfahrenen Techniker, der im Revolutionsjahr 1848 in Deutschland oder Österreich angestossen war, nach Zürich. Für das Fach Kunstgeschichte und Archäologie hatten sich vier tüchtige deutsche Gelehrte gemeldet, aber Burckhardt wurde gewählt; nicht nur, weil er ein Schweizer war, sondern weil sich ein Mann für ihn einsetzte, der in der deutschsprachigen Gelehrtenwelt hohes Ansehen genoss, Franz Kugler. Dieser ehemalige Lehrer Burckhardts in Berlin und spätere Freund vergalt ihm die glänzende Mitarbeit an seinen Büchern, indem er dem schweizerischen Schulrat einen langen Brief schrieb. Darin liest man, Burckhardt sei mit echt künstlerischem Gefühl begabt, er sei überall in der Kunst zu Hause, sein «Cicerone» sei mit keinem Werk der gesamten Kunstliteratur zu vergleichen. Dann rühmt er *«die Ursprünglichkeit und reine Gesundheit seiner Auffassung»*, in ihm sei *«nichts Angelerntes, nichts Gemachtes, nichts von all den Phrasen, die heutzutage nur zu häufig diese Disziplin beherrschen».* Zuletzt preist er die *«edle Harmlosigkeit»* seines Charakters.[176] Man versteht jetzt, warum der Schulpräsident wenige Tage, nachdem er den Brief Kuglers erhalten hatte, Burckhardt mitteilte: *«Es gereicht mir zur Freude... Ihnen berichten zu können, dass der Schulrat mit meinem Antrag, Sie an die bezeichnete Stelle vorzuschlagen, ganz einverstanden ist.»* [177]

In der Burckhardt-Literatur ist oft die Rede von der «Berufung» Burckhardts nach Zürich, welcher Ausdruck freilich nach den Quellen nicht ganz zutrifft. Er wurde wohl unter einer kleinen Schar von Konkurrenten seines Fachs ausgewählt, aber beworben hat er sich selbst. Es ist also das dritte Mal, dass er die Vaterstadt aus eigenem Antrieb verliess,

Zeichnung Burckhardts. Bei Bellinzona, Sommer 1861.

weil ihm diese nicht die Sicherheit einer dauernden und besoldeten Stellung gewähren konnte.

Am 16. Oktober 1855 begann das erste Semester am Polytechnikum. Burckhardt las «Kunstgeschichte des Altertums» und «Archäologie der klassischen Kunst». Am Vortag wurde in einer Feier die neue Hochschule eingeweiht. Als Festredner sprach als Vertreter des Bundesrates, Friedrich Frey-Hérosé, ein radikal gesinnter Aargauer. Doch wird Burckhardt dessen Rede gewiss mit innerer Zustimmung gehört haben, sagte der Festredner doch: *«Die Schweiz muss mehr sein, als ein Land das baut und einreisst, das verkauft und kauft; sie muss durch den inneren Wert ihrer Bürger die Selbständigkeit, das Ansehen bewahren, das sie besitzt.»*[178]

Nicht gerade glücklich über das neue Amt des Sohnes war allerdings Jacobs Vater, der Antistes; schrieb er doch in einem Brief: *«Das ist die grosse Schattenseite in Jacobs Anstellung, dass er in einer Schöpfung des Radikalismus figuriert. Möge Gott ihm die Gnade erweisen, dass er seine Selbständigkeit bewahre und den rechten Weg fortgehe.»*[179] Aus den nachher zitierten Briefen Jacobs wissen wir, dass er den *«rechten Weg»* gegangen ist, freilich auf seine Weise.

Zunächst ist aber die für die Behörden wie für Burckhardt bezeichnende Geschichte der Besoldungsfrage zu erzählen. Feste Honoraransätze für die neuen eidgenössischen Lehrer gab es nicht. Man wollte mit jedem Bewerber verhandeln, um die Berühmten zu gewinnen und die eidgenössische Kasse dennoch nicht zu sehr zu belasten. Der Schulpräsident soll Burckhardt gefragt haben, ob er mit 3200 bis 3300 Franken Jahresgehalt zufrieden sei. Dieser habe geantwortet: *«Geben*

Sie mir 3000 Franken, wenn Sie mit meiner Arbeit zufrieden sind, können Sie immer noch steigern.» Es kam zu einem echt schweizerischen Kompromiss: Burckhardt erhielt 3280 Franken.

Wie fühlte sich nun der konservative Basler im radikalen Zürich der 1850er Jahre? Kaum zwei Monate nach seiner Übersiedlung schrieb er nach Basel: *«Mein ganzes Wesen ist nämlich hier auf ruhiges, zurückgezogenes Marmottentum eingerichtet... Und nun bringen mich keine vier Pferde aus meinem Verliess heraus... Die letzten sechs Wochen über... habe ich denn auch Frieden und Glück empfunden wie in Basel seit Jahren nicht mehr.»*[180] Gesellschaftlichen Umgang pflegt er wenig, doch sitzt er jeden Abend in der «Zunft zu Schmieden», verzehrt einen reichlichen «Mumpfel» und trinkt einen einheimischen Wein, dessen Nachwirkung er nicht loben kann. Er fühlt sich wohl in Zürich und beteuert, dies sei keine *«Impietät gegen Basel».* Er habe ganz notwendig einige Luftveränderung gebraucht.[181]

Wenn Burckhardt scherzhaft vom Marmottentum, also von einem Murmeltierdasein, sprach, so galt das nur für sein gesellschaftliches Leben. Sein Geist hingegen war in diesen Monaten aufs höchste motiviert. Er wird nämlich *«von einem wissenschaftlichen Quälgeist»* bedrängt, der seine Kräfte auf Jahre hinaus beanspruchen könnte. Man braucht nicht lange zu fragen, wer dieser «Quälgeist» war.[182] In diesen ersten Zürcher Monaten, in denen ihn die Vorlesungen vor manchmal nur zwei bis drei Studenten nicht sehr beanspruchten, beginnt er ernsthaft die Arbeit an der «Kultur der Renaissance in Italien»; er sitzt jetzt täglich in der Wasserkirche, wo sich die Stadtbibliothek befindet, und exzerpiert die italienischen Schriftsteller des 15. und des 16. Jahrhunderts. Die intensiven Renaissance-Studien haben begonnen! Er muss in einer heiteren Stimmung gewesen sein, denn er sagt von dieser bekanntlich anstrengenden Beschäftigung, nun könne er «*in aller Stille seinen Kohl pflanzen*».[183] In Basel wird er dann den Text des Buches verfassen, und 1860 werden die ersten Leser und Kritiker darin lesen oder – es verreissen.

Burckhardt müsste kein Basler gewesen sein, wenn ihn in Zürich nicht auch etwas geärgert hätte. Über zwei Dinge beklagt er sich bei einem Zürcher Freund: erstens – die Zürcher güllen zuviel – (sie bespritzen nachts ihre Gärten mit Jauche) – und zweitens – die Zürcher Schriftsetzer machen keinen Unterschied zwischen c und k und schreiben alles mit k. Er glaubt aber, dass diese Missstände mit der «*zunehmenden Europäisierung Zürichs*» verschwinden würden; was beweist, dass der Basler die grossartige Entwicklung Zürichs richtig vorausgesehen hat![184]

Zu den vergnüglichsten Stunden Burckhardts in Zürich gehören gewiss jene, die er mit Gottfried Keller verbrachte. Man weiss zwar nicht viel von diesen Begegnungen, aber aus wenigen Zeilen in zwei späteren Briefen erfährt man, dass sich die beiden so verschiedenen grossen Schweizer gegenseitig geschätzt und ihre Werke gelesen haben. Keller bat 1883 Burckhardt, seinen Einfluss geltend zu machen bei der Wahl eines neuen Professors für deutsche Literatur an der Universität Basel. Es ging um Jakob Bächtold, einen Freund Kellers und dessen späteren Biographen. Burckhardt konnte, wie er schrieb, nicht intervenieren, da die Wahl schon getroffen war.

Bemerkenswert ist aber die Anrede und der Schluss seines Briefes vom 31. Mai 1883. Er beginnt: «*Hochverehrter Herr und alter Freund!*» und endet mit: «*Und nun herzlichen Gruss Ihres aus alter Zeit treu ergebenen Jacob Burckhardt.*»[185] Keller bedauerte Burckhardts Wegzug, jedenfalls schrieb er in einem seiner Briefe: «*Burckhardt hat uns böslich verlassen und schickt uns nur zuweilen einen Gruss; ich hätte fast Lust, ihm ein recht frivoles Buch zu dedizieren, um ihm in seinem frommen Basel eine rechte Unannehmlichkeit zu bereiten.*»[186]

Die Lehrtätigkeit Burckhardts am Polytechnikum endete in den letzten Tagen des März 1858. Er selbst bat den Schulrat um Entlassung vom Amt, weil er einen «*ehrenvollen Ruf*» nach Basel erhalten habe.[187] Man hatte zwar in Basel den Weggang Köbis immer bedauert, aber erst im Januar 1858 fand die Kuratel, die Aufsichtsbehörde der Universität, Mittel und Wege, um Burckhardt zu berufen. Der einzige Lehrstuhl für Geschichte war zwar immer noch durch einen älteren deutschen Historiker besetzt. Doch wagte man es, jetzt einen zweiten Lehrstuhl zu errichten, weil – wie so oft in Basel – eine private Organisation, die «Freiwillige Akademische Gesellschaft», die zusätzlichen Mittel für eine zweite Professur spenden wollte. Gewiss etwas vom Schönsten, was Burckhardt in seinem ganzen Leben zu lesen bekam, war der Brief, den Johann Jakob Bachofen im Auftrag der Kuratel am 24. Januar 1858 geschrieben hat. Es ist ein langer Brief, in dem genau die Umstände, die zur Berufung geführt haben, die Pflichten und die Rechte aufgezählt werden. Dann aber ergreift der Freund das Wort: «*Ich habe keine Ursache, Ihnen die Sache anders darzustellen, als sie ist. Sie sind nicht nur der Liebling des Pu-*

blikums, sondern, was Sie ohne jenes zu unterschätzen, doch wohl höher anschlagen, der Ersehnte Ihrer Kollegen... Kommen Sie also recht fröhlich hierher und helfen Sie, das geistige Leben entwickeln und zu der Frische zu erheben, die ihm, wenn wir den Mut nicht sinken lassen, unter uns gewiss noch beschieden ist.» [188] Auf diesen Ruf hin kam Burckhardt *«fröhlich»* nach Basel und erfüllte in den folgenden Jahrzehnten alle Hoffnungen der Kollegen und des Basler Publikums.

Professor und Lehrer in Basel

Die Ernennung zum ordentlichen Professor der Universität Basel verdankte Burckhardt am 7. Februar 1858 mit den Worten: *«Es wird nun mein aufrichtiges Bestreben sein, dieses Zutrauen zu rechtfertigen und darin den Zweck meines Lebens zu erkennen, dass ich mit Aufwand aller Kräfte für dieses mir so schön dargebotene Amt tätig bin, hoffentlich so lange es Tag ist.»*[189] – Und es blieb Tag bis zum 6. April 1893, an dem er dem Regierungsrat des Kantons Basel-Stadt mitteilte, dass er, 75 Jahre alt und an asthmatischen Beschwerden leidend, gezwungen sei, um seine Entlassung zu bitten. Fünfunddreissig Jahre lang wirkte er also an der Basler Universität und – das ist hinzuzufügen – fünfundzwanzig Jahre lang zugleich am Basler Pädagogium, dem späteren oberen Gymnasium.

Wie beurteilte er selbst sein Amt? Wir wissen es schon! In seiner Lebensrückschau hat er geschrieben: *«Die Jahrzehnte, welche er in diesem Amt verlebte, sind die glücklichsten seines Lebens geworden.»*[190] Er liebte sein Amt über alles, trotz der kleinen Zahl seiner Studenten und der räumlichen Enge in der alten Universität am Rheinsprung. Und er blieb Basel treu, widerstand den verlockenden Angeboten grosser Universitäten. Der Autor des «Constantin» und der «Kultur der

Zeichnung Burckhardts. Certosa di Pavia, im Querschiff, Sommer 1861.

Renaissance» war berühmt geworden; darum dachte man an ihn bei der Besetzung historischer Lehrstühle in Deutschland. Als man 1872 einen hohen preussischen Beamten und berühmten Gelehrten persönlich als Werber nach Basel schickte, um Burckhardt als Nachfolger Leopold von Rankes in Berlin zu gewinnen, sagte er unter «*demütigstem Danke*» ab, weil er nicht die «*Malediction*» auf sich nehmen wolle, die Universität Basel im Stich gelassen zu haben.[191] Diese starke Bindung an Basel nimmt fast extreme Formen an. So etwa, wenn er einem lieben Studienfreund aus der Berliner Zeit, der ihn um einen historischen Vortrag in einer Stadt im Ruhrgebiet gebeten hat, antwortet: «*Ich bin trotz mehrmaligen Einladungen niemals mit Vorträgen über die Torschwelle von Basel hinausgegangen und will fest dabei bleiben. Ja, ehrlich gesagt, würde ich es für einen Raub an Basel halten, wenn ich anders handelte. Meine ganze Nervenkraft gehört einzig diesem Grund und Boden.*»[192]

Seine ganze Nervenkraft brauchte er wahrlich, weil er während vieler Semester wöchentlich acht Stunden Vorlesungen hielt und daneben noch vier Geschichtsstunden am Pädagogium, der Oberstufe des späteren Gymnasiums, erteilte. Das konnte er nur leisten, weil, wie er einmal behauptete, Bücherschreiben das ungesundeste Handwerk sei, Unterrichten aber eines der gesündesten.[193] Übrigens dauerten seine Ferien der Schulstunden wegen nur vier bis fünf Wochen. Aber diese Wochen nützte er bis ins hohe Alter aus, um auf Reisen in den grossen Städten die Gemäldegalerien zu besuchen und dabei seine Kenntnisse zu ergänzen oder zu vertiefen.

Kaum war er wieder in Basel – es war im Mai 1858 – legte

er sich selbst gegenüber ein Gelübde ab, das seine Vorlesungen von denen aller andern Dozenten unterscheiden sollte. *«Ich habe ein Gelübde getan, nie mehr auch nur ein Blatt in die Vorlesung mitzubringen, sondern gut zu memorieren und frei vorzutragen; es geht.»*[194]

Wie es ging, beschrieben drei seiner berühmtesten Schüler.

Carl Neumann (1860–1934) Professor der Kulturgeschichte in Heidelberg: *«Vom Hörsaal, in dem Burckhardt seine Vorlesungen hielt, schweift der Blick über den grünen Strom und die Dächer von Kleinbasel hinüber zu den Schwarzwaldhöhen. Aber wenn Burckhardt sprach, sah keiner zum Fenster hinaus; alle hingen wir an seinen Lippen. Es war seine Gewohnheit, nie auf dem Katheder zu stehen, sondern immer daneben. Er war etwas altmodisch, aber sehr sorgfältig gekleidet.»*[195]

Heinrich Wölfflin: (1864–1945) Professor der Kunstgeschichte in Basel, Berlin, München und Zürich: *«Burckhardtsche Kollegien gehört zu haben, ist eine Erinnerung fürs ganze Leben. Es waren völlig kunstmässig durchgearbeitete Vorträge, wo sich aber die Kunst hinter dem Schein der zufälligen momentanen Äusserung versteckte. Er sprach ganz ohne Heft, sehr fliessend und sauber, und mit höchster Ökonomie in den Wirkungsmitteln. Von Natur für das Pathetische disponiert, sparte er solche Steigerungen doch für ganz ausgewählte Momente, wo er dann geheimnisvoll-leise redete und die Stimme vibrierte, so etwa wenn er auf die Schönheit des Kölner Doms oder auf die ungeheure Begabung von Rubens zu sprechen kam. Häufiger liess er den Humoristen zu Worte kommen, aber so fein, dass immer nur wenige die eigentliche Stimmung des Redners merkten.»*[196]

Carl Spitteler: (1845–1924) Dichter, Nobelpreisträger der Literatur 1919: «*Wenn wir in der Basler Universität vor diesem Lehrer sassen, oben über dem rauschenden Rheinstrom, so war uns zu Mute, als ob die Geister der verwichenen Menschengeschlechter mit den Wellen vorüberzögen. Und er hatte sich in sämtliche Jahrhunderte und Jahrtausende mit den Gedanken derart hineingelebt, dass ihm jeden Augenblick die fernste Vergangenheit gegenwärtig war, die dann ab und zu mit Geistesblitzen in das jeweilen vorliegende Thema beleuchtend zündete. Einerlei, über welchen Gegenstand er sprechen mochte, man atmete immer Ewigkeitsluft.*»[197]

Wir haben bisher nur vom Professor, also vom Hochschullehrer gesprochen. Es gibt aber auch den Mittelschullehrer, der im alten Schulhaus am Münsterplatz 15- bis 17-jährigen Buben während 25 Jahren Geschichtsunterricht erteilte. Dieser Unterricht, über den er jedes Semester Bericht erstatten musste, hat ihm mit den Jahren immer mehr Freude gemacht.[198] Hier sassen viele junge Männer, die nicht Akademiker werden wollten. Gerade ihnen den Sinn für das Historische beizubringen, hielt er für eine seiner schönsten Aufgaben. Berichte seiner Schüler bezeugen, dass ihm gelungen ist, was manch anderer Geschichtslehrer nicht zustande gebracht hat. Das Geheimnis seines Erfolgs war seine Methode; er erzählte, schilderte plastisch und fesselnd die Ereignisse in epischer Weise und pflegte auch spontan das Frage- und Antwortspiel. Darum konnte einer seiner Schüler im Mannesalter schreiben: «*Wir erinnern uns aus diesen Stunden auch nicht einer Störung. Dabei war er von der wohltuendsten Leutseligkeit.*»[199]

Das Studierzimmer, in dem Burckhardt seine Vorlesungen und Schulstunden vorbereitete, hat man schon mit der Klause eines Einsiedlers verglichen. Für eine kleine Schar von Menschen, die «*Diener der Renaissance*», war es «*wie der Mittelpunkt der Erde*»[200]. Über dem Eingang des Hauses St. Alban-Vorstadt 64 erinnert heute eine kleine Tafel an den berühmten Bewohner. Eine anschauliche Schilderung der Behausung gibt einer der Studenten, den Burckhardt «*zu einem Abendsitz*» eingeladen hatte: «*Durch den dunklen Gang des Hauses, den meist noch die staubigen Mehlsäcke des Bäckers, der hier sein Geschäft betrieb, verengten, und über zwei steile Holztreppen hinauf gelangte man zu einer Zimmertür, auf der ein angeklebtes Papier von Quartformat den mit Bleistift in Antiqua aufgemalten Namen J. Burckhardt trug. Ein kräftiges ‹Herein› begrüsste den Anklopfenden. Von dem einfachen Schreibtisch am Fenster, wo zwei Wachskerzen ihm zur Lektüre leuchteten, erhob sich die mittelgrosse, gedrungene Gestalt mit einem kurz geschorenen Charakterkopf, mit dem breit geknoteten schwarzen Halstuch und dem grauen Malerhemd... In der mässig grossen aber niedrigen Stube herrschte Ordnung, obwohl kein dienstbarer Geist je zu erblicken war. An der Rückwand stand ein Piano. An den Wänden sah man ausser den Gestellen mit Büchern, Mappen und Schriften hauptsächlich noch zwei schöne Stiche, das Pantheon und Alt-St. Paul in Rom vorstellend.*»[201]

Kein dienstbarer Geist sei zu erblicken gewesen, stellte der Besucher fest. Das trifft während langer Jahre zu. Burckhardt lebte allein, bis zum Einzug in seine letzte Wohnung am Aeschengraben 6. Zwei ledige Schwestern, Susanna und Dorothea Nidecker, die den ersten Stock bewohnten, waren die Logisgeberinnen und haben den Mieter Burckhardt wohl gelegentlich betreut.

Für viele Basler, die keine Beziehung zur Universität hatten, war Burckhardt *«der alte Herr mit der grossen Mappe».*[202] Man konnte ihn nämlich jahrelang auf dem Weg ins Kollegium mit einer grossen blauen Mappe unter dem Arm, in der er die Photographien für den kunstgeschichtlichen Unterricht mitschleppte, sehen. Übrigens nahm er nach einem Unfall, der seine Schulter beschädigte, einen Dienstmann für diesen Transport in Anspruch.

Als Burckhardts Rücktritt im Jahr 1893 – es war dies auch das Jahr des 50. Doktorjubiläums – bekannt wurde, gab es eine Flut von Briefen und Gratulationen. Er beantwortet sie alle, wie er es immer getan hatte. Dem Vorsteher des Erziehungsdepartements dankte er mit folgenden Worten: *«Es ist mir gewährt worden, seit meinem Ordinariat ununterbrochen hier tätig zu sein und in dieser Tätigkeit mein Glück zu finden und nur das* Eine *Erstaunen teile ich mit allen alten Leuten, dass solche dreieinhalb Jahrzehnte mit so ganz unglaublicher Schnelligkeit dahingegangen sind und dass man am Ende anlangt, ohne zu wissen wie.»*[203]

Freizeit und Freunde

Das Bild des feierlich dozierenden Gelehrten, wie es die berühmten Schüler Burckhardts gezeichnet haben, bedarf der Ergänzung. Gewiss, er war einer der fleissigsten Menschen, aber kein pausenloser Arbeiter, der seine Gesundheit oder sein Augenlicht dem Werk zuliebe geopfert hätte. Zwischen Arbeit und Freizeit bestand eine kluge Ausgewogenheit. Acht bis zehn Stunden des Tages gehörten der Arbeit, dem Lesen, dem Schreiben. *«Man muss ein tägliches Pensum haben, um zufrieden zu sein»*, war sein Motto.[204] Aber alle seine Bücher hat er bei Tageslicht geschrieben, und wenn er gegen Abend seine *«Stahlfeder ausgewischt»* hatte, verliess er die Wohnung und suchte Gesellschaft. Was er 1864 seinem guten Freund Heyse mitteilte, galt noch viele Jahre. Erst nach 1893 verzichtete er auf diesen abendlichen Ausgang. *«Meine Erholung ist: Abends nach acht Uhr im Caffehaus (scil. Weinhaus) oder in Gesellschaft zu schwatzen.»*[205] Sein Stammlokal war lange Zeit die «Veltlinerhalle» an der Gerbergasse. Dort traf sich «die Bande», ein kleiner Kreis mittelalterlicher Basler Herren, doch keine Kollegen. Alle fast eine Generation jünger als Burckhardt: der Architekt Max Alioth (1842–1892), der Bankier Fritz Bischoff (1835–1904), der Oberst und Regierungsrat

Wilhelm Bischoff (1832–1913), der Jurist Robert Grüninger (1849–1924), Grien genannt, und öfter ein Reisegefährte Burckhardts, der Kaufmann Gustav Stehelin (1842–1901), der Jurist Wilhelm Von der Mühll (1849–1913), und gelegentlich war auch der bedeutendste Politiker Basels im 19. Jahrhundert, Paul Speiser (1846–1935), dabei. Dieses «kleine gesellschaftliche Dasein» ohne die Herren Kollegen war die Luft, in der es Burckhardt wohl war.[206] Was in diesem Kreis geschwatzt wurde, hat kein Ohrenzeuge festgehalten; Burckhardt hätte sich dies auch verbeten. Hingegen gibt es viele Briefe, die er diesen Freunden von seinen Reisen geschickt hat. Er schreibt ihnen aus London, Paris, Wien, Berlin, abends, wenn er allein im Hotelzimmer sitzt und sich wünscht, dass ein Mensch da sei, der mit ihm ein Glas Wein trinke. Diese Briefe gehören zum Heitersten, was er je geschrieben hat. Gleichsam auf einer niedereren Ebene als im Hörsaal spricht er alle die Gedanken aus, die er sich vor den Kunstdenkmälern auf diesen Reisen gemacht hat.

Eine andere regelmässig beachtete Zäsur in der Arbeitswelt Burckhardts war der Sonntag. Wenn die Glocken des nahen Münsters zum Kirchgang riefen, war er schon unterwegs auf einem der «beschaulichen Ausflüge» in die Landschaft jenseits des Rheins, ins Markgräflerland. Er nannte sich selbst einmal den «badischen Hauptbummler, der allen Weindörfern entlang patroullirt»[207]. Was ihn Sonntag für Sonntag in die badische Nachbarschaft lockte, waren drei Elemente: die Landschaft, die gemütlichen Wirtshäuser und – die Menschen. Nach der Rückkehr von Zürich sieht er die altbekannte Landschaft mit neuen Augen: «Ich entdecke in der wohlbekannten Gegend *täglich neue Zierden. In Zürich wusste ich nicht recht, was mir an der so ungleich brillanteren Umgebung und Aussicht nicht ganz zusagen wollte – es war der grosse, freie Charakter der Rheinebene mit ihrem Vogesenhorizont, womit ich geboren und erzogen war, was ich vermisste. Der Zürichberg sass der Stadt zu nahe und unerbittlich auf dem Genick und der See bot mir eine zu schmale Fläche zum Ausruhen. Hier ist der Blick von Tüllingen aus über die gewaltige Rheinebene von einer melancholischen Poesie, die ich nur in den Rheinlanden kenne.»* [208] Besonders schwärmt er für die Gegend von Istein: *«Es ist eben doch mit seiner heissen Bucht unser kleines – Italien.»* [209] – Der Radius seiner Ausflüge reicht bis nach Freiburg im Breisgau, allerdings hierhin mit Benützung der Eisenbahn. *«Ich ging den ganzen Nachmittag bis Sonnenuntergang in der Umgebung herum und weidete mich an den durch den Herbstduft fern scheinenden Bergen und der Sonnenglut in den Weinblättern, Platanen, Gartenhecken.»* [210] Der Autor des «Cicerone» hatte nicht nur Augen für Kirchen und Paläste; er genoss auch Sonnenglut und farbige Rebberge in der Umgebung von Basel.

Eine besonders geschätzte Gabe des Markgräflerlandes war der hier gewonnene Wein. Burckhardt wird im Lauf der Jahre zu einem guten Weinkenner, der schon im Sommer weiss, ob der Rebensaft ein guter «Mittelherbst» oder ein «Rachenputzer» werden wird. Solche Kenntnis erwarb er sich jeweils in einer seiner Lieblingswirtschaften. Das lange Zeit bevorzugte Gasthaus war der «Hirschen» in Lörrach. Noch viele Jahre später schwärmt er von der Atmosphäre im alten Bau des «Hirschen». *«Ich träumte, wie schön es wäre, wenn der* untere Saal wieder zum Futtergang, aber zu einem vollgepfropften Futtergang einschrumpfte, wie in jenen Zeiten, da man an besuchten Abenden den Tabaksdampf mit dem Messer schneiden konnte!»[211] – Der andere «Hirschen», in dem Burckhardt auch gern einkehrte, lag in Haltingen. Dort erheiterten ihn besonders die Bilderbogen in der Wirtsstube; es seien Bilder, in denen man «die Wellenschläge der Bildung»[212] studieren könne. Die alten Bilderbogen sind längst verschwunden, aber – das hätte Burckhardt nie geahnt – heute noch hängt dort eine Photographie Burckhardts – mit eigenhändiger Unterschrift! Das beliebteste Ausflugsziel in den 1870er Jahren war das Rebdorf Grenzach am Fuss des Hörnlifelsens, des letzten Ausläufers des Schwarzwaldes, und dort die «Krone». «Mein Hauptquartier ist die Krone in Grenzach, wo ich beinahe zu Hause bin… Die Verpflegung ist gerade gut genug; wäre sie etwas besser, so käme das scheussliche Geschlecht der Gourmands, Ichthyophagen [Fischfresser], und vertriebe mich.»[213] Im Garten und in der Gaststube führte Burckhardt später lange Gespräche mit seinem Schüler und Nachfolger Heinrich Wölfflin. Aber ausser dem Wein und der Verpflegung zog ihn in jüngeren Jahren auch die Wirtstochter, Louise Schlupp, in die «Krone». Auch Bäbeli Richter, eine lebenslustige Grenzacherin, lernte er dort kennen. Sie hat ihm so gefallen, dass er viel später, als er 1889 daran dachte, eine eigene Haushaltung einzurichten, einem Freund launig schrieb: «Wenn ich Geld hätte nach Belieben, ich kaufte Frau Senn ehemals Bäbeli Richter von Lörrach los und bezöge hier ein nettes Haus und liesse mich von ihr verpflegen bis an mein Ende. Dies aber ganz unter uns! Das sind nur solche über-

mütige Ideen, mit welchen ich vielleicht bei Frau Senn recht übel ankäme. (Doch nein, eigentlich übel nähme sie es mir nicht.)» [214]

Nicht diese lockeren Beziehungen zu einigen Markgräflerinnen sind von tieferer Bedeutung gewesen, sondern die Bekanntschaften, ja Freundschaften mit einigen bedeutenden Männern des «Oberlandes». In der Gaststube im «Hirschen» in Lörrach wurde er im Jahr 1860 mit dem Arzt Dr. Eduard Kaiser (1813–1903) bekannt. Dieser gescheite Mann hat sich mit seinen Lebenserinnerungen «Aus alten Tagen» ein literarisches Denkmal gesetzt. Während fast eines Jahrhunderts hat er die badische Geschichte miterlebt und als Mitglied des Parlaments mitgestaltet. Für Burckhardts Neugier auf politische Informationen war Kaiser eine erstrangige Quelle. Eine Tochter Kaisers war in Basel verheiratet, weshalb er Burckhardt nicht nur in Basel traf, sondern sich gelegentlich in eine Vorlesung Burckhardts setzte und dabei *«wieder zwanzig Jahre alt»* wurde. Die Freundschaft hatte freilich ihre Grenzen, sagte doch Burckhardt einmal von ihm: *«Kaiser ist im Grunde ein rechter, obwohl geistreicher und wohldenkender Wühler, wovon in mir keine Faser ist.»* [216]

Ein alter Kämpfer der 1848er Revolution war auch Friedrich Rottra, der Wirt auf dem «Anker» in Kirchen. Von ihm wird erzählt, er habe auf Wunsch des Vaters das Gymnasium in Lörrach und das Polytechnikum in Karlsruhe besuchen müssen, um der Unterhaltung mit gebildeten Gästen gewachsen zu sein. Also ein würdiger Gesprächspartner Burckhardts!

Kein «akademischer Wirt», aber eine starke politische Persönlichkeit war der Posthalter und Besitzer des obenerwähnten «Hirschen» in Lörrach, Markus Pfluger (1824–1907). Auch er hatte am badischen Aufstand von 1848 teilgenommen und in die Schweiz fliehen müssen. Später schloss er sich der liberalen Partei an und wurde 1871 Mitglied des deutschen Reichstags.

Die gewiss wertvollste Bekanntschaft, ja sogar Freundschaft Burckhardts mit einem Badenser war diejenige mit dem Oberamtmann in Lörrach, Friedrich von Preen. Da diese Gestalt in der Burckhardt-Literatur bisher etwas vernachlässigt worden ist, sei sie hier ausführlicher dargestellt.[217]

Das Geschlecht derer von Preen, einer alten mecklenburgischen Adelsfamilie, wurde erst zu Beginn des 19. Jahrhunderts im Grossherzogtum Baden sesshaft. Der 1823 geborene Friedrich besuchte das Lyzeum in Mannheim, wo gleichzeitig zwei spätere badische Minister, Julius Jolly und Franz von Roggenbach, zur Schule gingen. Im Mai 1841 begann Preen das juristische Studium in Heidelberg und setzte es in Berlin fort. Burckhardt, der zur gleichen Zeit in Berlin studierte, hätte ihn schon dort kennenlernen können. Als Regierungsbeamter des Grossherzogtums kam er 1859 nach Lörrach, in einer Funktion, die man etwa mit der eines Präfekten in Frankreich oder eines Regierungsstatthalters in Bern vergleichen könnte. Publizistisch trat er nicht stark hervor; immerhin formulierte er 1860 sein politisches Credo in einem kleinen Aufsatz, «Die neue Organisation in Baden». Diesen klugen, etwas steifen, hochgewachsenen Mann traf Burckhardt in der raucherfüllten Gaststube des «Hirschen» in Lörrach. Gesprächsstoff gab es genug. Von Preen wusste über die politischen Verhältnisse im Wiesental, im Grossherzogtum, in Deutschland gründlich

Friedrich von Preen, hoher badischer Beamter, Brieffreund Burckhardts.
Photo um 1870.

Bescheid, und Burckhardt brauchte die Kenntnis der Zeitgeschichte für sein geschichtliches Weltbild. Die gute Amtsführung Preens veranlasste die Regierung, ihn 1869 in Bruchsal und 1874 in Karlsruhe zum Stadtdirektor zu ernennen, sehr zum Bedauern Burckhardts, aber zum Glück für die deutsche Geistesgeschichte. Denn bis kurz vor dem Tod des Freundes im Mai 1894 schrieb Burckhardt 93 Briefe nach Bruchsal und Karlsruhe. Sie sind erhalten und zählen zu den wertvollsten Quellen für die Burckhardt-Biographen. Leider hat Burckhardt nur wenige Briefe des Gesprächspartners aufbewahrt. Aus diesem Briefwechsel zitieren wir einige Partien, weil sie das bisher gezeichnete Bild Burckhardts wesentlich ergänzen.

Auf die Kunde vom Wegzug von Preens nach Bruchsal drückte Burckhardt sein Bedauern aus: «*Mit grossem Leidwesen habe ich gehört, dass Sie uns geraubt werden sollen; freilich ein Fall, auf den ich schon lange gefasst war.*»[218] Dank der räumlichen Entfernung beginnt auch von Preen zu schreiben. Burckhardt schätzte seine Briefe sehr hoch: «*An Ihren Episteln hat man Etwas! Glauben Sie ja nicht, dass ich mit irgend einem Verkehr wie der Ihrige ist, sonst noch versehen sei.*»[219] Aus einer solchen Epistel, an der Burckhardt «*etwas hat*», zitieren wir eine kulturpolitisch interessante Beschreibung der ehemaligen speyerschen Bischofsresidenz Bruchsal. «*Der Stadtteil, in dem ich wohne, ist ein ganz verruchtes zusammengehöriges Anwesen von ausgedehnten Bauten, Häuschen, Toren, Stallungen, zum grossen bischöflichen Schloss gehörig, eine ganze Vorstadt nach einem Plan gebaut, durchaus symmetrisch wie die Bauten der Kinder, welche sie mit Klötzchen ausführen. Mit der Hälfte des Geldes und weniger als die Hälfte Steine hätte man etwas Wundervolles errichten können... Dazu überall Steinkohlenfeuerung und folglich ein immenser Schmutz. Ich habe noch keine reine Hand gehabt, solange ich hier bin. Meine Bücher sind noch eingepackt. Ich hatte also nichts zu lesen als mein Altes Testament. Verzeihen Sie mir, dass ich so ohne weiteres Ihnen vorjammere. Der Frühling ist nur drei Monate und Maulbronn nur eine Stunde von hier entfernt, da hoffe ich denn auf ein baldiges Wiedersehen.*»[220] Die Antwort Burckhardts lässt nicht lange auf sich warten: «*Von Ihrer Schilderung Bruchsals bewegt mich ein Zug, Sie wahrhaftig zu beklagen, das sind die Steinkohlen. In einer solchen Stadt könnte ich schon nicht mehr mit Genuss leben, und wenn ich stetsfliessendes Grellinger Wasser zum Händewaschen in meiner Stube hätte... die Steinkohle ist das Moderne in seiner Zudringlichkeit. Und wenn es dann einmal heiss wird und der Strassenstaub mit der schwarzen Mixtur gesättigt erscheint, so macht es mich desperat.*» Dann folgt eine kleine Lektion in Architekturgeschichte: die Bischöfe hätten immer die Bauten ihrer Vorgänger verabscheut. Und er fragt: «*Sind denn gar keine Reste von Luxusräumen da? Schön stuckierte Decken? Boiserien? Kamine? Majestätstreppen? ich habe eine närrische Lust an solchen Sachen aus den letzten Jahrhunderten.*»[221]

Herrscht in diesen ersten Briefen zwischen Bruchsal und Basel noch ein heiterer Ton, so wechselt er im Juli 1870 ins Problem-, ja Schmerzhafte. Der deutsch-französische Krieg ist ausgebrochen. Burckhardt ist Schweizer, der Frankreich ebenso liebt wie Deutschland und der jetzt eine Verletzung der schweizerischen Neutralität befürchtet. Von Preen ist ein deutscher Patriot, der mitten im Geschehen steht und von Amtes wegen Tag und Nacht beschäftigt ist, weil der Krieg in nächster Nähe wütet. Was die beiden Freunde in so verschiedenen Lagern bewegt, erschüttert und tröstet, mögen einige Zitate zeigen. Am Tag des Kriegsausbruchs, am 19. Juli 1870, schrieb Preen nach Basel: *«Ehe des Krieges eiserne Würfel fallen, möchte ich noch einen herzlichen Gruss an Sie richten, ehe Erfolg oder Misserfolg das Urteil trübt oder verdächtigt, Ihnen sagen, dass ich eine solche Begeisterung in deutschen Landen noch nicht gesehen habe wie jetzt... Wie aber auch der Ausgang sei, die Folgen werden gleichwohl verderblich sein. Die Gesittung leidet schwere Not. Die assyrischen Reiche sind da.»*[222] Burckhardt antwortete tags darauf: *«Es will mir scheinen, dass dieser Krieg, weit entfernt einzelnen Verdrüssen zu entstammen, recht eigentlich in den Tiefen der Völkernaturen seine Wurzel, Berechtigung und Unvermeidlichkeit hat.»*[223] Für von Preen ist dieser erfolgreiche Krieg die Erfüllung der Ideale seiner Jugend. *«Es ist das organisierte 48»*, also die Verwirklichung jener politischen Bewegung des Jahres 1848, wie sie im Paulskirchenparlament manifest geworden ist. Aber von Preen ist kein Hurrapatriot, denn sein Brief endet so: *«Oh dieser Krieg ist furchtbar und wer weiss, was er noch für Folgen haben wird... Lassen Sie aus Ihrer friedlichen Stadt wieder einmal ein Trosteswort vernehmen.»*[224] Diesen Trost spendet Burckhardt in einem langen Brief am 27. September 1870: *«Seit Empfang Ihres Briefes wartete und wartete ich, ob nicht eine Pause, ein Waffenstillstand mir Zeit lassen würde, über Vor und Nach irgend eine Raison zu Stande zu bringen. Aber es geht nur immer vorwärts. Frankreich soll die Hefe des*

Elends und der Zerrüttung kosten, bevor man ihm nur ernst-
lich das Wort gönnt... Diese furchtbare Vollständigkeit der
Rache hätte doch ihre (relative) Berechtigung nur, wenn
Deutschland wirklich der so völlig unschuldige und rein an-
gegriffene Teil wäre, wie man vorgibt... Sie wissen, ich hatte
immer die Torheit des Weissagens, und bin schon erstaunlich
damit angelaufen... O wie wird sich die arme deutsche Nation
irren, wenn sie daheim das Gewehr in den Winkel stellen und
den Künsten und dem Glück des Friedens obliegen will! Da
wird es heissen: vor allem weiter exerziert... Denn nun kommt
der deutsch-russische Krieg in den Mittelgrund und dann all-
mälig in den Vordergrund des Bildes zu stehen.» [225]
Man hat nach der Publikation des Briefes im Jahr 1922
Burckhardts Weitsicht bewundert, doch den letzten Wahr-
heitsgehalt dieses *«Weissagens»* – *«der deutsch-russische Krieg*
kommt in den Vordergrund des Bildes zu stehen» – hat man
erst 1941 erfahren.

Es erstaunt nicht, wenn Burckhardt zur Zeit des deutschen
Sieges an das Schicksal des Elsass denkt. *«Einstweilen wollen*
wir Beide dem Himmel dafür danken, dass wenigstens Elsass
und Baden nicht in Eins zusammengeschweisst werden, es
hätte eine unselige Assemblage gegeben.» Nachdem er schon
den Abschiedsgruss beigefügt hat, greift er nochmals das heikle
Thema auf: *«Ein Europa ohne amusantes, dekorierendes*
Frankreich! huh!» [226]
Trotz der Freude am Sieg erliegt Preen keinem Siegestau-
mel. Er dankt einmal Burckhardt inständig, dass er ihm sagen
darf, was man im Reich nicht mehr diskutieren dürfe. Die
Elsassfrage beschäftigt ihn tief. *«Es war mir von je ein Gräuel,*

dass ein paar Schulmeister den Leuten den Kopf verdreht haben mit der ‹Rückforderung des Raubes vor 200 Jahren›. Das Nationalitätenprinzip war mir ebenso zuwider.» Von Preen sieht alle Folgen einer Annexion voraus und ist überzeugt, dass sie Deutschland nur Beschwerden bringen werde, so sehr er den Sieg Deutschlands begrüsst hatte; der Krieg als solcher bedrückte ihn schwer. «Lieber Freund, ich möchte mich ins Grab legen, ob all der fürchterlichen Eindrücke des Krieges, es ist geradezu niederdrückend.»[227] Da sprach nicht mehr der deutsche patriotische ‹Herr Regierungsrat›, sondern ein Denker, der durchaus auf der Höhe des Gesprächs mit einem Jacob Burckhardt stand. Am eindrücklichsten aber ist der Schluss des Briefes, wo er sagt, was ihn in diesen grauenvollen Kriegstagen getröstet hat. «Während der Schreckenszeit habe ich mich täglich eine Stunde in den Cicerone geflüchtet und Davids Geschichte oder den Jesaias gelesen.»[228] Auch Burckhardt hatte den Jesaias gelesen. Für ihn galt in Erwartung einer Reihe von Kriegen das Wort des Jesaias «Bestelle dein Haus!... Das ist das weiseste, was wir alle tun können.»[229]

Dass trotz den verschiedenen Standpunkten die Freundschaft der beiden Männer nicht zerbrach, lag in einer Toleranz begründet, dank der Burckhardt scherzen konnte: «Wenn ich einmal bei Ihnen vorspreche und Ihnen zu französisch scheine, so waschen Sie mir den Kopf, von Ihnen will ich es annehmen.»[230]

Im üblich gewordenen Neujahrsgruss von 1893 schrieb Burckhardt nach Karlsruhe: «Wenn Sie doch, grosser Herr und Freund, im Frühjahr wieder ins Oberland kämen, das wäre *eine Freude! mich armen Alten träfen Sie, wenn ich noch am Leben bin, unfehlbar zu Hause.»*[231] Der arme Alte sollte noch vier Jahre leben, aber der jüngere von Preen starb wenige Monate später, am 5. Mai 1894. Der Kondolenzbrief, den Burckhardt am Tag, als er die Nachricht erhalten hatte, schrieb, sei hier als Dokument des Burckhardtschen Stils in ganzer Länge zitiert. *«Also hat mein lieber Freund, Ihr Herr Vater, mir im Tod voran gehen dürfen! Auch wieder eine Mahnung für mich, der ich um mehrere Altersjahre voraus und nun ein volles Jahr pflegebedürftig bin wegen der nämlichen Herzkrankheit, welche wohl auch denselben Ausgang nehmen wird. Auf die Trauernachricht hin fühle ich nun auf einmal recht deutlich, was der zwar immer nur kurze, aber köstliche geistige Umgang mit ihm für mich wert gewesen ist, zugleich aber muss ich des tiefen Schmerzes gedenken, in welchen nun Ihr ganzes Haus versenkt ist durch den Verlust eines solchen liebevollen und geistvollen Menschen und Vaters! Mögen Sie Ihrer gnädigen Frau Mama und Ihren Brüdern von dieser meiner Empfindung Kunde geben... Jac. Burckhardt Prof.»*[232]

Überblickt man das Thema «Burckhardt und das Markgräflerland», kann man sich fragen, ob sich eine breite Darstellung lohnt. Wir meinen, es liege über dieser Welt des «Bummelns» und des «Schwatzens» ein Licht, das an die poetische Welt Johann Peter Hebels erinnert.

Zeichnung Burckhardts. Rom, vor Porta San Giovanni. Frühling 1848.

Aus den Reisebriefen Burckhardts

Es ist nichts Ungewöhnliches, wenn Professoren reisen. Eine gründliche Erkenntnis der Objekte und der Menschen kann man sich gewiss auf Reisen erwerben. Zwei Jahre nach Antritt seines Lehramtes in Basel beginnen die fast jährlichen, oft mehrwöchigen Auslandreisen Burckhardts und wiederholen sich bis ins Jahr 1886. Auf diesen grossen Reisen entwickelt er einen originellen Reisestil, den kennenzulernen sich lohnt. Gelegenheit dazu bieten die über 120 Briefe aus dem Ausland, die er seinen Basler Freunden, besonders den im letzten Kapitel erwähnten Mitgliedern der «Bande», geschrieben hat

Nachdem er tagsüber während vieler Stunden die Gemäldegalerien und historischen Sammlungen besucht und dabei Notizen gemacht hat, setzt er sich abends im Hotelzimmer an einen *«wackligen Tisch»* und hält bei *«schumrigem Licht»* seine Eindrücke und Erlebnisse fest. Dann ist auch die Stunde des Briefschreibens gekommen, und es entstehen jene Briefe, die, weit entfernt von akademischen und langweiligen Beschreibungen, ein wahres Feuerwerk von geistreichen und witzigen Formulierungen sind. Greifen wir einige Beispiele heraus!

Auf einer Deutschlandreise wird er, obwohl er inkognito die Museen durchstreifen will, von den Museumsdirektoren erkannt. Das passt ihm zwar nicht, aber er nimmt es humor-voll hin. *«Ich bin im Museum bekannt wie ein roter Pudel»*, oder, als der Museumsdirektor von seiner Gemäldekenntnis profitieren will: *«Die ganze Galerie wurde durchgesprochen und zu allem musste ich meinen Senf geben... Ich bin nämlich in der Kunstgeschichte allmälig ein ‹Tier› geworden und wenn ich noch länger lebe, riskiere ich, sogar noch ‹ein grosses Tier› zu werden.»*[233]

Aber Burckhardt steht nicht nur andächtig vor den Gemäl-den der grössten Bildersammlungen; ihn fasziniert auch das bunte Leben in einer Grossstadt. Als er 1879 mit der Eisen-bahn in London angekommen ist, setzt er sich noch nachts hin und schreibt: *«Wo London eigentlich beginnt, kann keiner mehr sagen; die letzten Stationen hindurch fährt man lange in der Stadt, und zwar in der Höhe, so dass man vielen Leuten in die Höflein hinein sieht, wo irgendwo ein Paar gewaschene alte Hosen trockneten... Im Bahnhof von Charring-Cross setz-te mich noch einen Augenblick die Colossalität des Baus, das Meer von Omnibus und Droschken etc. in Erstaunen, aber jetzt bin ich schon blasiert... Ich schenkte es den Londonern herzlich gern, wenn ich ihre Sammlungen ohne dies alles ha-ben könnte. Es steht nun aber einmal geschrieben, dass man die Nationalgalerie nur unter der Bedingung sehen kann, für einige Zeit der Mitbürger von 4$\frac{1}{2}$ Millionen sogenannter See-len zu sein.»*[234] – In heiterer Laune bewundert er den Obelis-ken, die sogenannte Nadel der Kleopatra, welche 1870 aus Ägypten nach London transportiert worden war. Nachdem er im Restaurant Cleopatra noch gut gegessen hat, will er den Obelisken aus der Nähe sehen. *«Soviel ich mit Mühe von den*

*Hieroglyphen entziffern konnte, hiess es auf der einen Seite
‹Alles in der Welt soll man in Ägypten werden, nur nicht Kö-
nig, es rentiert nicht›... ‹Dass ich seiner Zeit einen wüsten
Lebtag geführt, ist eine der vielen Lügen der Geschichte›.*»[235]
(Die Verse, die er ein paar Tage später dazu gedrechselt hat,
sind auf Seite 97 zu lesen.)

Paris, die Stadt, die schon 1843 den jungen Burckhardt in
ihren Bann gezogen hat, fesselt auch den alten wieder. *«Paris,
die grosse Coquette unter den Städten, will schön sein und ist
es.»*[236] Er flaniert und vergleicht, was neu gebaut worden ist,
mit dem früher Gesehenen. *«Nun bin ich geschlagene zwei
Tage in Paris und noch nicht zum Boulevard vorgedrungen...
Morgen aber will ich doch einmal die Rue Richelieu hinauf-
wandern, und vor allem auch die neue Avenue de l'Opéra. Ich
habe die klägliche Fassade vom Palais royal hinauf angesehen
und kann nicht sagen, dass sie sich aus ¼ Stunde Entfernung
besser ausnehme als in der Nähe. Palladio hätte mit halbem
Geld etwas Besseres hingesetzt!... Hernach ging ich den
Boulevard entlang bis zur Madeleine. Gott strafe mich, aber
die Säulen aus lauter kleinen Steinen zusammengesetzt, sehen
gestrickt aus wie Stümpfe; die Horizontalen übermeistern
völlig die Canneluren.»*[237] – Glücklicher ist er im Louvre. *«Sie
glauben gar nicht»*, schrieb er dem Architekten Alioth, der
Paris gut kannte, *«was heute im Louvre Rubens und Tizian
für ein Colorit hatten. Die grosse Santisima concepcion von
Murillo löst sich völlig in Licht auf.»* Nach dem Museumsbesuch geht er auf einen kleinen Platz, *«wo nicht gefahren
wird»*, und nimmt seinen *«ruhigen abendlichen Schoppen»*.
Natürlich studiert er auch in Paris wie überall das Angebot an

Opernaufführungen, Doch – «*Heut Abend war ich bis zur grossen Oper, nicht um hineinzugehen, sondern um auf den Stufen einfach abzuhocken und den Figaro zu lesen. Man gibt jetzt Massenets ‹Roi de Lahore› dort, allein ich war nicht als Musiktier, sondern rein nur als Architekturtier hineingegangen.*»[238] Und noch einmal eine Briefstelle von einem Louvrebesuch: «*Heute habe ich im Louvre über Lionardos Bild der heiligen Anna mit Maria, Kind und Lamm einen herrlichen Diskurs mit einem einsichtigen Kopisten gehabt, der das Gemälde à fond kannte und sich gern mitteilte, und werde allgemach klar über das grosse Rätsel. Die Gioconda habe ich jetzt auch mit andern Augen angesehen als früher; der ganze Kopf ist unvollendet, und wenn man einigermassen ahnen will, wie er werden sollte, so muss man von der wundervollen vollendeten rechten Hand ausgehen; da sind all die schwarzen Schattentöne unter Lasuren verschwunden und zu wirklicher Karnation geworden, während sie im Kopf noch völlig unversöhnt vorhanden sind.*»[239]

In München geht Burckhardt nicht als «*Architekturtier*» in die Michaelskirche, sondern um Musik, eine Messe, zu hören. Aber sie scheint ihm «*ordinär*», bis das Agnus Dei Mozarts erklingt. Man hatte es einer geringen Messe zum Schluss angeflickt, und «*nun war es als ob erst die Sonne aufginge*».[240]

Was Burckhardt von Richard Wagner hielt, ist bekannt. Warum er ihn so tief herabsetzt, erfährt man ausführlich aus einem Reisebrief aus Dresden im Juli 1875. Dort hörte er sich den «Lohengrin» – übrigens nur aktweise – an und schreibt darüber den Basler Freunden: «*Ich habe recht genau aufgepasst und kenne das procédé, nach welchem der Schwindel*

Zeichnung Burckhardts. Chiavenna, Palazzo Salis, 28./29. Juli 1878.

produziert wird; glauben Sie mir, wenn Wagner Melodien erfinden könnte, wenn er ein Schöpfer von Gottes Gnaden wäre, so würde er nicht lauter kleine Zipfelchen und Anfänge, die er mit unendlich gesuchten harmonischen Saucen anmacht, aneinanderflicken.» [241]

Ein immer wiederkehrendes Motiv in den Reisebriefen ist die Feststellung, dass alles gegenüber früher teurer geworden ist. Darum geben sich die Freunde, besonders Burckhardt, Reisetips, nennen die Hotels, in denen man gut aufgehoben ist. Sogar die Trinkgeldfrage wird zum Gesprächsthema. Dazu Burckhardt: *«Ein alter Mensch, wie ich sollte aus seinem Loch nur dann aufducken, wenn er temporär Geld genug hat, um Alles zu bestehen... Und rechnen lerne ich ja doch nie.»* [242]

Auch Währungsfragen scheinen ihm gelegentlich Kopfzerbrechen bereitet zu haben. *«Ich weiss jetzt wohl, dass ein österreichischer Kreuzer so ziehmlich auf zwei Pfennige herauskömmt, aber die Pfennige leicht in Centimes zu reduzieren, ist mir bis heute zu umständlich.»* [243]

Auf der Wiener Reise im August 1884 rennt er noch am Abend an die Ringstrasse, um die beiden Museen zu sehen: *«Es sind zwei identische, einen kolossalen Platz umfassende Riesenbauten im kühnsten Semper'schen Stil... Wenn man nicht die hintere Front des Platzes mit einer noch riesigeren und noch prächtigern Architektur versieht, so hat's geschellt. In der innern Stadt werden sich ähnlich wie in London in der City mit der Zeit nur noch die wertvollsten Geschäftslokale behaupten können, und diese bekommen jetzt, auch in engen Gassen, Fassaden von einer zum Teil ganz rasenden Pracht und in echtem Material, während es im Innern doch nur ungesun-*

de Spelunken sein können.» Nicht geändert hat sich «*der alte Freund, der rote Vöslauer*», den er wieder bekommen hat. «*Was alte Herren sehr zu schätzen wissen!*»[244]

Vom eigentlichen Zweck einer solchen Reise erzählt ein Brief aus Wien vom 2. August 1884. «*Es war die höchste Zeit für die Auffrischung meines Wissens, dass ich das Belvedere wieder studiere; sie hat eben doch einen europäischen Charakter, was Uffizi und Pitti [die Galerien in Florenz] nicht haben. Einen Monat werde ich wohl auf Wien wenden; ausser dem Belvedere sind ja noch gewaltige alte Schätze in der Akademie, bei Lichtenstein, Harrach, Czernin etc., was in meiner Erinnerung alles schon zur Hälfte oder $^3/_4$ oder $^9/_{10}$ verblasst ist. Denn das ist das Fatale bei der Kunstgeschichte, man vergisst nicht nur die Eindrücke, sondern es substituiren sich falsche. Ich bin gestern wieder inne geworden, dass ich von einer Anzahl von Gemälden allmälig ein wesentlich unrichtiges Bild in mir herumtrug.*»[245]

Man darf das Kapitel «Reisebriefe» nicht schliessen, ohne auf ein sich immer wiederholendes Ereignis auf diesen Reisen hinzuweisen. Wir haben im Kapitel «Lehrer und Professor in Basel» von Burckhardt gesagt, er sei in der Stadt Basel bekannt als «der alte Herr mit der blauen Mappe». In der Mappe habe er die Bilder getragen, die er in seinen kunstgeschichtlichen Vorlesungen den Studenten zeigen wollte. Es waren Photographien, seltener auch Stiche. Die Photographien hatte er auf seinen Auslandreisen gekauft. Der Photokauf war auf jeder Reise, in jeder grösseren Stadt ein stets wiederkehrender Akt. Er beschrieb ihn mehrmals. «*Juhe, das Photographienkaufen hat angefangen und zwar... zu 1 Mark das Stück, einstweilen*

38 Stück.»[246] Oder: «*Gestern und heute gingen jedesmal drei bis vier Nachmittagsstunden in der heissen Bude eines Antiquars mit Aussuchen von Sachen vorbei.*»[247] In Paris beweist er, dass er auch das Feilschen gelernt hat. «*Ich gebe anfänglich 20–40 Francs aus, fast ohne zu markten, dann folgen weitere Propositionen auf ²/₃ und endlich noch weniger von dem anfänglich genannten Preis.*»[248] Von welcher Wichtigkeit der Photographienkauf für ihn war, erfährt man aus einem Brief aus Florenz. «*Von Morgen an wird das Handeln mit den Photographen anfangen, welches nun einmal zu meinem Erdenschicksal gehört.*»[249] Wenn man sich fragt, wie es Burckhardt gelungen ist, in Hunderten von Vorlesungen und Vorträgen über Bilder und Bauten ohne das heute übliche Diabild zu sprechen, so zeigen diese Briefstellen, dass er sich redlich bemüht hat, sein Wort, das gewiss schon anschaulich war, mit den damals modernen Hilfsmitteln zu ergänzen.

Nach dem Jahr 1886 hört das Reisen im grossen Stil auf. Burckhardt besucht seiner Herz- und Rheumabeschwerden wegen noch die Heilbäder im aargauischen Baden oder im deutschen Nobelkurort Baden-Baden. Aber am liebsten weilte er zur Erholung im Tessin, wo er unter Palmen bei einem guten Glas Wein – die homerischen Epen liest!

Die letzten Lebensjahre

Nicht selten versinken die letzten Lebensjahre eines genialen Menschen in schwerer Krankheit, ja geistiger Umnachtung. Bei Burckhardt war dies nicht der Fall. Freilich auch er litt an körperlichen Beschwerden, aber sein Geist blieb hellwach bis in die letzten Lebensstunden. Trotz grosser Ermattung schrieb er kurz vor seinem Tod dem alten Freund Grüninger, er habe sich in den letzten zwei, drei Tagen *mit guten und edlen Menschen*[250] unterhalten können. Wenige Wochen vorher hatte er in einem langen Brief an seinen Schüler und Nachfolger Heinrich Wölfflin noch komplizierte kunsthistorische Probleme diskutiert, die eine volle Klarheit des Geistes voraussetzten.[251]

Als letzte Lebensjahre bezeichnen wir die Jahre von 1891 bis zum Tod 1897. Sie begannen mit einem Sturz auf der Treppe jener Wohnung, die wir oben beschrieben haben.[252] Dabei brach er den linken Arm und versäumte zum ersten und letzten Mal seine Vorlesungen. Die besorgten Familienangehörigen fanden, es sei höchste Zeit, in eine bequemere Wohnung zu ziehen, und der alte Onkel fügte sich. Die neue, im Mai 1892 bezogene Wohnung am Aeschengraben lag in einer Parkanlage am neuen Strassenzug vom Aeschenplatz zum Centralbahnhof und bot eine Aussicht bis auf die Jura-berge.[253] Mit Burckhardt zog auch eine Haushälterin, Luise Fittig aus Grenzach, ins neue Heim. Die neue Lebensform schildert er in einem Brief an seine Schwester im Waadtland so: «*Ich fühle mich zum ersten Mal in meinem Leben als rechten Herrn und nicht mehr als einen nur nebenbei bedienten Logierer.*»[254] Und noch eine andere erfreuliche Veränderung brachte der Wohnungswechsel. «*Ich werde allmälig inne, wie ich in der Achtung verschiedener Leute steige, seit ich aus meinem Verliess in der Dalben fort bin... Auch ist das Haus geschlossen, man kann nicht mehr so ungeläutet zum Professor hinaufsteigen wie dort. Dafür habe ich jetzt den Anschein des Reichtums.*»[255]

Die andere entscheidende Zäsur in diesen Jahren brachte die Demission als Lehrer an der Universität im April 1893. Schon 1886 hatte er sein Amt als Professor der allgemeinen Geschichte aufgegeben und nur noch die kunstgeschichtlichen Vorlesungen weitergeführt. Jetzt, am 6. April 1893, kam der endgültige Abschied vom Lehramt. Der Brief, in dem Burckhardt um seine Entlassung bittet, scheint uns so bezeichnend, dass wir ihn im vollen Wortlaut abdrucken. «*Hochgeachteter Herr Regierungsrat, Der Unterzeichnete, gegen Schluss seines 75sten Lebensjahres durch asthmatische Beschwerden an weiterer Lehrtätigkeit auf immer verhindert, sieht sich zu seinem Bedauern gezwungen, um Entlassung von seinem Amt einzukommen, und erlaubt sich zugleich das ergebene Gesuch zu stellen, es möge ihm eine Pensionsberechtigung zuerkannt werden. In vollkommenster Hochachtung Prof. Jac. Burckhardt.*»[256] Die Antwort des Regierungsrates vom 6. Mai 1893 lautet im Auszug. «*Hochgeehrter Herr, ... Wenn wir auch diese Mitteilung in Erinnerung daran, dass Ihre Tätigkeit als Lehrer unserer hohen Schule seit langen Jahren dieser Anstalt und unserm Gemeinwesen zum höchsten Ruhme gereicht hat, nur mit lebhaftem Bedauern entgegennehmen konnten, so glauben wir doch dem von Ihnen geäusserten Wunsch willfahren zu sollen. (Es wird ihm ein jährliches Ruhegehalt von 4000 Franken bewilligt.) Wir können indessen die Entlassung nicht aussprechen, ohne Ihnen zugleich unsern Dank zu bezeugen für die von Ihnen geleisteten langjährigen und ausgezeichneten Dienste. Ihre Persönlichkeit und Ihr Wirken haben dem Ansehen unserer ehrwürdigen Universität neuen Glanz gebracht, und wenn wir Ihnen heute dafür Dank darbringen, so ist dies nicht nur der Dank der Behörde, sondern der Dank unsrer ganzen Stadt, welche für alle Zeiten es unter ihre hohen Ehren rechnen wird, in den Reihen ihrer akademischen Lehrer Sie besessen zu haben...*»[257] – Das ist gewiss eines der schönsten Aktenstücke aus der Kanzlei einer Stadt, welche verspricht für alle Zeiten, dieses Lehrers zu gedenken. Es ist aber auch ein Vermächtnis, dessen sich die nachfolgenden Regierungsräte stets erinnern sollten.

Was aber hat nun der «*arme alte Grätti*» – wie er sich einmal bezeichnete – in den letzten Lebensjahren getan? Er sprach von «*schäfferle*», vollendete aber in aller Stille vier kunsthistorische Aufsätze, die druckfertig vorhanden waren, als ihm der Tod die Feder aus der Hand nahm. Wir werden von diesen vier Werken «Das Altarbild», «Das Porträt in der italienischen Malerei», «Die Sammler» und «Erinnerungen aus Rubens» noch in der Werkbeschreibung zu reden haben.[258]

Am 8. August, an einem Sonntag, starb Jacob Burckhardt, im Lehnstuhl vor einem kleinen Tisch am Fenster sitzend. Und da die Legendenbildung darauf erpicht ist, die letzten Worte eines sterbenden grossen Mannes festzuhalten und zum Beispiel von Erasmus die beiden niederländischen Wörter «Lieve God» und von Goethe der Ruf «Mehr Licht» überliefert werden, seien auch die letzten Worte Burckhardts zitiert. Kein Geringerer als der Althistoriker und Grossneffe Burckhardts, Felix Staehelin, überliefert sie so: «*Ein Freund, der unmittelbar vorher (das heisst vor seinem Tod) bei ihm eingetreten war, hörte ihn eben noch die Worte sprechen ‹Adie, lieb Katzedischli!›*»[259]

Am 10. August 1897 wurde Burckhardt beerdigt. Nach seinem Wunsch sollte im Trauergottesdienst in der Elisabethenkirche Pfarrer Arnold von Salis nur ein Gebet sprechen und seinen eigenhändigen Lebenslauf vorlesen. Auf dem Wolfsgottesacker sprach als Vertreter der Universität Professor Adolf Baumgartner. Er schilderte die grossen Werke des «unerreichbaren Geschichtslehrers», meinte aber, wenn das 20. Jahrhundert sich seinem Ende zuneige, seien Burckhardts Werke nur noch Titel für Fachgelehrte.[260] Wir haben feststellen dürfen, dass Burckhardts Meisterwerke auch heute noch gelesen werden und dass er dank der Publikation seiner Briefe bekannter als je, ja zu einer der eindrücklichsten Gestalten der europäischen Geistesgeschichte des 19. Jahrhunderts geworden ist.

Burckhardts «Grundstimmung»

Wir haben bisher versucht, unsere Frage: Wer war Jacob Burckhardt? zu beantworten, indem wir einen Rat Goethes befolgten, der empfohlen hatte: «*Man stelle die Taten und Handlungen eines Menschen zusammen, so wird uns ein Bild des Charakters entgegentreten.*»[261] Rückblickend gestehen wir, dass durch unsere Schilderung der Taten und Handlungen Burckhardts noch kein deutliches und differenziertes Charakterbild dieses ungewöhnlichen Menschen entstanden ist. Darum schlagen wir jetzt eine Warnung Goethes in den Wind, der im zitierten Satz behauptet hat: «*Vergebens bemühen wir uns den Charakter eines Menschen zu schildern.*»[262] Wir bemühen uns trotzdem!

Freilich gestehen wir im voraus und enttäuschen vielleicht die grosse Gemeinde der Burckhardt-Verehrer, dass wir keinen makellosen Menschen, gar einen «Heiligen» aus ihm machen wollen. Er sei zwar ein «Stadtheiliger» gewesen, sagt sein berühmtester Schüler und Nachfolger auf dem Lehrstuhl der Kunstgeschichte, Heinrich Wölfflin, aber dies ist keine internationale Reputation, sondern eher eine baslerisch-ironische Liebenswürdigkeit. Man muss Burckhardt ernst nehmen, wenn er schreibt: «*Nichts in der Welt fürchte ich mehr, als überschätzt zu werden.*»[263] Auch einer der besten Kenner und Schüler sagt von ihm, es habe keinen bescheideneren Gelehrten gegeben; am liebsten hätte er sich in das Inkognito gehüllt.[264] Mit diesen Gründen hängt es auch zusammen, dass wir weder ein Credo noch eine Zusammenfassung der weltanschaulichen Gedanken aus seiner Feder besitzen. Er ist nur kurz kampflustig ins Rampenlicht der Öffentlichkeit getreten, in jenem Sommer 1844, als er die Tagesereignisse in der «Basler Zeitung» kommentierte. Das genügte für immer! Und doch beschäftigten ihn stets und zutiefst die Ereignisse in seiner Vaterstadt, in seinem Heimatland und in der weiten Welt, weil er sie durch eifriges Zeitungslesen bis in die letzten Wochen seines Lebens verfolgte und gründlich kannte. Er hat sich dazu geäussert, zwischen den Zeilen in seinen Büchern, besonders in den «Weltgeschichtlichen Betrachtungen», oft auch in der Konversation, wie die Gesprächspartner berichten, vor allem aber und am rückhaltlosesten in seinen Briefen, besonders in jenen an seinen oben erwähnten Freund Friedrich von Preen. Es gibt also genug Zeugnisse, um daraus eine «Grundstimmung» herauszulesen.

Von seinem Verhältnis zur Vaterstadt haben wir oben gesagt, dass er so an ihr gehangen hat, dass er die verlockenden Angebote zur Emigration in grosse deutsche Städte abgelehnt hat. Kritiklos war er freilich nicht. Besonders der junge, eben aus herrlichen Studienjahren aus Deutschland zurückgekehrte Dr. phil. lässt es an Spott, ja gelegentlich Satire nicht fehlen. *«Unter diesen Geldprotzen hält es kein rechter Mensch aus!»* – *«O Schilda, mein Vaterland!»* – *«In diesem Boden werde ich nie festwurzeln!»*[265] Solche Äusserungen sind im Grunde nichts

Jacob Burckhardt, Zeichnung von Hans Lendorff, 1895.

Besonderes bei einem unbefriedigten jungen Mann, der seine Lebensaufgabe noch nicht gefunden hat. Genau das Gegenteil von: *«Basel wird mir ewig unleidlich bleiben»*[266] ist eingetroffen. Er freute sich sehr, als man ihn von Zürich zurückrief, und, wie er im Lebensbericht selbst zugab, verbrachte er hier in seinem Basler Amt die glücklichsten Jahre seines Lebens. Freilich sah er im Laufe des Lebens viele schöne europäische Städte und lernte gute Menschen kennen, so dass er im Alter dem Erzbasler Robert Grüninger gestand: *«Im Grunde sind wir ja überall in der Fremde und die wahre Heimat ist aus wirklich Irdischem und aus Geistigem und Fernem wundersam gemischt.»*[267]

Was ihn, den Mann, der nie über seine Verhältnisse gelebt hat, in dieser Stadt am meisten ärgerte, war nicht das Fehlverhalten einzelner Politiker, sondern eine Dauererscheinung: das Wachstum der Ausgaben. *«Die Dinge gehen hier (in Basel) ihren Lauf. In den letzten Wochen hat man ein Gratis-Bad und die allgemeine Gratis-Beerdigung dekretiert, und es ist lediglich keine Kraft mehr vorhanden, welche uns zwänge, auf dieser Bahn innezuhalten. Dabei haben wir 24 Millionen Franken Schulden. Wenn uns der Teufel holen will, so spute er sich, sonst findet er nur noch einen abgenagten Knochen.»*[268]

Was denkt er von der Schweiz und ihrem politischen Wesen? Es gibt genug Zeugnisse für seine Liebe zur Landschaft – man denke an die Gedichte im Bändchen «Ferien», genug für seine Bewunderung der schweizerischen Bauwerke – man denke an die Jugendschrift über die schweizerischen Kathedralen –, genug für die Hochachtung ihrer ländlichen Bevölkerung – man findet sie in den Briefen aus seinen Tessiner

Ferien. Aber etwas von jenem Groll im Jahr 1844, als er vom «Brüllradikalismus» sprach, ist ihm zeitlebens geblieben. Ein spätes Beispiel ist seine Reaktion auf den sogenannten Tessinerputsch im September 1890. Die Radikalen wollten damals die konservative Regierung in einem blutigen Staatsstreich beseitigen. *«Ein Handstreich auf gute altitalienische verschwörerische Art»* bemerkte Burckhardt. *«Ja wohl stehen Einem die Haare zu Berge, wenn man an die entsetzlichen Rechtsbrüche... denkt... Eine höhere Hand hat einst in das Menschengeschlecht für das Leben des Einzelnen und für das Leben des Allgemeinen die Fähigkeit zum Recht gesenkt. Man kann aber wachsende Entartung und ein Aufbrauchen dieser edlen Fähigkeiten erleben... Was ist diese Bundesregierung? Kind und Resultat radikaler Majoritäten und darum so leicht ersetzbar.»*[269]

Mit den letzten Zitaten sind wir der «Grundstimmung» Burckhardts nähergekommen. Besonders im Alter bedrückte ihn eine Stimmung, die man als «schwarzen Pessimismus» bezeichnet hat. *«Wenige Menschen trugen das Bild ihrer Zeit so dunkel und düster in ihrer Seele»*, formulierte ein späterer Nachfolger Burckhardts auf dem Lehrstuhl für allgemeine Geschichte in Basel.[270] – Zwar bestreitet heute niemand, dass im 19. Jahrhundert die technische Erleichterung der menschlichen Arbeit einen grossen Fortschritt dargestellt hat. Burckhardt aber sah es anders! Im Jahr 1867 besuchte er die Weltausstellung in Paris und berichtete darüber: *«Auch ist es gut, sich von einem Monstrum wie der Ausstellung wenigstens einen Begriff zu machen. Ich habe bisweilen mitten im Gewühl der Industriewelt, zumal in der riesigen Maschinenhalle laut*

für mich lachen müssen, aus philosophischen Gründen.»[271]
Was meint er damit? *«Ich sehne mich nach Italien»*, hatte er
als junger Mann geschrieben, *«weil dort so viel Bettelei und
so wenig Industrie ist. Dieses räderschnurrende Elend macht
mich mehr betrübt und konfus als irgend ein Anblick oder
Geräusch auf dem Erdboden... Überall hin, nur nicht zwischen
Fabriken und Kapitalien.»*[272] *«Das räderschnurrende Elend»*
ist ein oft zitiertes Wort in der Burckhardt-Literatur geworden.
Wie man diesem Elend gegenübertreten kann, sagt Burckhardt
in einem Brief an einen Jüngling, der mit solchen Problemen
ringt. *«Wie übel ist uns unter den grossen Maschinenrädern
der jetzigen Welt zu Mute, wenn wir nicht unserm persönlichen Dasein eine eigentümliche edlere Weihe geben.»* Worin
besteht für ihn diese *«edlere Weihe»*, das Gegengift gegen den
«Geist des Hohns und Widerspruchs»? *«Die beständige Anschauung des Schönen und Grossen soll unsern ganzen Geist
liebevoll und glücklich machen.»*[273]

Dass Burckhardt sich zum technischen Jahrhundertwerk,
dem Gotthardbahnbau, seine Gedanken machte, erstaunt
nicht bei einem Mann, der so oft über die Alpen nach Süden
gereist ist. Einerseits freut er sich über die Errungenschaft, weil
der Wein billiger transportiert werden könne, aber anderer-
seits empört er sich über die liederlichen finanziellen Berech-
nungen. *«Wenn man den Bau dieser mir von Anfang an ver-
hassten Bahn nicht geradezu will liegen lassen, so muss man
die Schweiz brandschatzen, und da Ost und West nicht zum
Mitzahlen werden anzuhalten sein..., so kommt Alles auf die
sog. Gotthardkantone heraus, zu welchen u.a. wir auch
gehören. Die Hohen Herren von der Direktion geben einst-*

weilen zu, dass sie sich um 102 Millionen trompiert hätten,
aber man sagt es ihnen ins Gesicht: wer sich so verrechne, bei
dem könne man nicht wissen, ob er sich nicht um 200, 300
Millionen verrechnet habe.»[274]

Man könnte nun erwarten, dass Burckhardt gegen die allgemeine Verrohung und das räderschnurrende Elend die Bildung, besonders die allgemeine Schulbildung, anpreist. Aber auch hier sitzt der Wurm in der Frucht. *«Wo in aller Welt soll es aber noch hinaus mit dem enormen Luxus des Lernens neben dem des Lehrens? Hier in Basel stehen uns grade jetzt wieder 2 Millionen Ausgaben bevor für neue Schulhäuser! Es ist nichts als eine Kette von Dingen derselben Art: Gratisunterricht, Zwangsunterricht, Maximalzahl von 30 per Klasse, Minimum von so und so viel Kubikmeter Raum per Schulkind, Überfüllung mit Fächern des Wissens, Nötigung der Lehrer zu oberflächlicher Vielseitigkeit usw. – und natürlich als Resultat: Unzufriedenheit Aller mit Allem und Drängen nach höheren Lebensstellungen, welche ja doch nur in beschränkter Zahl vorhanden sind.»*[275]

Aber nicht nur im Blick auf die Gegenwart sieht Burckhardt schwarz; auch die Zukunft ist für ihn sehr verhangen. Man hat Burckhardt schon oft einen «Propheten» genannt. Das ist übertrieben; er hat sich oft getäuscht. Aber das, was sein Ansehen in aller Welt hoch gehoben hat, sind einige oft zitierte Sätze aus den Briefen an Freund Preen. Sie wurden nach 1871 geschrieben. Deutschland hatte gesiegt, war zur europäischen Grossmacht geworden, die Gründerzeit brachte vielen Menschen grossen Reichtum; der ewige Friede schien gesichert. Aber Burckhardt sah es anders. Wir haben oben schon einige

Briefe zu diesem Thema zitiert. Sie seien hier ergänzt durch solche späteren Datums. «*Das eigentlich politische Wesen der Völker ist eine Wand, in die man wohl diesen und jenen Nagel einschlagen kann, aber der Nagel hält nicht mehr. Darum wird in dem 20. Jahrhundert die Autorität wieder ihr Haupt erheben, und ein schreckliches Haupt.*»[276] Diese Autorität hatte er schon früher beschrieben und sie personifiziert als «*furchtbare simplificateurs*». Wenn sie Meister werden, werden wir «*tief durch die Misere gezogen*».[277]

Von Burckhardts Pessimismus haben alle seine Biographen gesprochen. Er sei im Grunde nichts anderes als die Erkenntnis von der Vergänglichkeit alles Irdischen, die schon dem jungen Burckhardt beim Tod seiner Mutter bewusst geworden sei.

Nun erhebt sich natürlich die Frage, warum ihn diese pessimistische Sicht des Lebens nicht in Depression und Misanthropie oder gar wie seinen berühmten Kollegen Friedrich Nietzsche in den Wahnsinn getrieben hat. Dazu fehlte ihm zunächst jede Veranlagung. Und vielleicht geben drei Zitate, die aus verschiedenen Zeiten seines Lebens stammen, eine Antwort. Das erste steht in dem oben abgedruckten Gedicht «Vorgsicht», wo es heisst: «*O glaub's, heig d'Mensche gern!... Gib's nit lycht uf! 's isch 's einzig Glück*». Das zweite steht in einem Brief an einen jungen Mann, der sich für eine «dämonische Natur» hält. Burckhardt rät ihm: «*Bleiben Sie auf alle Gefahr hin gut, liebreich und wohlwollend, zwingen Sie sich, jedem das Beste zu gönnen und zeigen Sie dieses im täglichen Gespräch und Umgang... Wenn Sie die fürchterlichen Spalten und Klüften kennten, welche unser Leben unterirdisch durch-*

ziehen, Sie würden lieber heut als morgen alle Schätze der Liebe und Hingebung auftun.» – Der dritte Text spricht nicht im Imperativ wie die beiden ersten, aber er redet von einer «Aufgabe», die dem Menschen gegeben sei: *«Die Aufgabe unseres Daseins ist, möglichst allseitig zu werden. Allseitig sein heisst aber nicht vieles wissen, sondern vieles lieben.»*[278]

Wer wissen will, was Zeitgenossen und später lebende Fachleute von Jacob Burckhardt dachten, muss vor allem die Jubiläumsartikel zum 100. Geburtstag 1918 oder zum 50. Todestag 1947 lesen. Gewiss sind Huldigungen keine sachlichen Charakteranalysen, aber sie zeigen, welche mächtige Wirkung Burckhardt ausgeübt hat.

1918. Friedrich Rintelen (1882–1926), Professor der Kunstgeschichte in Basel, in der Gedenkrede am 25. Mai 1918: *«Der Mann, den wir feiern, war doch mehr als ein hochverdienter grosser Gelehrter; er war ein Liebling der Grazien, ein dem Götterdienst (sic!) geweihter, ein Künstler.»*[279]

1947. Arnold von Salis (1881–1958), Professor der Kunstgeschichte, in der Basler Universitätsrede am 7. November 1947: *«Wir Epigonen sind nun einmal Kinder unserer Zeit. Aber soviel glauben wir versprechen zu dürfen: was hier während der Dauer fast eines halben Jahrhunderts über das Betrachten der Kunst und über den Wert davon für unser ganzes Leben mit Ernst und Inbrunst gelehrt worden ist, soll nicht in den Wind geredet sein, soll als Vermächtnis eines Grossen und wahren Hohepriesters seiner Sendung in uns lebendig bleiben.»*[280]

1918. Emil Dürr (1883–1934), Professor der Geschichte, an der Gedenkfeier am 25. Mai 1918: *«Jacob Burckhardt ist nicht nur gross als Historiker und geschichtlicher Entdecker und Denker. Der Glanz und die Leichtigkeit des Stils, die staunenswerte Präsenz des Ausdrucks, die stets natürliche, aber nie gewöhnliche Formulierung, ein Charakterisierungsvermögen, das mit wenigen Worten das Wesen einer Erscheinung umschreibt, eine angeborene Sprachbegabung machen ihn zu einem der grössten Schriftsteller des 19. Jahrhunderts.»*[281]

Nicht ein Basler Professor des 20. Jahrhunderts, sondern ein Kollege Burckhardts hat vielleicht am kürzesten die Bedeutung Jacob Burckhardts umrissen. Friedrich Nietzsche schrieb schon in der teilweisen Umnachtung aus Turin am 4. Januar 1889: *«Nun sind Sie – bist Du – unser grösster Lehrer!»*[282]

Wir wollen aber nicht mit dem Lob des hochpathetischen Nietzsche den biographischen Teil schliessen. Das wäre nicht im Sinne Burckhardts! Lassen wir darum noch den Grossneffen, den letzten grossen Basler Konservativen der ersten Hälfte des 20. Jahrhunderts, zu Worte kommen: Albert Oeri. Er besuchte als Student seinen Grossonkel in den letzten Lebensjahren öfters und erzählt davon in den «Erinnerungen an Jacob Burckhardt» (Sonntagsblatt der Basler Nachrichten vom 5. November 1944). Daraus ein einziger Satz: *«Aus seinem Antlitz strahlte fast immer Güte und Heiterkeit, und er hatte namentlich ein ganz herzgewinnendes Lächeln.»*

Lebensdaten Jacob Burckhardts ohne Werkangaben

1818	25. Mai	Geburt in Basel im Pfarrhaus an der Hasengasse
1821		Erster Schulunterricht in einer Privatschule
1826–1833		Besuch des Gymnasiums am Münsterplatz
1833–1836		Besuch des Pädagogiums (Oberstufe des heutigen Gymnasiums) im alten Augustinerkloster
1833	Sommer	Erstes Semester an der Universität Basel Philologiestudium
1836–1837	Herbst–April	Aufenthalt in einer Pension in Neuchâtel
1837–1839		Theologiestudium an der Universität Basel
1839	September	Abreise nach Berlin. Studium der Geschichte und der Kunstgeschichte
1841		Sommersemester an der Universität Bonn
1841	Herbst	Reise durch Belgien
1842/43		Letztes Semester in Berlin
1843	19. Mai	Burckhardt wird zum Dr. phil. promoviert
1843	Sommer	Längerer Aufenthalt in Paris
1843	September	Rückkehr nach Basel
1843	21. Dezember	Professor an der Universität Basel
1844	Sommer	Erste Vorlesung an der Universität
1844–1845		Redaktor der «Basler Zeitung»
1846	März	Abreise nach Rom
1846	September	Rückkehr von Italien, kurzer Aufenthalt in Basel und Abreise nach Berlin. Wohnung bei Franz Kugler
1847	September	Reise von Berlin nach Rom über Triest
1848	März	Rückkehr nach Basel
1848–1852		Professor und Lehrer in Basel
1853–1854	Frühjahr	Cicerone-Reise
1855–1858		Professor am Polytechnikum in Zürich
1858–1893		Professor für Geschichte und Kunstgeschichte an der Universität Basel. Ferienreisen nach Deutschland, Frankreich, England, Italien
1866–1892		Wohnung in der St. Alban-Vorstadt 64
1892		Umzug an den Aeschengraben 6
1897	8. August	Tod im Lehnstuhl

Die Werke

Einleitung

Wenn von Jacob Burckhardt kein Wort gedruckt worden wäre, wäre er dennoch ein bedeutender Mensch gewesen, aber die Nachwelt hätte seinen Namen längst vergessen. Auch die schöne Briefsammlung wäre nicht erschienen, denn von einem Unbekannten sammelt man keine Briefe. Aber – Burckhardt hat sich selbst ein Denkmal gesetzt. Mit seinen Werken. Die Bibliographie der zu seinen Lebzeiten erschienenen Schriften verzeichnet hundert Nummern.[283] Und nach seinem Tod sind noch gewichtige Bücher wie die «Griechische Kulturgeschichte» und die sogenannten «Weltgeschichtlichen Betrachtungen» erschienen.

Wir wollen im folgenden keine erschöpfende Aufzählung der Schriften samt Inhaltsangaben bieten. Seit hundert Jahren versuchen grosse und kleinere Fachleute, die Werke Burckhardts zu interpretieren, ihren tiefen Gehalt auszuloten, das Bleibende herauszustreichen oder das Unvollkommene zu brandmarken.[284] Wir begnügen uns damit, dem Leser kurz zu sagen, was er in Burckhardts Schriften findet, und zitieren kernartige Sätze. Aus den Hauptwerken freilich werden wir längere Abschnitte abdrucken, so dass der Leser auch in den Genuss von Burckhardts schönen Formulierungen kommt.

Das gesamte Werk gliedern wir in fünf Blöcke:
1. Die historischen Werke
2. Die kunsthistorischen Werke
3. Die Vorlesungen
4. Die Vorträge
5. Die Briefe

Die historischen Werke

Carl Martell (1840)

Die erste wissenschaftliche Arbeit schrieb der 22-jährige Burckhardt im Wintersemester 1840/41 für das Seminar des Berliner Professors Leopold von Ranke. Es ist bezeichnend, dass er, im Gegensatz zu manchen jungen Gelehrten, diese rund hundert Seiten umfassende Erstlingsarbeit nicht drucken lassen wollte. *«Ich lasse ihn (Carl Martell) nie drucken und betrachte ihn rein als Vorarbeit zu meinem Projekt: Das alte Alemannien zu schildern.»*[285] Aber im März 1843 verfasste er doch einen 32-seitigen Auszug, formulierte fünf Thesen zum Thema und schickte diesen Text in lateinischer Fassung als Dissertation der Philosophischen Fakultät der Universität Basel.[286] (Beigelegt war der nachher zu besprechende «Conrad von Hochstaden».) Auf Grund dieser Arbeiten wurde Burckhardt am 19. Mai 1843 zum Dr. phil. promoviert. Die deutsche Fassung wurde erstmals 1930, im 1. Band der Gesamtausgabe, publiziert.

Der Text beruht auf den lateinischen Quellen des 7. und des 8. Jahrhunderts, aus denen Burckhardt kritisch den Stoff nimmt, um die verworrenen Zeiten der letzten Merowinger und den Aufstieg der karolingischen Dynastie zu schildern. Cart Martell, der Grossvater Karls des Grossen, lebte von 688 bis 741 und ist berühmt geworden durch seine Siege über die Araber im Jahr 732.

Einige Kernsätze:

«Wir wollen nicht darüber streiten, ob die Pipiniden ein Recht gehabt, über das Frankenreich zu herrschen. Aber das wissen wir, dass ohne Carl Martell die ganze romanisch-germanische Bildung, die sich seit drei Jahrhunderten unter so vielen Schmerzen formiert hatte und endlich einer eigentümlichen Gestaltung entgegenging, vom Islam verschlungen worden wäre.» (GA1, S. 107.)

Conrad von Hochstaden, Erzbischof von Köln 1238–1261 (1843)

Auch diese zweite, schon wesentlich umfangreichere Schrift entstand im Berliner historischen Seminar während des Wintersemesters 1841/42. Gedruckt wurde sie 1843 in Bonn. Auch hier wollte Burckhardt eigentlich von einem Druck absehen, aber die Bonner Freunde suchten und fanden einen Verleger. Burckhardt verzichtete auf ein Honorar, musste aber – das waren noch schöne Zeiten für Autoren! – keinen Kostenzuschuss leisten. Die freudige Aufnahme des 150-seitigen Buches durch die Freunde im Rheinland ist verständlich, lieferte Burckhardt doch nichts weniger als eine Kulturgeschichte des Rheinlands im 13. Jahrhundert, und dies trotz schlechter

Quellenlage. Man müsse, so Burckhardt, *«dem Volk einen Zugang zu seiner Vorzeit»* öffnen, denn *«die Geschichte ist nicht vorhanden um der Merkwürdigkeit willen, sondern um die Vergangenheit mit der Gegenwart zu vermitteln»*.[287] Kündet hier Burckhardt nicht schon das ganze Programm seiner späteren Geschichtsschreibung an?

Erzbischof Conrad war als einer der sieben Kurfürsten, die den deutschen König wählten, nicht nur eine mächtige politische Gestalt, er war auch Bauherr des gotischen Kölner Doms,

Die alte Universität am Rheinsprung. Hier begann Burckhardt 1844 zu dozieren. Photographie um 1850–1860.

171

dessen Grundstein 1248 während seines Episkopats gelegt worden ist. Seine künstlerisch grossartige Grabfigur liegt heute in einer Kapelle des Chors und wird von den Besuchern andächtig bewundert. Sie kennen den bösen Satz Burckhardts in einem Brief an den Freund Kinkel wohl nicht: «*In die Kirchengeschichte greift Conrad fast gar nicht ein, und ich will Hans heissen, wenn ihn das Dogma auch nur einmal in seinem Leben wirklich berührt hat.*»[288]

Das Buch befasst sich aber, was den späteren Kulturhistoriker ankündet, nicht nur mit einer grossen Gestalt; Burckhardt beschrieb das heilige Köln, seine Kirchen, den Dombau und versuchte, die schlecht bekannte Verfassungsgeschichte zu ergründen, und weidet behaglich den zeitgenössischen Erzähler, den Abt Caesarius von Heisterbach, aus.

Einige Kernsätze:

«*Hier wäre der Ort, diese Stadt (Köln) zu schildern, prächtig wie keine in deutschen Landen, ein mächtiges, freiheitsliebendes Haupt des rasch anwachsenden Städtebundes, voll von Tatkraft und Frömmigkeit, ein Hort der Kunst und der Wissenschaft, in jenem Augenblick, wo die Ausführung eines der edelsten Zeugnisse des germanischen Geistes bevorstand.*» (GA 1, S. 216.)

«*Es ist ein andächtiges, lebenslustiges, auch bisweilen liederliches Volk, in dessen Mitte uns Caesarius von Heisterbach führt.*» (GA 1, S. 217.)

«*Wir sind zwar vorderhand noch nicht imstande, den inneren Zusammenhang dieser reichen Kunstentwicklung mit den Kulturzuständen jener Zeit bündig nachzuweisen; aber schon die Tatsache, dass in der ersten Hälfte des 13. Jahrhunderts die*

172

*meisten Kirchen am Mittelrhein erbaut oder umgebaut worden
sind, lässt auf ein rasches Steigen des Wohlstandes und der Bildung in jener Epoche schliessen.»* (GA 1, S. 221.)

*«Das deutsche Mittelalter in seinem unendlichen Reichtum
an Formen des politischen und bürgerlichen Lebens gemahnt
uns oft an einen Wald kräftiger junger Stämme; auf demselben Boden keimen zahllose unabhängige Existenzen empor,
die sich in ihren Wurzeln geheimnisvoll verschlingen, um dann
auch über der Erde sich mit ihren Ästen und Kronen zu
berühren und zu verflechten. Aber endlich steigen die wenigen
Stämme von gewaltigerer Natur über alles in die Höhe und
entziehen den übrigen Luft und Licht.»* (GA 1, S. 238.)

Die Alemannen und ihre Bekehrung zum Christentum (1846)

Die dritte historische Schrift verdankt ihre Entstehung einem
Auftrag der «Gesellschaft zur Beförderung des Guten und
Gemeinnützigen». Diese, 1777 gegründete Gesellschaft, liess
seit 1821 alljährlich ein «Neujahrsblatt für Basels Jugend»
erscheinen. Es war eine Gabe für die Jugendlichen, die am
Neujahrstag ihren Verwandten ihre guten Wünsche entboten.
Unterhaltung und Belehrung zugleich sollten diese literarischen Geschenke vermitteln. Die Kommission der Gesellschaft
für die Neujahrsblätter fragte den jungen Geschichtsprofessor,
ob er das Neujahrsblatt 1846, das zweite Heft einer geplanten
Basler Geschichte, schreiben könne. Burckhardt, der eben eine Vorlesung über die älteste Schweizergeschichte hielt, sagte

gerne zu. Am Jahresende 1845 wurde das 24. Neujahrsblatt, geschmückt mit einem Kupferstich des Basler Malers Hieronymus Hess, verteilt oder verkauft.

Das 32-seitige Heft im bekannten blauen Umschlag schildert das alemannische Volk, «*unsere Voreltern... ihr Leben und ihre Sitten im Guten und im Schlimmen*». Es endet mit der Schilderung des Todes des heiligen Gallus im Jahr 640.

Einige Kernsätze:

«*Seit dem 3. Jahrhundert nach Christo war im Innern von Germanien eine grosse Veränderung vorgegangen. Aus bisher noch nicht genug bekannten Ursachen vereinigten sich eine Menge deutscher Völkerschaften zu ausgedehnten mächtigen Bünden und standen nun dem bangen Rom weit furchtbarer gegenüber als vorher.*» (GA 1, S. 307.)

«*Das Schicksal der römischen Untertanen in unserer Gegend muss grauenvoll gewesen sein. Allem Anschein nach sind sie grossenteils vor Elend oder durch das Schwert umgekommen. Man kann dies daraus schliessen, dass in der deutschen Schweiz und im Elsass die alemannische Sprache so gänzlich Meister geworden ist, während noch zur Zeit Constantins des Grossen wohl nur lateinisch, hie und da vielleicht noch keltisch und rhätisch gesprochen wurde.*» (GA 1, S. 308.)

«*Die Alemannen waren, um bei der körperlichen Beschaffenheit zu beginnen, ein starkes, gross gewachsenes Volk, zum Kriege wie zum Ackerbau geschickt ... Städte, wo solche noch aus der Römerzeit vorhanden waren, vermieden die Alemannen als Gräber und Gefängnisse, wie sie zu sagen pflegten.*» (GA 1, S. 312.)

Der Schlusssatz lautet: «*So wurde Alemannien zu einem*

Mitgliede der grossen Völkerfamilie des christlichen Europas umgeschaffen, in deren Hände die Zukunft der Welt gelegt werden sollte.» (GA 1, S. 336.)

Erzbischof Andreas von Krain und der letzte Concilsversuch in Basel 1482–1484 (1852)

Im Oktober und November 1850 hielt Burckhardt in der «Historischen Gesellschaft» drei Vorträge über dieses Thema; gedruckt wurden sie erst 1852. Als er an seiner Vorlesung «Schweizergeschichte» arbeitete, muss er auf die merkwürdige Gestalt des Erzbischofs von Krain (Kroatien) gestossen sein. Sie hat ihn so fasziniert, dass er, was bei ihm selten vorkam, im Staatsarchiv archivalische Studien unternahm. Es war das erste und letzte Mal, dass er ein denkwürdiges Kapitel aus der Basler Geschichte darstellte.

Andreas Krain, oder mit vollem Namen Andreas Zamometic, war eine schillernde Figur, die 1482 in Basel auftauchte und vorgab, vom deutschen Kaiser bevollmächtigt zu sein, in Basel ein allgemeines Konzil auszurufen. Die Basler, eingedenk der grossen Kirchenversammlung von 1431–1448 und des grossen wirtschaftlichen Nutzens jener glänzenden Jahre, liessen ihn gewähren. Darauf kam es zu schärfstem Streit zwischen dem Erzbischof und dem Papst in Rom. Als Basel mit Bann und Reichsacht bedroht wurde, kapitulierte die Stadt und steckte Andreas ins Gefängnis. Dort wurde er am 13. November 1484 erhängt gefunden.

Burckhardts Aufsatz beschränkt sich nicht auf die Darstellung des unglücklichen Mannes, sondern schildert breit das Leben in der römischen Kurie, ja sogar die Zustände in Italien im Zeitalter der Renaissance. Das Thema seines berühmten Renaissancebuchs kündigte sich also an!

Einige Kernsätze:

«Das italienische Fürstentum des 14. und 15. Jahrhunderts ist keine der edleren sittlichen Erscheinungen der Geschichte. Emporkommen, herrschen, sich behaupten ist für diese feinen, gebildeten Fürsten der eine Zweck, der jedes Mittel, den Verwandtenmord, den heillosesten Druck, eine bis zum wahren Kunstwerk gesteigerte Falschheit rechtfertigt... Im Bewusstsein höchster Schlauheit, getrieben vom Ehrgeiz, wird der italienische Fürst zum politischen Künstler.» (GA 1, S. 348.)

«Neben den löblichen Bestrebungen des damaligen Papsttums überwiegen jedenfalls im ganzen die Schattenseiten. Rom beugte damals seine Stirn vor keinem noch so begründeten Recht, sondern nur vor der Gewalt, vor dem Gelde und hie und da vor der höheren Bildung.» (GA 1, S. 349.)

«Wir werden das merkwürdige Schauspiel geniessen, die Stadt Basel in einen zwar nur pergamentenen, aber doch sehr drohenden Kampf mit der römischen Curie verflochten zu sehen, aus welchem sie sich, alle Umstände erwogen, nicht mit Unehren gezogen hat.» (GA 1, S. 357.)

«Es fällt uns nicht ein a priori zu behaupten, die damaligen Leiter der Stadt wären zu moralisch, zu unschuldig gewesen, um den Erzbischof nötigenfalls insgeheim erwürgen zu lassen. Das 15. Jahrhundert erzog Menschen mit andern Nerven, als die unsrigen sind.» (GA 1, S. 407.)

176

Die Zeit Constantins des Grossen

Die vier genannten und die noch zu erwähnenden kunsthistorischen Schriften haben Burckhardt nur in seiner Heimat und im deutschen Bekanntenkreis berühmt gemacht. Der «Constantin» hatte eine ganz andere Wirkung. *«Mit diesem kulturhistorischen Erstlingswerk war der 34-jährige Gelehrte in die erste Reihe der Historiker getreten.»*[289] Man würde heute sagen, es sei ihm der Durchbruch zur internationalen Berühmtheit gelungen. Die ersten Exemplare verschenkte Burckhardt schon im Dezember 1852; eines brachte er, mit einer schönen Widmung versehen, anfangs Dezember seinem alten Freund Heinrich Schreiber in Freiburg im Breisgau persönlich.

Den Zweck seines 500-seitigen Buchs umschreibt er so: *«Der Zweck des Verfassers vorliegender Schrift war, das merkwürdige halbe Jahrhundert vom Auftreten Diocletians bis zum Tode Constantins in seiner Eigenschaft als Übergangsepoche zu schildern. Es handelt sich nicht um eine Lebens- und Regierungsgeschichte Constantins..., wohl aber sollten die bezeichnenden, wesentlichen charakteristischen Umrisse der damaligen Welt zu einem anschaulichen Bilde gesammelt werden.»* Diesen Kerngedanken wiederholt er nachher nochmals: *«Der Verfasser wollte nicht wissenschaftliche Kontroversen... weiterführen helfen..., er hat überhaupt nicht vorzugsweise für Gelehrte geschrieben, sondern für denkende Leser aller Stände, welche einer Darstellung so weit zu folgen pflegen, als sie entschiedene, abgerundete Bilder zu geben imstande ist.»*[290] Man liest zweimal das Wort «Bild». Bilder verstauben zwar in der Regel und verlieren ihre Aussagekraft, wenn sie Jahrzehnte lang an der Wand gehangen haben; über die burckhardtschen «Bilder» aber schrieb der Basler Althistoriker Felix Staehelin (1873–1952): «*Die Herrlichkeit dieser Bilder wird niemals veralten, sie bleibt ewig jung.*»[291] Und den gleichen Rang gibt dem Buch der Herausgeber der neuesten Auflage, Prof. Karl Christ, mit den Worten: «*Dieses Buch wird in Zukunft immer neue Leser in seinen Bann ziehen.*»[292] Inhaltlich will Burckhardt, wie oben gesagt, also eine Übergangsepoche schildern, die Zeit etwa von 280 bis 340 nach Christus. Es sind die Jahre, in denen das bis dahin verfolgte Christentum die Anerkennung, ja die Gleichstellung mit den andern Religionen errang. Die Lebensbeschreibungen der beiden grossen Kaiser Diocletian (284–305) und Constantin (306–337) nehmen zwar viel Raum ein, sind aber nicht der zentrale Inhalt des Buchs. «*Hauptgedanke ist die Darstellung der weltgeschichtlichen Krise, in der das Altertum versunken und die neue europäische Welt entstanden ist.*»[293] Jene Krise also, in der sich die alte, römisch geprägte Welt in Auflösung befindet, als neue Götter und neue Kultformen aus dem Osten des Imperiums eindringen. Wenn Constantin schliesslich das Christentum anerkennt, dann geschieht es, nach Burckhardt, nicht aus religiöser Überzeugung, sondern aus Berechnung, weil er «*das Christentum als Weltmacht*» begriffen habe.[294]

Schon der erste Rezensent in der «Basler Zeitung» im Dezember 1852 sagte Wesentliches über den Stil des Buchs; es habe französische Eleganz, ohne der deutschen Gründlichkeit zu ermangeln. Gründlich ist Burckhardt gewiss gewesen, auch wenn er den «Constantin» nicht für die Gelehrten – wie er selbst sagt – geschrieben hat. Wir fragen: Für wen denn? Burckhardt antwortet darauf in einem launigen Brief an einen Kollegen: «*Ist es billig, dass die historische Literatur die 99 Lämmer in der Irre gehen lasse, um das 100ste, welches ein gelehrtes Lamm ist, desto besser zu fördern?*»[295]

Burckhardt gliederte das Buch in folgende zehn Abschnitte: Die Reichsgewalt im 3. Jahrhundert / Diocletian, das System seiner Adoptionen, seine Regierung / Einzelne Provinzen und Nachbarlande, der Westen / Einzelne Provinzen und Nachbarlande, der Osten / das Heidentum und seine Göttermischung / Die Unsterblichkeit und ihre Mysterien, die Dämonisierung des Heidentums / Alterung des antiken Lebens und seiner Kultur / Die Christenverfolgung, Constantin und das Thronrecht / Constantin und die Kirche / Hof, Verwaltung und Heer / Konstantinopel, Rom, Athen und Jerusalem.

Fragmente aus dem Buch «Die Zeit Constantins des Grossen»

Das Elend der römischen Provinz

In seiner Beschreibung der römischen Provinzen kommt Burckhardt auf Gallien, das heutige Frankreich, zu sprechen. Das Land war im 1. Jahrhundert vor Christus erobert und römische Provinz geworden. Im 3. und im 4. Jahrhundert revoltierten die Bauern, die sogenannten Bagauden, unter ihren Anführern Aelianus und Amandus gegen die römische Herrschaft. Burckhardt vergleicht den Aufstand mit dem der «Jacquerie» im 14. Jahrhundert. (Jacques Bonhomme war der Spottname für die Bauern.)

«Diesmal sind es die Bauern, welche seitdem in den grossen Krisen des alten Frankreichs mehr als einmal plötzlich in furchtbarer Machtfülle aufgestanden sind. Damals lebten sie in altererbter Sklaverei, wenn das Verhältnis auch in der Regel nicht diesen Namen trug. Eine Anzahl Bauern waren wirkliche Ackersklaven, andere erschienen als Leibeigene an die Scholle gebunden, wieder andere hiessen Colonen, das heisst Kleinpächter auf halben Ertrag; auch bessergestellte Pächter um Geldzins fehlten nicht; endlich gab es eine Masse sogenannter freier Arbeiter und Taglöhner. Aber alle vereinte jetzt dasselbe Unglück. Die Grundeigentümer, ausgesogen durch die raubähnlich steigenden Bedürfnisse des entzweiten Staates, wollten sich an ihren Bauern erholen, gerade wie der französische Adel nach der Schlacht bei Poitiers, als es sich um die Loskaufssumme für die mit König Johann dem Guten gefangenen Ritter handelte. Das einemal nannte man, was daraus entstand: die Bagauda, das anderemal: die Jacquerie (1358). – Die Bauern und Hirten hatten scharenweise ihre Hütten verlassen, um auf Bettel herumzuziehen. Überall abgewiesen und von den Garnisonen der Städte verjagt, taten sie sich in Bagauden, das heisst in Banden zusammen. Ihr Vieh töteten sie und assen es auf; mit den Ackerwerkzeugen bewaffnet, auf ihren Ackerpferden beritten, durchzogen sie das flache Land, nicht nur, um für ihren Hunger zu sorgen, sondern um es in wahnsinniger Verzweiflung zu verwüsten. Dann bedrohten sie die Städte, wo ihnen oft ein plünderungssüchtiger, im Elend verkommener Pöbel die Tore öffnete. Die allgemeine Desperation und die dem Gallier angeborne Sucht nach Abenteuern vergrösserten ihr Heer in kurzem dergestalt, dass sie es wagen *konnten, zwei von den Ihrigen, Aelianus und Amandus, zu Kaisern zu erheben und so den Anspruch auf das gallische Imperium zu erneuern. Bunt und sonderbar mag die Hofhaltung dieser ländlichen Imperatoren ausgesehen haben; das dritte Jahrhundert hatte zwar Bauernsöhne und Sklavenkinder genug auf den Thron der Welt gesetzt, aber in der Regel solche, die in den Armeen und dann im kaiserlichen Generalstab eine Vorschule der Herrschaft durchgemacht hatten. Aelianus und Amandus besassen einen solchen Anspruch nicht, dafür aber möglicherweise einen andern, der die sonstigen Mängel aufwog. Die christliche Sage, nachweisbar seit dem siebten Jahrhundert, hat sie nämlich zu Christen gemacht und ihnen auf diese Weise ein Recht verliehen gegenüber den götzendienerischen Kaisern.»* (GA 2, S. 60f.)

Göttervermischung und Götterverwechslung

Eine typische Eigenschaft für die Übergangzeit vom Altertum zum Mittelalter sieht Burckhardt in der Vermischung der Religionen. Theokrasie nennt er dieses Phänomen. Die verschiedenen Völker reagieren aber unterschiedlich auf die Theokrasie. Es wird jedem Leser auffallen, welche Ähnlichkeit die «dritte Ursache» mit der Gegenwart aufweist.

«Aber diese klassische Religion war noch auf andere Weise getrübt und gebrochen, nämlich durch Mischung mit den Kulturen der unterworfenen Provinzen und des Auslandes. Wir stehen im Zeitalter der vollendeten Theokrasie (Göttervermischung).

Freundeskreis des alten Burckhardt in Basel: Fritz Bischoff, Robert Grüninger (stehend), Max Alioth, Gustav Stehelin (sitzend). Photo um 1880.

Dieselbe war eingetreten nicht durch die Völkermischung im Reiche, oder durch Willkür und Mode allein, sondern durch einen uralten Trieb der vielgötterischen Religionen, sich einander zu nähern, die Ähnlichkeiten aufzusuchen und zu Identitäten zu erheben. Zu allen Zeiten ist dann aus den Parallelen dieser Art die reizende Idee einer gemeinsamen Urreligion hervorgegangen, die sich jeder auf seine Weise ausmalt, der Polytheist anders als der Monotheist. So suchten und fanden sich, teils unbewusst, teils mit philosophischem Bewusstsein, die Bekenner ähnlicher Gottheiten vor denselben Altären. Man erkannte die hellenische Aphrodite gern wieder in der Astarte der Vorderasiaten, in der Athyr der Ägypter, der himmlischen Göttin der Karthager, und so ging es der Reihe nach mit einer ganzen Anzahl von Gottheiten. Dies ist es auch, was noch in der spätern römischen Zeit vorzüglich beachtet werden muss; die Göttermischung ist zugleich auch eine Götterverwechslung; die Fremdgottheiten verbreiten sich nicht nur neben den einheimischen, sondern sie werden denselben je nach der innern Verwandtschaft geradezu substituiert.

Als eine zweite Ursache der Theokrasie erkennt man die gewissermassen politische Anerkennung, welche der Grieche und Römer, ja der Polytheist überhaupt den Göttern anderer Völker zollt. Sie sind ihm Götter, wenn auch nicht die seinigen. Kein strenges dogmatisches System hütet hier die Grenzen des heimischen Glaubens; so strenge auch die vaterländischen Superstitionen gewahrt werden, so fühlt man doch gegen die fremden eher Neigung als Hass. Einzelne feierliche Götterübertragungen von Land zu Land werden von Orakeln und andern überirdischen Mahnungen geradezu befohlen; so die des Serapis von Sinope nach Alexandrien unter Ptolemäus dem Ersten, und die der grossen pessinuntischen Mutter nach Rom während des zweiten punischen Krieges. Bei den Römern war es dann fast zum bewussten, halbpolitischen, halbreligiösen Prinzip geworden, die Götter der vielen unterworfenen Nationen nicht zu beleidigen, eher ihnen Verehrung zu erweisen, ja sie unter die eigenen Götter aufzunehmen. Das Benehmen der Provinzen war hiebei ein sehr verschiedenes; der Kleinasiate zum Beispiel kam bereitwillig entgegen; der Ägypter dagegen hielt sich spröde und übersetzte, was er von Ptolemäern und Römern annahm, in seinen Ritus und seine Kunstform, während ihm der Römer den Gefallen tat, die ägyptischen Götter wenigstens annähernd auch in ägyptischer Gestalt zu verehren. Der Jude endlich liess sich mit der römischen Religion gar nicht ein, indes die Römer von gutem Ton seinen Sabbath beobachteten, und die Imperatoren im Tempel auf Moriah zu beten kamen. Es gestaltete sich, wie wir sogleich sehen werden, eine teils mehr aktive, teils mehr passive Göttermischung.

Eine dritte Ursache des Überhandnehmens der Fremdkulte lag in der Furcht und Angst, welche den gegen die bisherigen Götter ungläubig gewordenen Heiden verfolgt. Jetzt hiess es nicht mehr in dem schönen Sinn früherer Jahrhunderte ‹Götter überall›, sondern der Denkende suchte täglich neue Symbole, der Gedankenlose täglich neue Fetische, die um so willkommener waren, je ferner und geheimnisvoller ihre Herkunft schien. Die Verwirrung musste hier noch aus einem besondern Grunde sich vervielfältigen. Der Polytheismus alter Kulturvölker lebt nämlich auf allen seinen Entwicklungs-

stufen zugleich fort, als Fetischismus betet er fortwährend zu Aerolithen und Amuletten, als Sabäismus zu Gestirnen und Elementen, als Anthropomorphismus teils zu Naturgöttern, teils zu Schutzgöttern des Lebens, – während die Gebildeten innerlich schon längst diese Hüllen abgestreift haben und zwischen Pantheismus und Monotheismus schwanken. Und nun wirken alle diese Stadien der verschiedenen Heidentümer kreuzweise auf das römisch-griechische Heidentum ein und umgekehrt. Merkwürdige Ergebnisse, allerdings nicht selten von der traurigsten Art, werden uns berichtet. Nero war in der römischen Religion erzogen; bald verachtete er sie und hielt sich nur noch an die syrische Göttin; auch von dieser fiel er ab, behandelte ihr Bild mit bübischem Hohn und glaubte fortan nur noch an ein Amulett, das ihm ein Mann aus dem Volke geschenkt, und dem er nun täglich dreimal opferte.» (GA 2, S. 123ff.)

Bildung im Altertum – die Rhetorik

Das Altertum hat die Rhetorik, die Kunst des Redens, hoch geschätzt und viel Zeit auf diese Art der Schulung der Jünglinge gelegt. Für die Kritiker der antiken Bildung zieht Burckhardt einen bissigen Vergleich mit dem Stil der Schriftsteller und Redner seiner eigenen Zeit. Periodenbau: kunstvoll durch Hauptsatz und Nebensätze gegliederter Grosssatz.

«Hat nun das Altertum die Ausbildung der Rede und des Schreibens nicht überschätzt? Hätte es nicht besser getan, die Köpfe der Knaben und Jünglinge mit nützlichen Realien aus-

zufüllen? Die Antwort ist, dass wir darüber gar nicht zu ent-
scheiden berechtigt sind, solange uns selber im Reden und
Schreiben die Formlosigkeit überall nachgeht, solange von
hundert unserer Gebildeten vielleicht kaum Einer von der
wahren Kunst des Periodenbaues eine Ahnung besitzt. Die
Rhetorik mit ihren Nebenwissenschaften war den Alten die
unentbehrlichste Ergänzung ihres gesetzlich schönen und frei-
en Daseins, ihrer Künste, ihrer Poesie. Unser jetziges Leben
hat teilweise höhere Prinzipien und Ziele, aber es ist ungleich
und disharmonisch, das Schönste und Zarteste wohnt darin
neben derben Barbareien; unsere Vielgeschäftigkeit lässt uns
nur nicht die Musse, daran Anstoss zu nehmen.» (GA 2, S. 232.)

Constantin und die Kirche

Erst spät, im 9. Abschnitt, stellt Burckhardt die zentrale Frage,
wie es um die Religiosität Constantins denn beschaffen sei. Die
Antwort ist in der Geschichtswissenschaft bis heute nicht
einhellig. Burckhardt sieht im Biographen des Constantin, im
Bischof Eusebius von Cäsarea, den Hauptschuldigen für ein
falsches Constantinbild. Er nennt ihn einmal den *«widerlich-*
sten aller Lobredner».

«Man hat öfters versucht, in das religiöse Bewusstsein Con-
stantins einzudringen, von den vermutlichen Übergängen in
seinen religiösen Ansichten ein Bild zu entwerfen. Dies ist ei-
ne ganz überflüssige Mühe. In einem genialen Menschen, dem
der Ehrgeiz und die Herrschsucht keine ruhige Stunde gönnen,
kann von Christentum und Heidentum, bewusster Religiosität

und Irreligiosität gar nicht die Rede sein; ein solcher ist ganz wesentlich unreligiös, selbst wenn er sich einbilden sollte, mitten in einer kirchlichen Gemeinschaft zu stehen. Das Heilige kennt er nur als Reminiszenz oder als abergläubige Anwandlung. Die Momente der innern Sammlung, die bei dem religiösen Menschen der Andacht gehören, werden bei ihm von einer ganz andern Glut aufgezehrt; weltumfassende Pläne, gewaltige Träume führen ihn glatt auf den Blutströmen geschlachteter Armeen dahin; er gedenkt wohl, sich zur Ruhe zu setzen, wenn er dieses und jenes erreicht haben wird, was ihm noch fehlt, um alles zu besitzen; einstweilen aber gehen alle seine geistigen und leiblichen Kräfte den grossen Zielen der Herrschaft nach, und wenn er sich einen Augenblick auf sein wahres Glaubensbekenntnis besinnt, so ist es der Fatalismus. Man will sich nur im vorliegenden Fall nicht gerne davon überzeugen, dass ein Theologe von Bedeutung, ein Forscher zwar von geringer Kritik, aber von grossem Fleisse, ein Zeitgenosse, der den Ereignissen so nahe stand, dass Euseb von Cäsarea durch vier Bücher hindurch eine und dieselbe Unwahrheit hundertmal sollte wiederholt haben; man beruft sich auf eifrig christliche Edikte, ja auf eine Rede des Kaisers ‹an die Versammlung der Heiligen›, welche im Munde eines Nichtchristen ganz undenkbar wäre. Allein die Rede wurde, vorläufig bemerkt, weder von Constantin verfasst noch jemals abgehalten, und in den Edikten liess er teilweise den christlichen Priestern freie Hand; Eusebius aber, obschon ihm alle Geschichtschreiber gefolgt sind, hat nach so zahllosen Entstellungen, Verheimlichungen und Erdichtungen, die ihm nachgewiesen worden, gar kein Recht mehr darauf, als entscheidende Quel-

le zu figurieren. Es ist eine traurige, aber sehr begreifliche Tatsache, dass auch die übrigen Stimmführer der Kirche, soviel wir wissen, die wahre Stellung Constantins nicht verrieten, dass sie kein Wort des Unwillens hatten gegen den mörderischen Egoisten, der das grosse Verdienst besass, das Christentum als Weltmacht begriffen und danach gehandelt zu haben. Wir können uns lebhaft vorstellen, wie glücklich man sich fühlte, endlich eine feste Garantie gegen die Verfolgungen gewonnen zu haben, allein wir sind nicht verpflichtet, nach anderthalb Jahrtausenden die damaligen Stimmungen zu teilen.» (GA 2, S. 286f.)

Die christlichen Einsiedler

Das oft als Glanzstück bezeichnete Kapitel über die Einsiedler hat Burckhardt selbst stark beschäftigt. Die Askese schien ihm als *«die mögliche Konsequenz der christlichen Lehre»*. Vielleicht hat er darin ein Erlebnis seiner eigenen Vergangenheit verarbeitet.

«Wenden wir uns ab von dem Egoisten im Purpurgewand, der alles, was er tut und geschehen lässt, auf die Erhöhung seiner eigenen Macht bezieht und berechnet. Mit dieser innerlich frivolen Staatsgewalt kontrastiert die grosse, rücksichtslose Hingebung so vieler, welche ihr ganzes Vermögen bei Lebzeiten wegschenkten, um sich ‹Gott zu widmen›; die Beneficenz vereinigt sich auf das innigste mit der Ascese. Männer und Frauen, zum Teil aus den höchsten Ständen, gewöhnt an alle Genüsse des Lebens, fassen den Bescheid, welchen Christus

dem reichen Jüngling gab, streng wörtlich auf; sie verkaufen ihre Habe und geben den Erlös den Armen, um mitten in der Welt, umgeben vom Geräusch der Weltstädte, in freiwilliger Armut rein der Betrachtung der höchsten Dinge zu leben. Andern genügt auch dieses nicht; sie fliehen aus der Welt und der Zivilisation hinaus als ‹Entwichene›, als Anachoreten.

Die Geschichte, welche sonst die Urspünge grosser Dinge gern verhüllt, überliefert ziemlich genau die Art und Weise, wie das Einsiedlerwesen und aus demselben das Mönchswesen entstand. Kaum gibt es eine Richtung oder ein Ereignis, welches die spätere Zeit des dritten und das vierte Jahrhundert schärfer charakterisierte.

Es liegt ein Zug in der Natur des Menschen, dass er, verloren in der grossen, bewegten äusseren Welt, sich und sein eigenes Selbst in der Einsamkeit wiederzufinden sucht. Diese Einsamkeit wird um so viel abgeschlossener sein müssen, je tiefer er zuvor draussen sich innerlich entzweit und zerrissen gefühlt hat. Tritt dann noch von seiten der Religion das Gefühl der Sünde und das Bedürfnis einer dauernden, unstörbaren Vereinigung mit Gott hinzu, so wird jede irdische Rücksicht schwinden und der Einsiedler wird Ascet, teils um zu büssen, teils um der Aussenwelt gar nichts mehr als das dürftigste Fortleben zu verdanken, teils auch um die Seele zum beständigen Umgang mit den höchsten Dingen fähig zu erhalten. Ganz von selbst wird er sich durch Gelübde vor jeder Rückkehr in den frühern Zustand zu bewahren suchen; finden sich in der Einsamkeit mehrere vom gleichen Streben beseelt zusammen, so wird das Gelübde sowohl als ihr Leben überhaupt den Charakter des Gemeinsamen, der Regel annehmen.

Einen ganz gesunden Zustand der Gesellschaft und des Individuums setzt dies Einsiedlerleben nicht voraus; es gehört vielmehr in Zeiten der Krisis, da viele gebrochene Gemüter die Stille suchen, während zugleich viele starke Herzen irre werden an dem ganzen Erdenleben und ihren Kampf mit Gott fern von der Welt durchkämpfen müssen. Wer aber dem modernen geschäftlichen Treiben und der allersubjektivsten Lebensauffassung anheimgefallen ist und von diesem Gesichtspunkt aus jene Einsiedler gerne in eine Zwangsarbeitsanstalt stecken möchte, der halte sich nur selber nicht für sonderlich gesund; dieser Ruhm käme ihm so wenig zu als manchen Leuten des vierten Jahrhunderts, welche zu schwach oder zu oberflächlich waren, um die geistigen Mächte auch nur zu ahnen, die jene Riesennaturen in die Wüste trieben. Sehen wir aber ab von dem persönlichen Gewinn oder Verlust, den der Ascet in der Thebais oder auf den Gebirgen von Gaza davontragen mochte, so bleibt eine ungeheure historische Wirkung übrig, welche der Geschichtsforscher auf seine Weise zu würdigen hat. Jene Einsiedler sind es gewesen, die dem ganzen geistlichen Stande der folgenden Jahrhunderte die höhere, ascetische Haltung des Lebens oder doch den Anspruch darauf mitteilten, ohne ihr Vorbild wäre die Kirche, das heisst der einzige Anhalt aller geistigen Interessen, völlig verweltlicht und hätte dann der rohen materiellen Gewalt unterliegen müssen. Unsere Zeit aber, in der Annehmlichkeit der freien geistigen Arbeit und Bewegung, vergisst es gar zu gerne, dass sie dabei noch von dem Schimmer des Überweltlichen zehrt, welchen die Kirche im Mittelalter der Wissenschaft mitgeteilt hat.» (GA 2, S. 318ff.)

Rom im 4. Jahrhundert

Zu den anschaulichsten Kapiteln des «Constantin» zählte man seit jeher die letzten Seiten des Buches, in denen Burckhardt die vier grossen Hauptstädte der ausgehenden Antike, Konstantinopel, Rom, Athen und Jerusalem (beziehungsweise Palästina) farbig und kontrastreich geschildert hat.

«Und all diese Herrlichkeit war für eine Bevölkerung vorhanden, deren Zahl von mehrern unserer jetzigen Hauptstädte erreicht und übetroffen wird. Die Herrscherin des Weltreiches, welches unter Vespasian auf hundertzwanzig Millionen Seelen angeschlagen werden konnte, hatte wahrscheinlich kaum je über anderthalb Millionen Einwohner. Die neuere Forschung ist von den frühern, zum Teil ganz töricht übertriebenen Annahmen zurückgekommen, seitdem die Bodenfläche Roms und seiner Vorstädte, die grosse Ausdehnung des unbewohnten, bloss dem Verkehr und der Pracht dienenden Raumes und die Dichtigkeit der Bevölkerung neuerer Hauptstädte im Verhältnis zum Flächenraum bei der Berechnung zugrunde gelegt werden. Man kann sich in der Tat fragen, woher nur die Menschen kamen, welche all die Tempel, Theater, Zirken, Thermen und Haine benützen und geniessen sollten. Das Kolosseum allein konnte vielleicht den fünfzehnten Teil der ganzen Einwohnerschaft fassen, der Circus maximus über ein Zehnteil. Um solche Räume zu füllen, bedurfte es allerdings eines Volkes, welches seit Jahrhunderten von seinen Herrschern dazu erzogen war, welches von Spenden lebte und nichts als einen unaufhörlichen, stets gesteigerten Genuss kannte und verlangte. Die bedeutende Menge eheloser, wenig

oder gar nicht beschäftigter Menschen, die Einwanderung reicher Provinzialen, die Konzentrierung des Luxus und des Verderbens, endlich das Zusammenlaufen der grössten Regierungs- und Geldangelegenheiten müssen der Bewohnerschaft Roms einen Typus mitgeteilt haben, dem sich nichts Ähnliches an die Seite stellen liess.

In dieser bunten Mischung, durch alle ihre Schichten hindurch, gab es zwei verschiedene Gesellschaften, eine heidnische und eine christliche. Wie die letztere sich in den ersten Jahrhunderten des Glaubens, zur Zeit der Verfolgungen, ausgebildet und benommen hatte, gehört nicht hierher; aus der kritischen Zeit Constantins, da sie gewiss zunahm und sich innerlich änderte, haben wir keine genügende Kunde; die Schilderungen aus der zweiten Hälfte des vierten Jahrhunderts aber, namentlich bei S. Hieronymus, zeigen sie bereits sehr ausgeartet. Die Welt mit ihren Lüsten hatte sich in die obern wie in die untern Klassen der Gemeinde von Rom eingedrängt; man konnte eifrig andächtig und dabei sehr sittenlos sein. Fürchterliche Krisen bewegten zu Zeiten die ganze Gemeinde; aus Ammianus wissen wir, dass beim Streit des Damasus und Ursinus um das Bistum (366) eines Tages hundertsiebenunddreissig Erschlagene in der steinischen Basilika lagen. Hieronymus, welcher der Sekretär des siegreichen Bischofs Damasus wurde, lernte in dieser Stellung Gross und Klein kennen; er wusste, wie allgemein die Tötung der noch ungeborenen Kinder war; er sah zwei Leute aus dem Pöbel sich heiraten, wovon der Mann schon zwanzig Weiber, das Weib schon zweiundzwanzig Männer begraben hatte; nirgends macht er ein Hehl aus der allgemeinen Verderbnis. Aber am genausten schildert er die vornehmen Stände und gewisse Geistliche, und zwar in ihrer Wechselwirkung. Fürstlich zieht die grosse Dame, die reiche Witwe einher, mit vollen rotgeschminkten Wangen; ihre Sänfte ist umgeben von Verschnittenen. Mit dem nämlichen Gefolge erscheint sie fleissig in den Kirchen und schreitet, Almosen spendend, majestätisch durch ein Spalier von Bettlern. Zu Hause hat sie Bibeln auf Purpurpergament mit Gold geschrieben und mit Edelsteinen besetzt, kann aber dabei die Armen hungern lassen, wenn ihrer Eitelkeit nicht gedient wird. Ein Ausrufer geht in der Stadt herum, wenn die Dame zu einer Agape, einem Liebesmahl, einladen will. Auch sonst ist bei ihr offene Tafel; unter andern Schmeichlern treten Kleriker heran, küssen die Frau vom Hause und machen eine Handbewegung – zum Segnen, sollte man glauben? nein, um eine Gabe in Empfang zu nehmen; nichts aber macht die Dame so stolz als die Abhängigkeit der Priester. Diese Witwenfreiheit schmeckt viel süsser als die Mannsherrschaft und gibt überdies einen Schein von Enthaltsamkeit, wobei doch manche sich durch Wein und Leckerei entschädigen. Andere freilich, die in härenen Kutten gleich Nachteulen einhergehen, beständig seufzen und doch insgeheim dem gemeinsten Wohlleben frönen, sind um nichts besser. Die gesuchten Verhältnisse geistlicher Verwandtschaft, welche dem naturgemässen Familienleben Eintrag taten, sind dem strengen Kirchenlehrer samt und sonders verdächtig; da gab es Männer, die ihre Frauen verliessen und unter frommem Vorwand andern anhingen; Frauen, welche Jünglinge zu geistlichen Söhnen annahmen und am Ende mit denselben in sinnlichen Umgang gerieten u. dgl. m., namentlich aber gewisse Frömmler, welche als eine Art von

Beichtvätern sich bei Frauen einnisteten und mit denselben leb-
ten. Die eigentlichen Kleriker kommen, wie bereits angedeu-
tet wurde, nicht besser weg. Hieronymus verdammt die Sitte
ihres Zusammenlebens mit geistlichen Schwestern, den soge-
nannten Agapeten (sonst Syneisakten) unbedingt, noch stär-
ker aber ihr Auftreten in den vornehmen Häusern, zum Behuf
der Erbschleicherei, der Herrschaft und der Üppigkeit. Einige
spielen die Asceten, mit langem Haar, Bocksbart, schwarzem
Mantel und blossen Füssen; sie betrügen sündige Weiblein
durch scheinbares Fasten, das sie durch nächtliches Essen
wieder einbringen. Andere – den Abbés des letzten Jahrhun-
derts vergleichbar – lassen sich zu Presbytern und Diakonen
weihen, nur um die Weiber mit grösserer Freiheit zu sehen;
diese Art geht zierlich gekleidet, reich toupiert, duftend von
Wohlgerüchen, alle Finger von Steinen blitzend; ihrer netten
Fussbekleidung zuliebe schweben sie auf den Zehen; ihr An-
sehen ist eher das eines Bräutigams als eines Priesters.» (GA
2, S. 353ff.)

Palästina als Heimat der Pilger

Wir lassen die letzten Seiten des «Constantin» folgen, in denen Burckhardt das «Schlachtfeld aller Religionen» beschreibt. Mit dem Ausblick auf die Kreuzzüge endet das erste
Meisterwerk Burckhardts, von dem unsere Fragmente nur einen schwachen Abglanz zu geben vermochten.

Die genannten Theologen Origines (um 185–254 nach
Christus) und Hieronymus (um 347–420 nach Christus) sind

die Schöpfer der ersten christlichen Dogmatik und der lateinischen Bibel «Vulgata» gewesen.

«Das Jahrhundert war ausgegangen, sich eine neue Heimat für seine Gedanken und Gefühle zu suchen. Für die eifrigen Christen war dieses irdischhimmlische Vaterland gegeben: es hiess Palästina.

Wir wollen nicht wiederholen, was Euseb, Socrates, Sozomenus und andere über die offizielle Verherrlichung des Landes durch Constantin und Helena, über die prächtigen Kirchenbauten von Jerusalem, Bethlehem, Mamre, auf dem Ölberg u.a.a.O. berichten. Bei Constantin war es ein ganz äusserliches Motiv, das ihn zu solchem Aufwand bewog; das Höchste, wozu er es in der Verehrung heiliger Gegenstände brachte, war eine Art von Amulettglauben, wie er denn die Nägel vom wahren Kreuz zu Pferdezügeln und zu einem Helm verarbeiten liess, deren er sich im Kriege bedienen wollte.

In zahllosen Gläubigen aber erwachte unwiderstehlich der natürliche Drang, Orte, die dem Gemüte heilig waren, in Person zu besuchen. Es ist wohl wahr, dass der geistdurchdrungene Mensch solche Wallfahrten entbehren kann, dass sie das Heilige schon halb veräusserlichen, es gleichsam ‹an die Scholle binden› lehren. Und doch wird, wer nicht ganz roh ist, einmal wenigstens den Stätten nachgehen, die für ihn durch Erinnerungen der Liebe oder der Andacht geweiht sind. Im Verlauf der Zeit, wenn aus der Herzenssache eine Sitte geworden, wird das Gefühl des Pilgers wohl leicht in eine Art von abergläubischer Werkheiligkeit ausarten, allein dies beweist nichts gegen den reinen und schönen Ursprung.

Schon seit der apostolischen Zeit kann es nicht an frommen Besuchen derjenigen Stellen Palästinas gefehlt haben, welche mit den Erinnerungen des alten Bundes zwischen Gott und den Menschen die des neuen auf so erschütternde Weise verbanden. Vielleicht die erste weite Wallfahrt, war die des cappadocischen Bischofs Alexander, welcher unter Caracalla Jerusalem – das damalige Aelia Capitolina – besuchte, ‹um des Gebetes und der Geschichte der Orte willen›. Auch Origenes kam, ‹um die Fussstapfen Christi, der Jünger und der Propheten aufzusuchen›. – Zur Zeit Constantins aber trifft die Sehnsucht nach Palästina schon sehr auffallend mit dem gesteigerten Kultus der Märtyrergräber und der Reliquien überhaupt zusammen. Jerusalem ist gleichsam die grösste und heiligste aller Reliquien, an welche sich dann noch eine Reihe anderer Weihestätten ersten Ranges, viele Tagreisen lang, anschliessen. Aus dem Stationenbüchlein eines Pilgers von Bordeaux, welcher im Jahre 333 das heilige Land bereiste, ersieht man, wie schon damals die fromme Sage, vielleicht auch die Spekulation, das ganze Land mit klassischen Stellen angefüllt hatte, an deren Echtheit später auch das Mittelalter nicht zweifelte. Man zeigte das Gemach, in welchem Salomo das Buch der Weisheit geschrieben, die Blutflecken des Priesters Zacharias auf dem Boden des ehemaligen Tempels, das Haus des Kaiphas und das des Pilatus, den Sykomorenbaum des Zachäus, und so viele andere Dinge, welche den Spott der historischen Kritik herausfordern können. Einige Jahrzehnte später zählt Hieronymus in der Reisebeschreibung der Paula noch weit gründlicher die Stätten der Andacht von Dan bis Berseba auf. Er selber, sonst so besonnen in seinen Ansichten über die Reliquien, hat sich in Bethlehem für den Rest seines Lebens angesiedelt und alles, was an ihm hing, nach sich gezogen. Gegen das Ende des vierten Jahrhunderts lebt in Jerusalem und der Umgegend eine grosse Kolonie frommer Leute aus allen Gegenden des Reiches in tiefer Entsagung; ‹fast so viele psallierende Chöre, als es verschiedene Völker gibt›. Es waren darunter Okzidentalen von hohem Rang und grossem Reichtum, die alles zurückgelassen hatten, um hier in reinerer Stimmung auszuleben, als sie es sonst irgendwo vermocht hätten. Wem die Verhältnisse dies nicht gestatteten, der grämte sich; Hieronymus schrieb mehr als einen Brief, um solche zu beruhigen und ihnen zu sagen, dass die ewige Seligkeit nicht am Besuch Jerusalems hänge.

Und auch diese beneidete Existenz war keine ideale. Abgesehen von der äussern Gefahr durch räuberische Saracenen, welche bis vor die Tore von Jerusalem streiften, hielt sich noch ganz in der Nähe, im peträischen Arabien, in Cölesyrien, das Heidentum mit einer verzweifelten Hartnäckigkeit; sodann trat das Dämonenwesen, welches schon so lange her in Palästina heimisch war, in so heftiger Gestalt auf als jemals. Hieronymus selber führt uns zu den Prophetengräbern unweit Samaria, wo eine ganze Anzahl Besessener auf Genesung warteten; weithin hörte man sie wie mit verschiedenen Tierstimmen heulen. Es sind gleichsam die irren Geister, welche über diesem Schlachtfeld aller Religionen, dem Land zwischen Jordan, Wüste und Meer herumschweben.

Eine merkwürdige Fügung hat es gewollt, dass Constantin auch in dem, was er für Palästina tat, weltgeschichtlich auf viele Jahrhunderte hinaus wirken sollte. Ohne den Glanz, welchen er über Jerusalem und die Umgegend verbreitete, hätte sich die Andacht der römischen Welt und folgerichtig die des Mittelalters nicht mit solcher Glut an diese Stätten geheftet und sie nicht nach einem halben Jahrtausend der Knechtschaft unter dem Islam wieder entrissen.» (GA 2, S. 369ff.)

Die Kultur der Renaissance in Italien. Ein Versuch

Sieben Jahre nach dem «Constantin» im Jahr 1860 erschien das zweite kulturhistorische Werk. Hatte Burckhardt im «Constantin» das Ende des Altertums und den Beginn des Mittelalters geschildert, so gibt er hier als Gegenstück ein prachtvolles Bild der Wende vom Mittelalter zur Neuzeit. Gedruckt wurde das Buch, dessen Vorarbeiten sich über Jahre erstreckt hatten, wieder in Basel, in der gleichen Druckerei wie der «Constantin». Vom befreundeten Drucker verlangte Burckhardt kein Honorar, da der Absatz der 750 Exemplare nicht gesichert schien. Tatsächlich dauerte es volle neun Jahre, bis eine zweite Auflage nötig wurde.

Das Buch trug die Widmung «Luigi Picchioni, dem greisen Lehrer, Kollegen und Freund». Dieser 1783 geborene italienische Flüchtling war 1825 nach Basel gekommen und Kollege Burckhardts im Pädagogium und an der Universität geworden. (Übrigens – die wenigen Widmungen in den Büchern Burckhardts verraten, welche Männer er dauernd geschätzt hat.) Ein Vorwort wie im «Constantin» gibt es nicht. Aber in der Einleitung des ersten Kapitels äussert sich Burckhardt präzis über seine Absicht. «*Im wahren Sinne des Wortes führt diese Schrift den Titel eines blossen Versuchs, und der Verfasser ist sich deutlich genug bewusst, dass er mit sehr mässigen Mitteln und Kräften sich einer überaus grossen Aufgabe unterzogen hat... Die geistigen Umrisse einer Kulturepoche geben vielleicht für jedes Auge ein verschiedenes Bild, und wenn es sich vollends um eine Zivilisation handelt, welche als nächste Mutter der unsrigen noch jetzt fortwirkt, so muss sich das subjektive Urteilen und Empfinden jeden Augenblick beim Darsteller wie beim Leser einmischen. Auf dem weiten Meer, in welches wir uns hinauswagen, sind der möglichen Wege und Richtungen viele ... Einstweilen sind wir zufrieden, wenn uns ein geduldiges Gehör gewährt und dieses Buch als ein Ganzes aufgefasst wird. Es ist die wesentliche Schwierigkeit der Kulturgeschichte, dass sie ein grosses Kontinuum in einzelne scheinbar oft willkürliche Kategorien zerlegen muss, um es nur irgendwie zur Darstellung zu bringen.*»[296]

Wichtig ist nun der Schluss dieses Alineas, der in der ersten Auflage von 1860 so lautete: «*Der grössten Lücke des Buches gedenken wir in einiger Zeit durch ein besonderes Werk über ‹Die Kunst der Renaissance› abzuhelfen.*» Da Burckhardt dieses Versprechen nie eingelöst oder doch in einer ganz andern Form teilweise erfüllt hat, lautet der Schlusssatz in der zweiten Auflage von 1869: «*Der grössten Lücke des Buches gedachten wir einst durch ein besonderes Werk über ‹Die Kunst der Renaissance› abzuhelfen; ein Vorsatz, welcher nur geringerweise hat ausgeführt werden können.*»[297]

Freimütiger als in der Einleitung sprach Burckhardt über sein Buch in einem Brief an den Freund Heinrich Schreiber:

«Mein lieber alter Freund wird vielleicht über den Dilettan-
tismus der Arbeit mit einigem Lächeln den Kopf schütteln,
aber doch gewiss zugeben, dass der Autor es an Mühe und
Schweiss nicht hat fehlen lassen. Es ist eine durchaus wildge-
wachsene Pflanze, die sich an gar nichts schon Vorhandenes
anlehnt. Einen Lobspruch vernähme ich auch noch gern aus
Ihrem Munde, dass nämlich der Autor vielen Gelegenheiten,
die Phantasie spazieren zu lassen, kräftiglich widerstanden
und sich hübsch an die Quellenaussagen gehalten habe.»[298]
Um keinen Preis also wollte Burckhardt in die Reihe jener zahlreichen Schriftsteller treten, die ihre Phantasie tüchtig walten
liessen, um ein Bild der Renaissance zu vermitteln.[299]

Was steht nun in diesem Buch, das ein späterer Herausgeber
als eines der wertvollsten Werke der deutschen Geschichtswissenschaft bezeichnet hat?[300] Die Antwort des besten Ken-
ners von Burckhardts Werken lautet so: *«Die Grundfrage, die*
Burckhardt beantworten wollte, war diejenige nach der Ent-
stehung des modernen Menschen, d.h. die Frage nach der
Ablösung des individuellen Bewusstseins, insbesondere des
modernen Europäers, von dem kollektiv gebundenen Be-
wusstsein des mittelalterlichen Menschen.»[301] Dies ist die
Formulierung des Wissenschaftlers. Der Künstler, Burckhardt
selber, beschreibt «Entstehung» und «Ablösung» so: *«Im Mit-*
telalter lagen die beiden Seiten des Individuums – nach der
Welt hin und nach dem Innern des Menschen selbst – wie un-
ter einem gemeinsamen Schleier träumend oder hellwach. Der
Schleier war gewoben aus Glauben, Kinderbefangenheit und
Wahn; durch ihn hindurchgesehen erschienen Welt und Ge-
schichte wundersam gefärbt, der Mensch erkannte sich nur als

Rasse, Volk, Partei, Korporation, Familie oder sonst in irgend einer Form des allgemeinen. In Italien zuerst verweht dieser Schleier in die Lüfte, es erwacht eine objektive *Betrachtung und Behandlung des Staates und der sämtlichen Dinge dieser Welt überhaupt; daneben aber erhebt sich mit voller Macht das* Subjektive; *der Mensch wird geistiges Individuum.»* [302]

Methodisch haben wir wieder eine grosse Sammlung von Bildern vor uns, die Burckhardt in sechs Abschnitten untergebracht hat:

I.   Der Staat als Kunstwerk
II.   Entwicklung des Individuums
III. Die Wiedererweckung des Altertums
IV.   Die Entdeckung des Menschen und der Welt
V.   Die Geselligkeit und die Feste
VI.   Sitte und Religion

Fragmente aus dem Buch
«Die Kultur der Renaissance in Italien»

Eine italienische Stadtrepublik – Venedig

Im ersten Abschnitt schildert Burckhardt die Republiken Italiens im 14. und 15. Jahrhundert: Venedig, Florenz, Siena und Genua. Hier diejenige von Venedig.

Marcantonio Sabellico: Geschichtschreiber Venedigs, 1436–1506. Facchinen: Gepäckträger.

«Venedig erkannte sich selbst als eine wunderbare, geheimnisvolle Schöpfung, in welcher noch etwas anderes als Men-

schenwitz von jeher wirksam gewesen. Es gab einen Mythus von der feierlichen Gründung der Stadt: am 25. März 413 um Mittag hätten die Übersiedler aus Padua den Grundstein gelegt am Rialto, damit eine unangreifbare, heilige Freistätte sei in dem von Barbaren zerrissenen Italien. Spätere haben in die Seele dieser Gründer alle Ahnungen der künftigen Grösse hineingelegt; M. Antonio Sabellico, der das Ereignis in prächtig strömenden Hexametern gefeiert hat, lässt den Priester, der die Stadtweihe vollzieht, zum Himmel rufen: ‹Wenn wir einst Grosses wagen, dann gib Gedeihen! Jetzt knien wir nur vor einem armen Altar, aber wenn unsere Gelübde nicht umsonst sind, so steigen Dir, o Gott, hier einst hundert Tempel von Marmor und Gold empor!› – Die Inselstadt selbst erschien zu Ende des 15. Jahrhunderts wie das Schmuckkästchen der damaligen Welt. Derselbe Sabellico schildert sie als solches mit ihren uralten Kuppelkirchen, schiefen Türmen, inkrustierten Marmorfassaden, mit ihrer ganz engen Pracht, wo die Vergoldung der Decken und die Vermietung jedes Winkels sich miteinander vertrugen. Er führt uns auf den dichtwogenden Platz vor S. Giacometto am Rialto, wo die Geschäfte einer Welt sich nicht durch lautes Reden oder Schreien, sondern nur durch ein vielstimmiges Summen verraten, wo in den Portiken ringsum und in denen der anstossenden Gassen die Wechsler und die Hunderte von Goldschmieden sitzen, über ihren Häuptern Läden und Magazine ohne Ende; jenseits von der Brücke beschreibt er den grossen Fondaco der Deutschen, in dessen Hallen ihre Waren und ihre Leute wohnen, und vor welchem stets Schiff an Schiff im Kanal liegt; von da weiter aufwärts die Wein- und Ölflotte und parallel damit am Strande, wo es von

Facchinen wimmelt, die Gewölbe der Händler; dann vom Rialto bis auf den Marcusplatz die Parfümeriebuden und Wirtshäuser. So geleitet er den Leser von Quartier zu Quartier bis hinaus zu den beiden Lazaretten, welche mit zu den Instituten hoher Zweckmässigkeit gehörten, die man nur hier so ausgebildet vorfand. Fürsorge für die Leute war überhaupt ein Kennzeichen der Venezianer, im Frieden wie im Kriege, wo ihre Verpflegung der Verwundeten, selbst der feindlichen, für andere ein Gegenstand des Erstaunens war. Was irgend öffentliche Anstalt hiess, konnte in Venedig sein Muster finden; auch das Pensionswesen wurde systematisch gehandhabt, sogar in betreff der Hinterlassenen. Reichtum, politische Sicherheit und Weltkenntnis hatten hier das Nachdenken über solche Dinge gereift. Diese schlanken, blonden Leute mit dem leisen, bedächtigen Schritt und der besonnen Rede, unterschieden sich in Tracht und Auftreten nur wenig voneinander; den Putz, besonders Perlen, hingen sie ihren Frauen und Mädchen an. Damals war das allgemeine Gedeihen, trotz grosser Verluste durch die Türken, noch wahrhaft glänzend; aber die angesammelte Energie und das allgemeine Vorurteil Europas genügten auch später noch, um Venedig selbst die schwersten Schläge lange überdauern zu lassen.» (GA 5, S. 44f.)

Die Entdeckung der Welt

Die Polo: venezianische Kaufmannsfamilie. Der berühmteste, Marco Polo (1254–1341), reiste bis nach China und berichtete darüber.

«*Über die Reisen der Italiener nach fernen Weltgegenden ist uns hier nur eine allgemeine Bemerkung gestattet. Die Kreuzzüge hatten allen Europäern die Ferne geöffnet und überall den abenteuernden Wandertrieb geweckt. Es wird immer schwer sein, den Punkt anzugeben, wo derselbe sich mit dem Wissensdrang verbindet oder vollends dessen Diener wird; am frühsten und vollständigsten aber ist dies bei den Italienern geschehen. Schon an den Kreuzzügen selbst hatten sie sich in einem andern Sinne beteiligt als die übrigen, weil sie bereits Flotten und Handelsinteressen im Orient besassen; von jeher hatte das Mittelmeer seine Anwohner anders erzogen als das Binnenland die seinigen, und Abenteurer im nordischen Sinne konnten die Italiener nach ihrer Naturanlage überhaupt nie sein. Als sie nun in allen östlichen Häfen des Mittelmeeres heimisch geworden waren, geschah es leicht, dass sich die Unternehmendsten dem grandiosen mohammedanischen Wanderleben, welches dort ausmündete, anschlossen; eine ganze grosse Seite der Erde lag dann gleichsam schon entdeckt vor ihnen. Oder sie gerieten, wie die Polo von Venedig, in die Wellenschläge der mongolischen Welt hinein und wurden weitergetragen bis an die Stufen des Thrones des Grosschans. Frühe finden wir einzelne Italiener auch schon im Atlantischen Meer als Teilnehmer von Entdeckungen, wie denn z.B. Genuesen im 13. Jahrhundert bereits die Kanarischen Inseln fanden; in demselben Jahre, 1291, da Ptolemais, der letzte Rest des christlichen Ostens, verlorenging, machten wiederum Genuesen den ersten bekannten Versuch zur Entdeckung eines Seeweges nach Ostindien; Columbus ist nur der Grösste einer ganzen Reihe von Italienern, welche im Dienste der Westvölker in ferne*

Meere fuhren. Nun ist aber der wahre Entdecker nicht der, welcher zufällig zuerst irgendwohin gerät, sondern der, welcher gesucht hat und findet; ein solcher allein wird auch im Zusammenhange stehen mit den Gedanken und Interessen seiner Vorgänger, und die Rechenschaft, die er ablegt, wird danach beschaffen sein. Deshalb werden die Italiener, auch wenn ihnen jede einzelne Priorität der Ankunft an diesem oder jenem Strande abgestritten würde, doch immer das moderne Entdeckervolk im vorzugsweisen Sinne für das ganze Spätmittelalter bleiben.» (GA 5, S. 202f.)

Ein Humanistenporträt: Pomponius Laetus

Dieser Humanist lebte von 1428 bis 1498 in Rom. Papst Paul II., der nicht gut auf Humanisten zu sprechen war, regierte von 1464 bis 1471; Papst Alexander VI. von 1492 bis 1503. Das lateinische Zitat lautet deutsch: Pomponius Laetus grüsst seine Bekannten und Verwandten; was ihr von ihm verlangt, kann er nicht tun. Lebt wohl!

«Er war ein Bastard aus dem Hause der neapolitanischen Sanseverinen, Fürsten von Salerno, wollte sie aber nicht anerkennen und schrieb ihnen auf die Einladung, bei ihnen zu leben, das berühmte Billet: Pomponius Laetus cognatis et propinquis suis salutem. Quod petitis fieri non potest. Valete. Ein unansehnliches Männchen mit kleinen lebhaften Augen, in wunderlicher Tracht, bewohnte er in den letzten Jahrzehnten des 15. Jahrhunderts, als Lehrer an der Universität Rom, bald sein Häuschen mit Garten auf dem Esquilin, bald seine

Vigne auf dem Quirinal; dort zog er seine Enten u.a. Geflügel,
hier baute er sein Grundstück durchaus nach den Vorschrif-
ten des Cato, Varro und Columella: Festtage widmete er draus-
sen dem Fisch- und Vogelfang, auch wohl dem Gelage im
Schatten bei einer Quelle oder an der Tiber. Reichtum und
Wohlleben verachtete er. Neid und Übelrede war nicht in ihm
und er duldete sie auch in seiner Nähe nicht; nur gegen die
Hierarchie liess er sich sehr frei gehen, wie er denn auch, die
letzte Zeit ausgenommen, als Verächter der Religion über-
haupt galt. In die Humanistenverfolgung Papst Pauls II. ver-
flochten, war er von Venedig an diesen ausgeliefert worden
und hatte sich durch kein Mittel zu unwürdigen Geständnis-
sen bringen lassen; seitdem luden ihn Päpste und Prälaten zu
sich ein und unterstützten ihn, und als in den Unruhen unter
Sixtus IV. sein Haus geplündert wurde, steuerte man für ihn
mehr zusammen als er eingebüsst hatte. Als Dozent war er ge-
wissenhaft; schon vor Tage sah man ihn mit seiner Laterne
vom Esquilin herabsteigen, und immer fand er seinen Hörsaal
schon gedrängt voll; da er im Gespräch stotterte, sprach er auf
dem Katheder behutsam, aber doch schön und gleichmässig.
Auch seine wenigen Schriften sind sorgfältig abgefasst. Alte
Texte behandelte keiner so sorgfältig und schüchtern, wie er
denn auch vor andern Resten des Altertums seinen wahren
Respekt bewies, indem er wie verzückt dastand oder in Trä-
nen ausbrach. Da er die eigenen Studien liegen liess, wenn er
andern behilflich sein konnte, so hing man ihm sehr an, und
als er starb, sandte sogar Alexander VI. seine Höflinge, die
Leiche zu begleiten, welche von den vornehmsten Zuhörern
getragen wurde.» (GA 5, S. 198f.)

Über die Religiosität der Menschen in der Renaissance

«Diese modernen Menschen, die Träger der Bildung des damaligen Italiens, sind religiös geboren wie die Abendländer des Mittelalters, aber ihr mächtiger Individualismus macht sie darin wie in andern Dingen völlig subjektiv, und die Fülle von Reiz, welche die Entdeckung der äussern und der geistigen Welt auf sie ausübt, macht sie überhaupt vorwiegend weltlich. Im übrigen Europa dagegen bleibt die Religion noch länger ein objektiv Gegebenes, und im Leben wechselt Selbstsucht und Sinnengenuss unmittelbar mit Andacht und Busse; letztere hat noch keine geistige Konkurrenz wie in Italien, oder doch eine unendlich geringere.

Ferner hatte von jeher der häufige und nahe Kontakt mit Byzantinern und mit Mohammedanern eine neutrale Toleranz aufrechterhalten, vor welcher der ethnographische Begriff einer bevorrechteten abendländischen Christenheit einigermassen zurücktrat. Und als vollends das klassische Altertum mit seinen Menschen und Einrichtungen ein Ideal des Lebens wurde, weil es die grösste Erinnerung Italiens war, da überwältigte die antike Spekulation und Skepsis bisweilen den Geist der Italiener vollständig». (GA 5, S. 357.)

Die kunsthistorischen Werke

Bilder aus Italien (1839)

Es scheint vielleicht übertrieben, wenn wir die Reihe der kunsthistorischen Schriften mit einem Feuilletonaufsatz des 20-jährigen Burckhardt beginnen. Es ist ein Teil eines Berichts von der vierwöchigen Reise im Sommer 1838 nach Florenz. Wer ihn aber liest, merkt bald, dass sich hier der künftige Kunsthistoriker ankündet, sowohl in der genauen Beschreibung der Kunstdenkmäler wie in der sprachlichen Präzision der Schilderung.

Aus dem 50-seitigen Bericht in der Zeitschrift «Der Wanderer in der Schweiz», Jahrgang V, 1839, zitieren wir einige Kernsätze.

Zum Dom in Mailand:

«Herrliches, nie genug zu preisendes Gebäude! Schön und würdig von den breiten Torstufen bis zur goldenen Madonna, die mit segnend über die Stadt gebreiteten Händen deinen Gipfel krönt!» (GA 1, S. 4.)

Das Abendmahl Leonardos:

«Wohl sind die Köpfe dreimal übermalt worden..., aber die lebhaften, ausserordentlich sprechenden Gebärden der sämt-

lichen Figuren lassen auf die ehemalige Herrlichkeit der Köpfe schliessen.» (GA 1, S. 13.)

Der Campo santo in Pisa:

«Wir traten ein, und wie ein Blitz traf uns die einfache Majestät des Gebäudes... Das ganze ist von weissem Marmor, an allen Wänden Fresken von höchstem Wert, überall Sarkophage, Urnen und andere antike und neue, meist unschätzbare Marmordenkmäler.» (GA 1, S. 35.)

Am Schluss besingt er das «göttliche» Fiesole in Versen: *«Selig, wem stets offen das hohe Tor von Florenz steht! Freudigen Muts magst dann du Fiesoles Felsen besteigen und der vergangenen Zeit gedenken...»* (GA 1, S. 53.)

Kunstwerke der belgischen Städte (1842)

Man kann das Büchlein von160 Oktavseiten über Kunstwerke der belgischen Städte, das im Sommer 1842 in Düsseldorf erschienen ist, einen Geniestreich nennen. Der 23-jährige Burckhardt reist im September 1841 von Köln aus nach Belgien, besucht in 14 Tagen sieben Städte und deren Museen und schreibt nachher nichts weniger als einen «Belgischen Cicerone». So wird das Büchlein in der Burckhardt-Literatur oft bezeichnet. Warum er diesen Reiseführer geschrieben hat, ist nicht ganz klar. War es der Wunsch, eine neue Kunstlandschaft kennenzulernen, nachdem ihm die Schweiz, Deutschland und Teile Italiens gut bekannt waren, oder war es die Absicht, mit dem erhofften Honorar einen längeren Deutschlandaufenthalt zu finanzieren? Anders als beim «Carl Martell» und «Hochstaden» schickt er nämlich das Manuskript einigen Buchhändlern zur Begutachtung. Reiseführer und Kunstgeschichten der Niederlande und Belgiens gab es zwar schon mehrere, Burckhardt jedoch versprach nun etwas Neues, ganz anderes.

«Wer in der niederländischen Kunstgeschichte bewandert ist, wird leicht herausfinden, wo der Verfasser selbständig urteilte und welchen Autoritäten er in den übrigen Fällen folgte.» [303] In möglicher Kürze wolle er dem Reisenden den kunsthistorischen Standpunkt bezeichnen, der für die Betrachtung nötig sei. Und diesen Standpunkt rechtfertigt er einmal so: *«Ich fand den rein sachlichen Standpunkt ungenügend und scheute mich deshalb nicht, einmal zur Probe die völlige Subjektivität walten zu lassen.»* [304] Dies hat er auch kräftig getan, weshalb es von harten Urteilen über sein Unterfangen wimmelt. Aber im ganzen scheint Burckhardt diesen «Cicerone» in heiterer Stimmung geschrieben zu haben.

Einige Kernsätze!

Der Hof im Palais de justice in Lüttich:

«Das Ganze macht einen wunderlichen malerischen Eindruck... Die Fassade gegen den Place St. Lambert hingegen taugt nichts.» (GA 1, S. 166.)

Das Rathaus in Löwen:

«Soll das wirklich ein Rathaus sein? Sollen ernste, schwarzbemäntelte Ratsherren aus diesen drei überreichen gotischen Fensterreihen herunterschauen? O nein – kommt, schöne Mädchen von Brabant mit euern runden Gesichtern, putzt euch und stellt euch in die Fenster zum Ergötzen von ganz Niederland.» (GA 1, S. 128.)

Und ein frühes Urteil über Rubens, den er später so hoch verehrte:

«Rubens wird meist unbillig beurteilt; man legt kurzweg einen idealistischen Massstab, etwa die Bilder Raffaels, an seine Leistungen und klagt dann... über seine ‹gemeine› Phantasie... Rubens ist im höchsten Grade dramatisch; man vergesse nicht, dass er ein Zeitgenosse Shakespeares war.» (GA 1, S. 153.)

Über die vorgotischen Kirchen am Niederrhein (1843)

Eine der vielen schönen Früchte des romantischen Sommers 1841 in Köln und Bonn ist der oben genannte kleine Aufsatz. Er erschien, weil der Redaktor darum bat, für das «Niederrheinische Jahrbuch für Geschichte, Kunst und Poesie» des Jahres 1843. Burckhardt gibt darin, wie er selbst sagt, *«eine kurze Physiognomik des vorgotischen Kirchenstils».*[305] Was bezweckte er damit? Er sieht in diesem Stil, anders als die Verächter des als primitiv verrufenen romanischen Stils, eines der *«edelsten Zeugnisse des mittelalterlichen Geistes».* Heute schätzt man solche Kirchen, besonders in Köln, hoch, nennt sie freilich nicht «vorgotisch», sondern romanisch.

Einige Kernsätze!

Der panoramatische Blick Burckhardts umfasst Denkmäler und Menschen:

«Es ist ein eigentümlicher Vorzug der Rheingegend, besonders zwischen Mainz und Köln, dass hier die Werke der

Im Haus St. Alban-Vorstadt 64, im 2. Stock, wohnte Burckhardt von 1866 bis 1892.

Menschenhand zu den landschaftlichen Massen in einem so starken Verhältnis stehen. Denn die Landschaft erhält für unser Gefühl ihren vollen poetischen Wert erst durch die Beziehungen zum Menschenleben und seinen Denkmalen. Von den weinbewachsenen Schieferfelsen heben sich zahlreiche weisse Kirchentürme höchst malerisch ab.» (GA 1, S. 28.)

Das Besondere der vorgotischen Bauweise:

«Sie hat einen eigentümlichen Schmuck vor den übrigen deutschen und französischen Werken jener Zeit voraus, der sich nur in der Lombardei in eben so bedeutsamer Anwendung wiederfindet... Es sind die Bogengalerien, welche sich um Kuppeln und Chornischen, hie und da auch an Fassaden, Giebeln und Seitenwänden herumziehen.» (GA 1, S. 291.)

Die Kirche zu Ottmarsheim im Elsass (1844)

Im Auftrag der «Gesellschaft für Vaterländische Alterthümer in Basel» sollte Burckhardt die bis dahin ziemlich unbekannte Baugeschichte der rätselhaften Kirche in Ottmarsheim erforschen. Er hat es so gut getan, dass seine Thesen bis heute Zustimmung gefunden haben. Übrigens musste er sechs Stunden marschieren, bis er am Ziel war.

Einige Kernsätze!

«Die Kirche bildet einen achteckigen, mit einer Kuppel überwölbten Mittelraum, welcher von einem ebenfalls achteckigen Umgang in zwei Stockwerken umgeben ist.» (GA 1, S. 297.)

«Nach unserer Ansicht ist die Kirche eine Nachbildung des Münsters zu Aachen, vermutlich aus dem 11. Jahrhundert.» (GA 1, S. 299.)

«Die Säulenstellungen gehören jedenfalls erst dem Ende des 10. oder 11. Jahrhunderts an, weil das Würfelkapitell... schon durchgängig in seiner konsequenten Vollendung erscheint.» (GA 1, S. 301.)

Der Cicerone. Eine Anleitung zum Genuss der Kunstwerke Italiens. (1855)

Was der «Constantin» für den Historiker Burckhardt bedeutet hat, den Durchbruch zur internationalen Berühmtheit, das tat der «Cicerone» für den Kunsthistoriker Burckhardt. Er ist damit nicht nur in den Olymp der Kunstgelehrten aufgestiegen, er ist, was viel wichtiger ist, für viele gebildete Italienreisende des 19. und des 20. Jahrhunderts der unentbehrliche Reisebegleiter geworden, dessen «Tschitsch» man neben den Baedeker ins Reisegepäck gesteckt hat.

Wie er entstanden ist, haben wir im Kapitel «Die Cicerone-Reise» beschrieben. Warum eine «Anleitung zum Genuss der Kunstwerke» den Titel «Cicerone» bekommen hat, bedarf noch einer kurzen Erklärung. Der römische Staatsmann Marcus Tullius Cicero galt noch in der Neuzeit als einer der besten Redner Italiens. Schon im 18. Jahrhundert bekamen die italienischen Fremdenführer die Bezeichnung «Cicerone», weil auch sie über eine grosse Redegewandtheit verfügten.

Trotz den vielen Auflagen und unveränderten Neudrucken ist der «Cicerone» kein leicht zu benützender Reiseführer. Aus verschiedenen Gründen. *«Das kleine Ungeheuer ist zu meinem Schrecken erstaunlich angeschwollen; bei aller Dünne des Papiers passt ein Band von 1100 Seiten schlecht zu einem kleinen Format. Ich fürchte, man wird das Buch nur das Bummerli oder Mopperli heissen.»*[306] Und an anderer Stelle gesteht Burckhardt: *«Es ist ‹ein fürchterlich zusammenge-arbeitetes› Buch, wo tausende von Dingen sich schmiegen und ducken mussten, um irgendwo gut oder übel untergebracht werden zu können.»*[307] Gewiss ist es ein Beispiel burckhardt-scher Untertreibung, wenn er einem Kollegen schreibt: *«Ich muss immer fragen: war es denn nicht möglich, dass ein Mann vom Fach den Cicerone schrieb? Musste es denn ich Dilettant sein, der auf jeder Seite die stärksten Proben von Unwissen-heit in den Hauptsachen der Baukunst gibt?»*[308] Doch dies sind private Äusserungen gegenüber einem prominenten Kollegen. Dem Leser aber sagt er präzis, was dieser zu erwar-ten hat. *«Die Absicht des Verfassers ging dahin, eine Übersicht der wichtigeren Kunstwerke Italiens zu geben, welche dem flüchtigen Reisenden rasche und bequeme Auskunft über das Vorhandene, dem länger Verweilenden die notwendigen Stil-parallelen und die Grundlagen zur jedesmaligen Lokalkunst-geschichte, dem in Italien Gewesenen aber eine angenehme Er-innerung gewähren sollte.»*[309] Und er fährt fort, der Haupt-zweck des Buches sei die *«Behandlung der Denkmäler nach ihrem Kunstgehalt und ihre Bedingungen»*: hingegen sei es nicht seine Absicht, den tiefsten Gedanken eines Kunstwerks auszusprechen.

Wir haben schon erwähnt, dass die Benützung des «Cicerone» einige Mühe verursacht, und zwar nicht nur des Umfangs wegen, sondern darum, weil die Riesenaufgabe der Erfassung des ganzen Denkmälerbestandes nur mit verschiedenen Ordnungssystemen bewältigt werden konnte. In einer ersten Ordnung beschreibt Burckhardt die Kunstgattungen: Architektur, Skulptur, Malerei. Innerhalb jeder Gattung herrscht dann die chronologische Ordnung, die mit der Antike beginnt und mit dem Barockstil etwa Ende des 18. Jahrhunderts schliesst. Die Einleitungen zu den Epochen sind eine eigentliche Kunstgeschichte Italiens, die man zu Hause lesen sollte. Auf der Reise selbst findet der Kunstfreund die Denkmäler mit Hilfe des Ortsregisters und die Künstler mit Hilfe des Künstlerverzeichnisses. Die Benützung ist also mühsam, aber wer die Mühe aufbringt, dem gehen die Augen auf für Schönheiten, die ihm vorher entgangen sind. Der Leser kann dann selbst entscheiden, ob stimmt, was ein grosses Lexikon behauptet: *«Der Cicerone gehört ohne Zweifel zu den grossen Werken der Kunstliteratur.»*[310]

Fragmente aus dem Werk «Der Cicerone»

Der Tempel des Poseidon

Die Beschreibung der Architekturdenkmäler beginnt mit den griechischen Tempeln von Pästum bei Salerno in Süditalien.

«Von den drei erhaltenen Tempeln der alten Poseidonia sucht das Auge sehnsüchtig den grössten, mittlern. Es ist

Poseidons Heiligtum; durch die offenen Trümmerhallen schimmert von fern das blaue Meer.

Ein Unterbau von drei Stufen hebt das Haus des Gottes über die Fläche empor. Es sind Stufen für mehr als menschliche Schritte. An den Resten des alten dorischen Heraklestempels in Pompeji sieht man, dass für den Gebrauch eine Treppe von gewöhnlichen Stufen vorgesetzt wurde.

Den ältesten griechischen Tempeln, wie z. B. demjenigen von Ocha auf Euböa, genügte ein Bau von vier Steinmauern. Als aber eine griechische Kunst erwachte, schuf sie die ringsum gehende Säulenhalle mit dem Gebälk, zuerst vielleicht von Holz, bald von Stein. Diese Halle ist abgesehen von ihren besondern Zwecken, nichts als ein idealer, lebendig gewordener Ausdruck der Mauer selbst. In wunderbarer Ausgleichung wirken strebende Kräfte und getragene Lasten zu einem organischen Ganzen zusammen.

Was das Auge hier und an andern griechischen Bauten erblickt, sind eben keine blossen Steine, sondern lebende Wesen. Wir müssen ihrem innern Leben und ihrer Entwicklung aufmerksam nachgehen. Die dorische Ordnung, welche wir hier in ihrer vollen altertümlichen Strenge an einem Gebäude des 6. Jahrhunderts v. Chr. vor uns haben, lässt diese Entwicklung reiner und vollständiger erkennen als ihre jüngere Schwester, die ionische.

Der Ausdruck der dorischen Säule musste hier, dem gewaltigen Gebälke gemäss, derjenige der grössten Tragkraft sein. Man konnte möglichst dicke Pfeiler oder Zylinder hinstellen, allein der Grieche pflegte nicht durch Massen, sondern durch ideale Behandlung der Formen zu wirken. Seine dorische Ord-

nung aber ist eine der höchsten Hervorbringungen des menschlichen Formgefühls.» (GA 3, S. 7f.)

Von den römischen Bauwerken

«Römerbauten der bessern und noch der mittlern Zeit haben ein Königsrecht selbst neben dem Massivsten, was Italien aus dem Mittelalter und der neuen Bauperiode besitzt. Selbst ein kleiner Rest bemeistert in seiner Wirkung ganze Gassen, deren Häuser doppelt und dreimal so hoch sind. Dies kommt zunächst von dem Stoffe, aus welchem gebaut wurde; in der Regel ist es der beste, der zu haben war. Sodann wurde von allem Anfang an bei öffentlichen Gebäuden nicht gepfuscht und nicht jeder Rücksicht nachgegeben; man baute etwas Rechtes oder gar nichts. Endlich ist die antike Architektur mit ihren plastisch sprechenden, bedeutsam abwechselnden Einzelteilen, Säulen, Gebälken, Giebeln usw. imstande, jeder andern baulichen Gliederung die Spitze zu bieten, selbst der gotischen, so wie sie in Italien auftritt.» (GA 3, S. 14f.)

Das Pantheon in Rom

Das Heiligtum aller Götter wurde im letzten Jahrhundert vor Christus von Agrippa gebaut.
   «Das schönste Beispiel korinthischer Bauordnung ist anerkanntermassen das Pantheon in Rom; ein Gebäude, welches zugleich so einzig in seiner Art dasteht, dass wir es hier vorweg

behandeln müssen. Ursprünglich von Agrippa als Haupthalle seiner Thermen gegründet und erst später von ihm als Tempel ausgebaut und mit der Vorhalle versehen, hat es nach allen Restaurationen und Beraubungen seine ausserordentliche Wirkung im wesentlichen gerettet, doch nicht ohne schwere Einbusse. Wir wollen nur dasjenige anführen, was die ehemalige, urspüngliche Wirkung zu veranschaulichen geeignet ist.

Zunächst denke man sich den jetzt stark ansteigenden Platz viel tiefer und eben fortlaufend; denn fünf Stufen führten einst zur Vorhalle hinauf. So erhält der jetzt etwas steil und hoch scheinende Giebel erst sein wahres Verhältnis für das Auge. Man fülle ihn mit einer Giebelgruppe oder wenigstens mit einem grossen Relief an und kröne ihn mit den Statuen, die einst der Athener Diogenes für diese Stelle fertigte. (Die gewaltigen Granitsäulen sind allerdings ihres Stoffes halber grossenteils unberührt geblieben: leider wagte sich die augusteische Zeit selber nicht gerne an diese Steinart und liess die Säulen dem Stoff zu Ehren unkanneliert, während die marmornen Pilaster ihre sieben Kannelierungen auf jeder Seite erhielten.) Ferner entschliesse man sich, aus den durchgängig mehr oder minder entblätterten Kapitellen in Gedanken ein ganzes, unverletztes zusammenzusetzen; gehören sie doch in ihrer Art zum Schönsten, was die Kunst geschaffen hat.» (GA 3, S. 20f.)

Von der altchristlichen Architektur

«Bei all diesen Gebäuden des ersten Jahrtausends, mit ihren Säulen und andern Fragmenten aus dem Altertum, trägt eine

historische Ideenverbindung, selbst in unbewusster Weise,
sehr viel zur Wertschätzung bei. Es ist ein Weltalter, das die
Erzeugnisse eines andern zu seinen neuen Zwecken auf-
braucht; eine Kirche, der unsere Phantasie einen geheimnis-
vollen Nimbus gibt und deren Andenken mit der ganzen eu-
ropäischen Geschichte unlösbar durcheinander geflochten ist.
Diesen mitwirkenden Eindruck elegischer Art möge man von
dem künstlerischen getrennt halten. Es handelt sich eben doch
um lauter zusammengesetzten Notbehelf, dessen Ganzes nie
einen wahrhaft harmonischen Eindruck machen kann.» (GA
3, S. 88.)

Von der romanischen Architektur

Die Basilika, die Hauptform der frühen christlichen Kirchen,
entwickelte sich aus der griechischen und römischen Markt-
und Gerichtshalle.

«Das grosse Verdienst, dem Basilikenbau zuerst wieder ein
neues Leben eingehaucht zu haben, gebührt, was Italien be-
trifft, unstreitig den Toskanern. Der hohe Sinn, der dieses Volk
im Mittelalter auszeichnet, und dem man auch ein stellen-
weises Umschlagen in die Sinnesart der Erbauer des Turmes
von Babel verzeihen mag, begnügte sich schon frühe nicht
mehr mit engen, von aussen unscheinbaren und innen kostbar
verzierten Kirchen; er nahm eine Richtung auf das Würdige
und Monumentale. Dieselbe offenbarte sich zunächst, seit dem
11. Jahrhundert, in der Wahl des Baustoffes. Der Sandstein
und Kalkstein, welchen man in der Nähe hatte, schien zu sehr

der Verwitterung ausgesetzt; man holte in Carrara den weissen, anderswo schwarzen und roten Marmor und inkrustierte damit wenigstens den Kernbau, wenn man ihn auch nicht daraus errichtete. *Zum erstenmal wieder erhielten die Aussenwände der Kirchen eine organisch gemeinte, wenn auch zum Teil nur dekorativ spielende Bekleidung: Pilaster oder Halbsäulen mit Bogen, Gesimse, Streifen und Einrahmungen von abwechselnd weissem und schwarzem Marmor, nebst anderm mosaikartigem Zierat. An den grössern Fassaden behauptete sich seit dem Dom von Pisa ein System von mehrern Säulchenstellungen übereinander; die obern schmaler und dem obern Teil des Mittelschiffes (wenigstens scheinbar) entsprechend; unten grössere Halbsäulen mit Bogen, auch wohl eine Vorhalle (Dome von Lucca und Pistoja). Im Innern rücken die Säulen auseinander; ihre Intervalle sind bisweilen beinahe der Breite des Mittelschiffes gleich, welches allerdings sich sehr in das Schmale und Hohe zieht; in den echt erhaltenen Beispielen hat es flache Bedeckung, während die Nebenschiffe gewölbt werden (S. Andrea in Pistoja). An den Säulen ist häufig der Schaft, ausserhalb Pisa aber selten das Kapitell antik, obwohl die oft auffallende Disharmonie zwischen beiden (indem das Kapitell einen schmalern untern Durchmesser hat als der Schaft) auf die Annahme benutzter antiker Fragmente führen könnte; ein Rätsel, welches sich nur durch die Voraussetzungen einigermassen löst, dass die Kapitelle etwa aus wenigen Steinmetzwerkstätten für das ganze Land bestellt oder fertig gekauft wurden. Ihre Arbeit ist sehr ungleich, von der rohsten Andeutung bis in die feinste Durchführung des Korinthischen, auch der Composita. An den bedeutendern Kirchen versuch-*

te man schon frühe, der Kreuzung des Hauptschiffes und des Querschiffes durch eine Kuppel die möglichste Bedeutung zu geben.» (GA 3, S. 92f.)

Venedig und die Markuskirche

«Eine ganz andere, weit von allem Bisherigen abweichende Gruppe von Gebäuden bietet Venedig dar. Der eigentümliche Genius der handelsreichen Lagunenstadt spricht sich darin von allem Anfang an ganz deutlich aus; die tiefsten nationalen Züge liegen klar zutage. Mit schwerer Einschränkung, durch Pfahlbau im Wasser, erkauft der Venezianer den Hort, wo seine Schätze unangreifbar liegen können; je enger, desto prächtiger baut er. Sein Geschmack ist weniger ein adliger als ein kaufmännischer; das kostbarste Material holt er aus dem ganzen verwahrlosten Orient zusammen und türmt sich daraus seine Kirchenhallen und Paläste. Das Vorbild Konstantinopels und der eigene patriotische Ehrgeiz drängen allerdings auf das Bedeutende und Grosse hin, allein vorwiegend bleibt das Streben, möglichsten Reichtum an den Tag zu legen.

Die Markuskirche, begonnen 976, ausgebaut während des 11. und 12. Jahrhunderts, dem Schmuck nach fortwährend vervollständigt bis ins 17. Jahrhundert, ist nicht als Kathedrale von Venedig (S. Pietro hatte diesen Rang), sondern als Prachtgehäuse für die Gebeine des Schutzheiligen, das Palladium des Inselstaates, errichtet. Auch für die Bauform möchte dies nicht unwesentlich sein.» (GA 3, S. 104.)

Der Dom von Mailand

Wir erinnern an die Sätze, die Burckhardt in den «Bildern aus Italien» etwa 17 Jahre früher geschrieben hat. (vgl. S. 209)

«Unglücklicherweise macht gerade das berühmteste, grösste und kostbarste gotische Gebäude Italiens, der Dom von Mailand, in den meisten der genannten Beziehungen eine Ausnahme zum Schlechtern. Entworfen und begonnen in spätgotischer Zeit (1386) durch Heinrich Arler von Gmünd, aus einer Künstlerfamilie, welche damals einen europäischen Ruf genoss, beruht diese Kirche von allem Anfang an auf dem verhängnisvollsten Kompromiss zwischen der italienischen Kompositionsweise und einem spät aufflammenden Eifer für die Prachtwirkung des nordischen Details. (Wozu noch kommt, dass die leblose Ausführung des Gotischen zum Teil erst den letzten Jahrhunderten, ja dem unsrigen angehört, nachdem eine Zeitlang im Stil der spätern Renaissance an dem Gebäude war fortgebaut worden.) Italienisch, und zwar speziell lombardisch ist die Fassade gedacht, und alle Spitztürmchen können ihr den schweren und breiten Charakter nicht nehmen; italienisch ist auch die geringe Überhöhung der mittlern Schiffe über die äussern. Im übrigen herrscht das unglücklichste Zuviel und Zuwenig der nordischen Zutaten.» (GA 3, S. 116.)

Von der Hochrenaissance

«Ungefähr mit dem 16. Jahrhundert nimmt die moderne Baukunst einen neuen und höchsten Aufschwung. Die schwierig-

sten konstruktiven Probleme hatte sie bereits bewältigen gelernt, das Handwerk war im höchsten Grade ausgebildet, alle Hilfskünste zur vielfältigsten Mitwirkung erzogen, der monumentale Sinn in Bauherren und Baumeistern vollkommen entwickelt, und zwar gleichmässig für das Profane wie für das Kirchliche.

Die Richtung, welche die Kunst nun einschlug und bis gegen die Mitte des Jahrhunderts mehr oder weniger festhielt, ging durchaus auf das Einfach-Grosse. Abgetan ist die spielende Zierlust des bunten 15. Jahrhunderts, die so viel Detail geschaffen hatte, das zum Eindruck des Ganzen in gar keiner Beziehung stand, sondern nur eine lokale Schönheit besass; man entdeckte, dass dessen Wegbleiben den Eindruck der Macht erhöhe. (Was schon Brunellesco, San Gallo, Cronaca gewusst und sich stellenweise zunutze gemacht hatten.) Alle Gliederungen des Äussern; Pilaster, Simse, Fenster, Giebel werden auf einen keineswegs trockenen und dürftigen, wohl aber einfachen Ausdruck zurückgeführt und die dekorative Pracht dem Innern vorbehalten; auch hier waltet sie nicht immer, und wir werden gerade einige der ausgezeichnetsten Innenbauten so einfach finden als die Aussenseiten.» (GA 3, S. 264f.)

Der Baumeister Andrea Palladio

Die Lebensdaten sind zu korrigieren. Er lebte von 1508 bis 1580.

«Den Beschluss dieser Reihe bildet der grosse Andrea Palladio von Vicenza (1518–1580). Kein Architekt des 16. Jahr-

hunderts hat dem Altertum eine so feurige Hingebung bewiesen wie er, keiner auch die antiken Denkmäler so ihrem tiefsten Wesen nach ergründet und dabei doch so frei produziert. Er beinahe allein hat sich nie an einen dekorativen Einzeleffekt gehalten, sondern ausschliesslich von der Disposition und von dem Gefühl der Verhältnisse aus seine Bauten organisiert. Michelangelo, von welchem dasselbe in gleichem Umfange gilt, steht bei vielleicht höherer Anlage und bei grossartigern Aufgaben, wie z. B. die St. Peterskirche, doch unter der Botmässigkeit seiner eigenen Grillen; Palladio ist durch und durch gesetzlich. Er wollte in vollstem Ernst die antike Baukunst wieder ins Leben rufen, während Michelangelo nichts weniger im Auge hatte als eben dies.» (GA 3, S. 313)

Der Barockstil

Wir hören mit den 1580er Jahren auf, die Künstler einzeln zu charakterisieren. Statt dessen mag hier ein Gesamtbild des seitdem aufgekommenen Barockstils folgen, so gut wir es zu geben imstande sind.

«Man wird fragen: wie es nur einem Freunde reiner Kunstgestaltungen zuzumuten sei, sich in diese ausgearteten Formen zu versenken, über welche die neuere Welt schon längst den Stab gebrochen? Und woher man nur bei der grossen Menge des Guten in Italien Zeit und Stimmung nehmen solle, um auch an diesen späten Steinmassen einige mögliche Vorzüge zu entdecken? Hierauf ist zu antworten wie folgt: Wer Italien nur durchfliegt, hat vollkommen recht, wenn er sich auf das

Allerbeste beschränkt. Für diejenigen, welche sich einige Zeit gönnen, ist es bald kein Geheimnis mehr, dass der Genuss hier bei weitem nicht bloss in dem Anschauen vollkommener Formen, sondern grösserenteils in einem Mitleben der italienischen Kulturgeschichte besteht, welches die schönern Zeiten vorzieht, aber keine Epoche ganz ausschliesst. Nun ist es nicht unsere Schuld, dass der Barockstil ganz unverhältnismässig vorherrscht und im grossen den äussern Eindruck wesentlich bedingt, dass Rom, Neapel, Turin und andere Städte mit seinen Gebilden ganz angefüllt sind. Wer sich irgendeines weitern Gesichtskreises in der Kunst rühmen will, ist auch dieser Masse einige Aufmerksamkeit schuldig. Bei dieser Beschäftigung des Vergleichens wird man vielleicht auch dem wahren Verdienst gerecht werden, das manchen Bauten des fraglichen Stiles gar nicht abzusprechen ist, obwohl es ihnen bisweilen in Bausch und Bogen abgesprochen wird. Diese Verachtung wird man bei gebildeten Architekten niemals bemerken. Dieselben wissen recht wohl Intention und Ausdruck zu unterscheiden und beneiden die Künstler des Barockstiles von ganzem Herzen ob der Freiheit, welche sie genossen und in welcher sie bisweilen grossartig sein konnten.

Noch weniger aber als ein allgemeines Verwerfungsurteil liegt uns eine allgemeine Billigung nahe.

Unsere Aufgabe ist: aufmerksam zu machen auf die lebendigen Kräfte und Richtungen, welche sich trotz dem meist verdorbenen und konventionellen Ausdruck des Einzelnen unverkennbar kundgeben. Die Physiognomie dieses Stiles ist gar nicht so interesselos, wie man wohl glaubt.» (GA 3, S. 322f.)

Von der Skulptur im 15. Jahrhundert

«Mit dem 15. Jahrhundert erwacht in der Skulptur derselbe Trieb wie in der Malerei (bei welcher umständlicher davon gehandelt werden wird), die äussere Erscheinung der Dinge allseitig darzustellen, der Realismus. Auch die Skulptur glaubt in dem Einzelnen, Vielen, Wirklichen eine neue Welt von Aufgaben und Anregungen gefunden zu haben. Es zeigt sich, dass das Bewusstsein der höhern plastischen Gesetze, wie es sich in den Werken des 14. Jahrhunderts offenbart, doch nur eine glückliche Ahnung gewesen war; jetzt taucht es fast für hundert Jahre wieder unter, oder verdunkelt sich doch beträchtlich. Die Einfachheit alles Äusserlichen (besonders der Gewandung), welche hier für die ungestörte Wirkung der Linien so wesentlich ist, weicht einer bunten und oft verwirrenden Ausdrucksweise und einem mühsam reichen Faltenwurf; Stellung und Anordnung werden dem Ausdruck des Charakters und des Momentes in einer bisher unerhörten Weise untertan, oft weit über die Grenzen aller Plastik hinaus. Aber Ernst und Ehrlichkeit und ein nur teilweise verirrter, aber stets von neuem andringender Schönheitssinn hüten die Skulptur vor dem wüst Naturalistischen; ihre Charakterdarstellung versöhnt sich gegen den Schluss des Jahrhunderts hin wieder mehr und mehr mit dem Schönen; es ebnen sich die Wege für Sansovino und Michelangelo.» (GA 4, S. 3.)

Leonardo da Vinci

Wir zitieren aus der langen Würdigung nur einen Abschnitt.

«*Lionardo da Vinci (1452–1519), der Schüler Verocchios, sichert der florentinischen Schule den wohlverdienten Ruhm, dass aus ihrer Mitte zuerst der befreiende Genius emporstieg. Eine wunderbar begabte Natur, als Architekt, Bildhauer, Ingenieur, Physiker und Anatom überall Begründer und Entdecker, dabei in jeder Beziehung der vollkommene Mensch, riesenstark, schön bis ins hohe Alter, als Musiker und Improvisator berühmt. Man darf nicht sagen, dass er sich zersplittert habe, denn die vielseitige Tätigkeit war ihm Natur. Aber bejammern darf man, dass von seinen Entwürfen in allen Künsten so wenig zustande gekommen und dass von dem Wenigen das Beste untergegangen oder nur noch als Ruine vorhanden ist.*

Als Maler umfasst er wiederum die am meisten entgegengesetzten Begabungen. Rastlos bemüht, sich die Ursachen aller leiblichen Erscheinungen und Bewegungen durch die Anatomie klarzumachen, wendet er sich mit unvergleichlich rascher und sicherer Auffassung ebenso auf den geistigen Ausdruck und verfolgt denselben vom Himmlisch-Reinen bis in alle Tiefen des Verworfenen und Lächerlichen. Seine Federskizzen, deren viele in der Ambrosiana zu Mailand ausgestellt sind, geben hierzu die reichlichsten Belege. – Zugleich aber ist in ihm die schönste Schwärmerseele mit der gewaltigsten Kraft des Gedankens und mit dem höchsten Bewusstsein von den Bedingungen der idealen Komposition verbunden. Er ist wirklicher als alle frühern, wo das Wirkliche gestattet ist, und dann wieder so erhaben und frei wie wenige in allen Jahrhunderten.» (GA 4, S. 243f.)

«Endlich hatte er schon vor 1499 zu Mailand das weltberühmte Abendmahl im Refektorium des Klosters von S. Maria delle Grazie vollendet. (Bestes Licht: um Mittag?) Der ruinöse Zustand, der schon früh im 16. Jahrhundert begann, hat seine einzige Hauptursache darin, dass Lionardo das Werk in Öl auf die Mauer gemalt hatte. (Das gegenüberstehende Fresko eines mittelmässigen alten Mailänders, Montoriano, ist gut erhalten.) Schmähliche Übermalungen, zumal im vorigen Jahrhundert, taten das übrige. Doch soll nach neuesten Nachrichten wieder einige Hoffnung vorhanden sein, bei deren Wegnahme gut erhaltene originale Teile zutage fördern zu können. – Unter solchen Umständen haben alte Wiederholungen einen besonderen Wert. (Sie sind, hauptsächlich in der Nähe von Mailand, sehr zahlreich; eine z. B. in der Ambrosiana; eine Zurückübersetzung in den ältern lombardischen Stil, von Araldi, in der Galerie von Parma.) Von den noch hier und da erhaltenen Originalentwürfen Lionardos zu einzelnen Köpfen gilt der Christuskopf in der Brera als unzweifelhaft. – Das Gemälde selbst gewährt noch als Ruine Aufklärungen, die sich weder aus Morghens Stich noch aus Bossis Nachbild entnehmen lassen; abgesehen von dem allgemeinen Ton des Lichtes und der Farben, der noch keineswegs verschwunden ist, wird man nur hier den wahren Massstab, in welchem diese Gestalten gedacht sind, die Örtlichkeit und Beleuchtung kennenlernen, vielleicht auch noch den Schimmer der Originalität, den nichts ersetzen kann, über dem Ganzen schwebend finden.

Die Szene, welche von der christlichen Kunst unter dem Namen des Abendmahls, hauptsächlich als Wandbild in Klosterrefektorien, dargestellt worden ist, enthält zwei ganz verschiedene Momente, beide von jeher und von grossen Künstlern behandelt. Der eine ist die Einsetzung des Sakramentes. Der andere Moment ist das ‹Unus vestrum›; Christus spricht die Gewissheit des Verrates aus. Auch hier kann wieder, nach den Worten der Schrift, entweder die Kenntlichmachung des Verräters durch gleichzeitiges Ergreifen des einzutauchenden Bissens, oder das blosse schmerzliche Wort Christi das entscheidende Motiv sein. Letzteres bei Lionardo. – Die Kunst hat kaum einen bedenklichern Gegenstand als diesen, die Wirkung eines Wortes auf eine sitzende Versammlung. Nur ein Strahl in zwölfmaligem Reflex. Würde aber der geistige Inhalt dabei gewinnen, wenn die Zwölfe, leidenschaftlich bewegt, ihre Plätze verliessen, um reichere Gruppen, grössere dramatische Gegensätze zu bilden? Die Hauptsache, nämlich die Herrschaft der Hauptfigur, welche doch nur sitzen und sprechen dürfte, ginge ob dem Handeln der übrigen unvermeidlich verloren. Selbst der gedeckte Tisch, der wie eine helle Brustwehr die Gestalten durchschneidet, war vom grössten Vorteil; das, was die Zwölfe bewegt, liess sich dem Wesentlichen nach schon im Oberkörper ausdrücken. In der ganzen Anordnung, den Linien des Tisches und des Gemaches ist Lionardo absichtlich so symmetrisch als seine Vorgänger; er überbietet sie durch die höhere Architektonik seines Ganzen in je zwei Gruppen von je Dreien, zu beiden Seiten der isolierten Hauptfigur.» (GA 4, S. 248f.)

Vom Manierismus zum Barock

«Seit den 1580er Jahren beginnt der Manierismus einem neuen, bestimmten Stil zu weichen, der schon als geschichtliche Erscheinung ein hohes Interesse hat. Der Geist der Gegenreformation, welcher damals den weiträumigen, prachtvollen Kirchentypus des Barockstiles hervorbrachte, verlangt zugleich von der Malerei eine möglichst aufregende, eindringliche Behandlung der heiligen Gegenstände; einen höchsten Ausdruck himmlischer Herrlichkeit und frommen Sehnens danach, verbunden mit populärer Begreiflichkeit und lockendem Formenreiz. Bei Anlass der Skulptur, welche 50 Jahre später den Bahnen der Malerei folgte, wurden vorläufig die wesentlichen Mittel dieser modernen Kunst hervorgehoben: der Naturalismus in den Formen sowohl als in der ganzen Auffassung des Geschehenden (Wirklichkeit) und die Anwendung des Affektes um jeden Preis. Auf diesen ihren geistigen Inhalt hin werden wir im folgenden die Malerei von den Caracci bis auf Mengs und Batoni zu prüfen haben, und zwar als ein – wenn auch vielgestaltiges – Ganzes. Wo die Kunst so in die Breite geht wie hier, wäre eine Einzelcharakteristik der Maler die Sache eines umfangreichen Buches; wir müssen uns damit begnügen, die wichtigern unter den Tausenden in einer vorläufigen Übersicht zu nennen. Nicht eine Anleitung zur speziellen Kennerschaft, sondern die Feststellung anregender Gesichtspunkte für diese Periode überhaupt muss unser Zweck sein.» (GA 4, S. 368f.)

Die Kunst der Renaissance in Italien

Ein Buch mit diesem Titel im sechsten Band der Jacob Burck-
hardt-Gesamtausgabe hat Burckhardt nie veröffentlicht!
Das letzte Buch, das er noch selbst hatte herausgeben lassen,
trug folgenden Titel «Geschichte der neueren Baukunst» von
Jacob Burckhardt und Wilhelm Lübke, Stuttgart 1867. Auf der
folgenden Titelseite heisst es «Geschichte der Baukunst von
Franz Kugler, vierter Band», Stuttgart 1867. Im Vorwort, das
Burckhardt und Lübke gemeinsam unterzeichneten, wird
mitgeteilt, dass sie beide das Werk des verehrten Lehrers Franz
Kugler, der 1858 gestorben war, fortsetzen wollten. Burckhardt habe die «Renaissance der Baukunst in Italien», Lübke
diejenige in Frankreich, von Grund auf erforscht und dargestellt.

Wir erinnern daran, dass Burckhardt 1860 in der ersten
Auflage der «Kultur der Renaissance in Italien» versprach, ein
ergänzendes Buch «Die Kunst der Renaissance in Italien» folgen zu lassen, dass er aber in der zweiten Auflage 1869 resi-
gniert bemerkt, er habe diesen *Vorsatz nur geringerweise*
ausführen können. Dieses nur *«geringerweise»* ausgeführte
Werk ist der oben erwähnte vierte Band von Kuglers Bau-
kunstgeschichte. Nicht nur ist die ganze Kunst der Renaissance
auf die Architektur beschränkt; das Buch ist in einem völlig
andern Stil geschrieben. Es ist eine Sammlung von Quellen-
texten zur Architektur- und Formengeschichte des 15. und des
16. Jahrhunderts, die eine ungeheure Belesenheit Burckhardts
beweisen, für den Nichtfachmann aber ein Steinbruch sind.
Das wusste Burckhardt selbst und begründet es in einem Brief,

den er dem Geschenkexemplar für den Freund Heinrich Schreiber beifügt, so: «*Hiermit übersende ich Ihnen... meinen Anteil am vierten Band von Kuglers Baukunst. Es ist nicht zum Lesen; ich hatte es eigentlich nur als Notizsammlung redigiert und Freund Lübke, der es hätte umarbeiten und beleben sollen, hat es dann tale quale abdrucken lassen.*»[311] Wir respektieren den Wunsch Burckhardts, zitieren keine «Kernsätze» und «Fragmente», sondern überlassen die Entdeckerfreude den interessierten Fachleuten, den Kunsthistorikern und Architekten.

Beiträge zur Kunstgeschichte von Italien.
Das Altarbild – Das Porträt in der Malerei – Die Sammler

Nach der Pensionierung im Jahre 1893 machte sich Burckhardt mit grösstem Eifer nochmals an die Aufgabe, die zu erfüllen er in der ersten Auflage der «Kultur der Renaissance» versprochen hatte: die «Kunst der Renaissance» darzustellen. Vom ersten Versuch, dieses Versprechen einzulösen, haben wir auf Seite 233 gesprochen. Nun, in den letzten Lebensjahren entstehen als Ergebnis eines glücklichen «Schäfferlens» – wie Burckhardt seine Tätigkeit bezeichnete – drei Aufsätze, die alle mit dem Thema Renaissance-Kunst zu tun haben, aber weit darüber hinausgehen.[312] Sie lagen beim Tod Burckhardts druckfertig in der Schublade, und sein treuester Schüler, Hans Trog, gab sie schon 1898 im Einverständnis mit der Familie heraus, unter dem Gesamttitel «Beiträge zur Kunstgeschichte Italiens».[313] Wir stellen die

drei Aufsätze nur kurz vor, obwohl sie nach dem Urteil der Fachleute in «*einer höchst anziehenden Form*», ja «*wahrhaft be-
zaubernden Sprache*» geschrieben sind.[314]

Das Altarbild

In diesem Aufsatz von 140 Seiten schildert Burckhardt die Geschichte von der Entwicklung des Altars seit dem Frühchri-
stentum. In immer neuen Variationen wird beschrieben, wie
sich die Mensa, der einfache Abendmahlstisch des Frühchri-
stentums, zur Bühne des barocken Hochaltars gewandelt hat.
Da das Hauptbild das zentrale Thema bleibt, werden auch jeweils dessen Maler ausführlich gewürdigt.

Einige Kernsätze!

«*Der Altar und ganz besonders der Hochaltar ist das
Wandelbarste, was es in einer Kirche gibt. Abgesehen von
allem, was bei Religionsveränderungen und Bilderstürmen
geschehen kann, hat er einen besonders bedenklichen Verehrer
an dem wandelbaren Geschmack der Gläubigen selbst.*» (GA
12, S. 3.)

«*Der vielleicht allergrösste Unterschied in den Aufgaben
der antiken und der christlichen Kunst besteht darin, dass
im Tempel ein Kultbild, in der Kirche die lebendige Begehung
des Sakramentes die feierlichste Stelle einnahm.*» (GA 12,
S. 14.)

«*Unser ganzes Abendland hat in den kräftigsten Zeiten seiner Andacht das heilige Gebilde in allen Stoffen und Darstel-
lungsweisen besitzen und verehren wollen und schon im sta-*

tuarischen (figürlichen) Aussenschmuck einzelner Kathedralen, wie Chartres, vielleicht den plastischen Vorrat sehr vollständig ausgestatteter griechischer Tempel reichlich eingeholt und übertroffen.» (GA 12, S. 16.)

«Italien hatte nun (Anfang 15. Jahrhundert) das einheitliche Altarblatt erreicht und behauptet, und ein Blick auf die seitherige Kunstgeschichte von ganz Abendland sagt schon, für welche Siege damit die Laufbahn eröffnet war.» (GA 12, S. 23.)

«Die Erzengel, deren die italienische Altarmalerei nur drei kennt, sind die ganz erwachsenen und bis zur vollständigen Individualität gediehenen Boten Gottes, und die Kunst hat ihnen oft ihre höchsten Kräfte gewidmet.» (GA 12, S. 65.)

Der Schlusssatz mit der Würdigung des Barockstils:

«Voraussichtlich geht ja ohne all unser Zutun die ganze italienische Malerei der Barockzeit, nicht bloss der Altäre, einer neuen und höheren Wertschätzung entgegen, je nachdem man ihre vorzüglichen Werke wieder einmal als vollständige, lebendige, in sich konsequente Schöpfung erkennen und die Meister um ihre gesicherte heilige sowohl als profane Bilderwelt, innerhalb welche sie mächtig sein konnten, beneiden wird.» (GA 12, S. 139.)

Das Porträt in der italienischen Malerei

Man weiss aus den historischen Vorlesungen Burckhardts, wie anschaulich er es verstanden hat, die grossen Individuen zu schildern. Dass er nicht nur die literarischen Porträts vieler

Grössen der Weltgeschichte genau kannte, sondern auch die Bildnisse, bezeugen seine Schüler. Die Photographien solcher Bildnisse hat er leidenschaftlich gesammelt. Bis in seine letzten Lebenstage habe es ihm ein besonderes Vergnügen bereitet, Porträts anzusehen.[315] In dem 150-seitigen Aufsatz breitet er sein Wissen von den Porträtsbildern aus. Porträts waren für ihn nicht nur die bekannten Brustbilder berühmter Männer und Frauen; er erkennt sie auch in den Figuren auf Szenenbildern, wo die Köpfe ein bestimmtes Individuum, einen Fürsten, einen Papst oder einen Gelehrten verraten.

Einige Kernsätze!

«Als die islamische Welt sich jede menschliche Darstellung verbieten liess, hielt sich doch der Wunsch danach lebendig ... Im Abendlande blieb auch beim Niedergang der antiken Kultur das Bildnis wenigstens erlaubt, und ein beständiges Verlangen, abgebildet zu werden und Abbildungen anderer sehen, auch besitzen zu können, erlosch gewiss nie.» (GA 12, S. 144f.)

«Frägt man in Italien nach demjenigen Menschen, mit dessen malerischer Darstellung am frühesten der Wille sprechender Ähnlichkeiten sich nachweislich kundgegeben hat, so war es nicht ... Kaiser Friedrich II. ..., sondern der grosse seelenbeglückende heilige Franz von Assisi.» (GA 12, S. 145.)

«Offizielle Porträts, von damals irgend erreichbarer Ähnlichkeit, sind dann die Päpste als Stifter der Mosaiken in den grossen Halbkuppeln der Basiliken ersten Ranges, kniend vor oder zwischen den kolossalen Heiligengestalten.» (GA 12, S. 148.)

*«Die Selbstporträts der Künstler ... ziehen auch in den ita-
lienischen Fresken eine besondere Aufmerksamkeit auf sich.»*
(GA 12, S. 151.)

*«Die ausschliesslich religiösen ebenfalls rein deutschen
Malereien im gotischen Domkreuzgang des nahen Brixen
scheinen mehr Individuelles zu verraten, nach den Photographien zu urteilen.»* Man beachte den Schluss! (GA 12, S. 166.)

*«Diese Weltstellung Tizians aber beruht lange nicht bloss
auf seinem malerischen Können, sondern auf einem Mysteri-
um, welches man längst mit dem Wort zu bezeichnen gesucht
hat, dass er seine Leute ‹zur guten Stunde› aufgefasst habe.
Und dies gilt auch von den übrigen grossen italienischen Meistern mit ihren Bildnissen.»* (GA 12, S. 278.)

Die Sammler

Den Zweck dieses Aufsatzes hat Burckhardt selbst auf der ersten Seite beschrieben. *«Die vorliegende Arbeit beruht auf einer Auswahl von Quellenaussagen, Reiseeindrücken und Ga-
lerienotizen aller Art, welche der Verfasser weiter zu vervoll-
ständigen ausserstande war, und welchen er doch gerne noch
ein Unterkommen bereitet hätte.»*[316] Dann sagt er noch, was
er hier veröffentlichen wolle (= ein Unterkommen bereiten) sei
bisher in keiner Darstellung nach Künstlern und Schulen
berücksichtigt worden, *«es sei ein besonderes Phänomen»*.
Was ist denn das Neue? Es ist eine Kunstgeschichte, in der das
Verhältnis der Künstler zu ihren Auftraggebern geschildert
wird. Dann schüttet Burckhardt eine unendliche Fülle von

Beispielen aus, wo ein Künstler zwar das Bild gemalt, aber zugleich die Wünsche des Bestellers für seinen Hausaltar oder – sein Schlafzimmer berücksichtigt hat.

Einige Beispiele!

«Ein berühmtes kleines Juwel des Correggio zeugt von dem höchsten Aufwande, welcher je für die Hausandacht gemacht worden ist: ein Gethsemane... Es ist ein Breitbild; Christus und der Engel, die einander gegenseitig zu beglänzen scheinen, sind nach links gerückt, die Gruppe der schlafenden Jünger, im Dunkel eben noch erkennbar, nach rechts. Der Kopf Christi hat beim wunderbarsten Ausdruck die höchste Vollendung in Untensicht und Licht.» (GA 12, S. 398.)

«Und was für ruhmvolle religiöse Bilder der venetianischen Schule sind für den Privatbesitz entstanden. Tizian malte für den Palast von Mantua das eine Exemplar seines Emaus... Das andere Exemplar war die Bestellung eines contarini, der das Bild erst nachträglich der höchsten Behörde Venedigs schenkte, weil es würdig sei der öffentlichen Aufstellung; es kam zunächst in die Wohnräume des Dogen, dann in die salotta d'oro, über eine Pforte.» (GA 12, S. 399.)

«Tizian hat jetzt mehr und mehr das Haus Habsburg, Karl V. und dessen Sohn Philipp zu ganz unmittelbaren Bestellern. Geistliche und sehr weltliche Bilder werden miteinander von Venedig aus nach dem fernen Westen versandt, und dies in solcher Anzahl, dass sich später die Meinung bilden konnte, Tizian habe selbst mindestens fünf Jahre in Spanien gelebt.» (GA 12, S. 439.)

«Die Nackte in ganzer Figur hatte in der venetianischen Malerei ihre sehr besondere Geschichte gehabt. Das Verlan-

gen nach Darstellungen weiblicher Schönheit in ihrer voll-
ständigen Entwicklung war wohl immer vorhanden gewesen
und vollends lange bevor die Malerei des 15. Jahrhunderts
demselben ernstlich und künstlerisch zu genügen wagte. Noch
nicht die Schönheit, aber eine erstaunliche Lebenswahrheit
mögen jene flandrischen Bilder nackter Frauen gewährt ha-
ben, welche auch nach Italien drangen. Der erste aber, welcher
eine ernste Idealität erreichte, war Sandro Botticelli.» (GA 12,
S. 420.)

Erinnerungen aus Rubens

Die Gestalt des grossen niederländischen Malers Rubens
(1577–1640) hat Burckhardt von 1842 bis ins letzte Lebensjahr beschäftigt, ja fasziniert. Die 150-seitige Schrift wurde
nach seinem Tod in der Schublade druckfertig gefunden und
von Hans Trog 1898 publiziert. Wir haben oben vom «belgischen Cicerone» gesprochen und daraus einen Passus zitiert,
der von Rubens handelt und das damalige Rubensbild Burckhardts wiedergibt. Anziehung und Abstossung hielten sich
noch die Waage. Dann aber wuchs die Bewunderung Burckhardts für Rubens, und dieser wurde immer mehr zum
Kontrapunkt des Nordens gegenüber der italienischen Überlegenheit. Als letztes, aber ungedrucktes Werk hinterliess er
die «sonnige Verklärung» seines Lieblings.[317] «Erinnerungen
aus Rubens» schrieb Burckhardt an Stelle des sprachlich
üblichen «Erinnerungen an». Vielleicht wollte er damit

andeuten, dass er keine Vollständigkeit angestrebt habe. Übrigens ist das Buch keine Biographie, obwohl einige Seiten die Bezeichnung «Lebenslauf» tragen. Es ist eine Künstlermonographie (Wölfflin).

Wir zitieren einige Fragmente, die, wie wir meinen, zentrale Dinge aussagen, und eine Bildbeschreibung. Wir empfehlen dem kunstfreudigen Leser, bei der Lektüre Burckhardts einen Rubensband mit farbigen Illustrationen neben Burckhardts Text zu legen.

Lebenslauf von Peter Paul Rubens

Geboren 1577 in Siegen (Deutschland), gestorben 1640 in Antwerpen. Masaccio 1401–1428 / Giorgione 1478–1510 / Raffael 1483–1520.

«Es ist ein höchst angenehmes Gefühl, sich Persönlichkeit und Lebenslauf des Rubens zu vergegenwärtigen; man trifft schon an so vielen Stellen auf Glück und Güte wie kaum bei einem andern von den grossen Meistern, und er ist genau genug bekannt, um ein sicheres Urteil zu ermöglichen. Im Bewusstsein seines eigenen, edlen und mächtigen Wesens muss er einer der höchst bevorzugten Sterblichen gewesen sein. Unzulänglich ist alles Irdische, und Prüfungen sind auch über ihn ergangen; allein das grosse Gesamtergebnis seines Lebens strahlt derart auf alles Einzelne zurück, dass die Laufbahn wie eine völlig normale erscheint. Sie hat nicht frühe abgebrochen wie bei Masaccio, Giorgione und Raffael, und anderseits ist ihr das schwache Alter erspart geblieben, und

einiges vom Allergrössten gehört gerade den letzten Jahren an.
Wohl haben Fördernisse aller Art diese Laufbahn von frühe
an begleitet, allein nicht Jeder hätte sie zu benützen, Men-
schen und Umstände sich dienlich zu machen gewusst, wie
Rubens, wahrscheinlich in aller Ruhe, getan hat.» (GA 13,
S. 372.)

Die Kunst in den Niederlanden, dem «Italien des Nordens»

Manierismus heisst die Stilepoche zwischen Renaissance und
Barock um 1520-1580. Ein Kolorist ist ein Maler, der das Ko-
lorit, die Farbgebung beherrscht.

«Durch ihn wird nun der zweite grosse Welttag der Kunst
von Niederland am Horizont emporgeführt. Dieses ‹Italien des
Nordens› erhebt sich aus der manieristischen Verdunkelung
und ergreift sein früheres Prinzipat wieder, und er war der
Bannerträger. Sogleich von seiner Heimkehr aus Italien an, mit
jenen grossen und freierlichen Aufgaben, weiten sich seine ge-
waltigen Fähigkeiten wie selbstverständlich aus, und es war
nicht mehr genau zu ahnen, was man fortan noch von ihm er-
warten und verlangen könne. Von Schwankungen, von unsi-
chern Versuchen ist nirgends mehr die Rede; was er vermag –
gleichviel ob es unserm Geschmack entspreche oder nicht –
das vermag er sogleich vollständig. In ihm durchdringen sich
der lebendige Erfinder ohnegleichen und der leuchtende Ko-
lorist, und das sonnige Tageslicht, welches er bevorzugt, ent-
spricht ganz offenbar und glorreich seinem Naturell. Dass er
auch anderes konnte, zeigt die Alte mit dem Kohlenbecken in

ihrer Grotte, und wie schauerlich die düstere Glut des Höl-lenabgrundes gegeben werden könne, erfahren wir aus dem ‹Sturze der Verdammten› und aus dem ‹kleinen jüngsten Ge-richt›, und zwar nur hier.» (GA 13, S. 390.)

Die zweite Ehe des Künstlers

Genrebild nennt man die Darstellung einer Begebenheit des täglichen Lebens.

«Damals, beim Beginn seines letzten Jahrzehnts, war hohes Glück bei ihm eingekehrt: nach dem 1626 erfolgten Tode der Elisabeth Brant, nach einem vierjährigen Witwer-stande, hatte er sich am 6. Dezember 1630 mit der noch nicht siebzehnjährigen Helena Fourment vermählt, deren reiche Schönheit und holden Ausdruck er in neunzehn bis jetzt be-kannten Bildnissen verewigt hat; diese Porträts aber allein schon würden einen Künstler hoch berühmt machen, un-gerechnet diejenigen Malereien für Kirchen und Paläste, in welchen den Hauptgestalten Helenens Züge verliehen sind. Diese erkennt man u.a. auch in jenen mehreren Varianten des wunderbarsten Genrebildes, welches von Rubens ausge-gangen ist: des Liebesgartens, und ebenso in der prächtigen heil. Cäcilia des Museums von Berlin. Dazu gedenke man nachträglich noch des köstlich naiven Bildes der beiden Söhne aus erster Ehe, wahrscheinlich schon bald nach dem Tode ihrer Mutter gemalt, und sehe sich dann in der ganzen damaligen Künstlerwelt nach etwas Ähnlichem um.» (GA 13, S. 384.)

Betörung und Pracht des «Fleisches» bei Rubens

Karnation oder Karnat wird die Darstellung des menschlichen Fleisches genannt.

«Freilich, bevor man weiter geht, tritt hiegegen, zumal in eigenhändigen und wohl erhaltenen Bildern, bis zur Betörung in den Vordergrund die anerkannte Pracht seiner Behandlung des Fleisches als solchen, die berühmte Schönheit des Nackten und seiner Erscheinung im Licht und im Helldunkel, samt seiner Verwertung im Gemälde überhaupt, wo seine Töne zusammengestimmt sein können mit einer nur hier erreichten Skala von ganzen und gebrochenen, von tiefleuchtenden oder sanft schimmernden Farben der Gewänder und der Umgebung. Auch hat ja diese Karnation ihre eigene Entwicklungsgeschichte von dem noch leicht gelblichen Ton der italienischen Zeit bis zu den Zinnobertönen und Ultramarintönen und bis zum Ersatz der Schatten jugendlicher Leiber durch den Karmin.» (GA 13, S. 406.)

Die Komposition, das Problem der «Überladung»

«Wir reihen hier noch weitere einzelne Bemerkungen an zur Erläuterung der Komposition bei Rubens überhaupt und der Bewegung insbesondere, soweit dieselbe für ihn vorzüglich bezeichnend ist.

Sind die figurenreichen Bilder des Rubens ‹überladen› zu nennen? Schon Aufgabe und Inhalt konnten eine grosse Anzahl von Anwesenden verlangen oder wenigstens veranlassen

– hätte er nun die Aufgabe ablehnen sollen? Er fürchtete ja nichts, und gewiss hat er oft das Thema selber geschaffen und vorgeschlagen. Die Überladung in der Malerei liegt aber meist an ganz andern Dingen, mit welchen Rubens nichts zu schaffen hat. Zunächst hat es begabte Maler gegeben, welche in der Anordnung unglücklich waren und schon mit vier fünf Figuren überladen erscheinen, wo ein anderer mit der dreifachen Zahl leicht und richtig wirkt, sodann aber, und namentlich bei den Manieristen von Italien und Niederland, wurden die Bilder wirklich überfüllt, durch Zutat von Figuren, besonders Köpfen, welche mit dem dargestellten Moment nicht notwendig oder auch gar nicht verbunden, den Malern aber irgendwie von Wert waren. Hier wusste nun Rubens entschieden, dass, was dem Moment nicht unmittelbar zuträglich ist, ihm schadet, und alle seine Gestalten leben irgendwie im Momente mit und der Moment in ihnen. Sie können sich alle im Raum bewegen und bewegen sich auch in der Tat, und dann wirken sie ja noch durch Licht und Farbe zusammen, und schon der wahre Kolorismus gebietet Einhalt gegen das Zuviele.» (GA 13, S. 437.)

«Raub der Töchter des Leukippos»

Die Söhne des Zeus, die Zwillinge Kastor und Pollux, bei Burckhardt Kastor und Polydeukes, rauben die Töchter Phöbe und Hilareia des Leukippos. Rubens malte das Bild 1617.
  «Im Raub der Töchter des Leukippos durch die berittenen Dioskuren machen die beiden weiblichen Körper eine fast re-

Peter Paul Rubens, Raub der Töchter des Leukippos durch die Dioskuren
(1617).

gelmässige Lichtmasse genau in der untern Mitte des Bildes aus, um welche sich das Übrige wie eine Wolke verteilt: nämlich die Entführer Kastor und Polydeukes, die beiden Rosse und die beiden Putten. Diese acht Wesen zusammen füllen das genau quadratische Bild aus, auf dem Grunde einer hellen und saftigen Landschaft. Und nun findet sich, dass jene beiden herrlich entwickelten Körper einander genau ergänzen, dass der eine genau den Anblick gewährt, welchen der andere nicht gewährt, und dass der Maler sie durch einen Zwischenraum von einander isoliert hat, so dass sie sich nicht schneiden. Dazu das unglaubliche Feuer und die Augenblicklichkeit! Keiner sonst, all die Zeiten und Schulen auf und nieder, würde gerade dieses haben schaffen können.» (GA 13, S. 433.)

Rubens und Homer, die beiden grössten Erzähler

«Endlich aber, in einem der herrlichsten Bilder des ganzen Palazzo Pitti, nehmen die Sturmwolken über dem Meere ihren ganzen Abschied, und in der Höhe, als ferne ätherische Erscheinung, sieht man Pallas bittend vor Jupiter; weiche warme Morgenlüfte nehmen den übrigen Horizont ein, und im schönsten Fabellicht ragt ein Gebirge steil empor, mit Wasserfällen, Burgen und einer Gartenanlage von Terrassen und Prachtbauten. Es sind die Gärten des Alkinoos, Königs der Phäaken, deren Hafenstadt in der Ferne sichtbar wird. Im Vordergrunde erscheint, bittend und nackt, der schiffbrüchige Odysseus, für welchen sich Pallas bei Jupiter verwendet hat, und die Königstochter, deren Dienerinnen hatten vor ihm *flüchten wollen, verfügt mit ruhigem Gebot, wie ihm mit Kleidung zu helfen sei; es ist Nausikaa.*

So treffen sie denn zusammen, Der aus Jonien und Der aus Brabant, die beiden grössten Erzähler, welche unser alter Erdball bis heute getragen hat, Homer und Rubens.» (GA 13, S. 517.)

Die Vorlesungen

Im Sommer 1844 hielt der junge Burckhardt seine erste Vorlesung an der Universität Basel; die letzte fand im Winter 1892/93 statt. Mit Ausnahme der Vorlesungen am Polytechnikum in Zürich wurden sie alle im Kollegiengebäude der «alten» Universität am Rheinsprung gehalten. Das publizierte Verzeichnis zählt 165 Vorlesungen auf, jede mit durchschnittlich drei bis fünf Wochenstunden. Die Zahl der Studenten und einiger Hörer aus der Stadt bewegte sich in den ersten Jahren um zehn, stieg nach 1858 auf dreissig bis fünfzig und erreichte den Höhepunkt, als im Sommer 1890 73 Studenten die Vorlesung «Kunst des Altertums» hören wollten. Diese Zahlen bekommen erst ihre eigentliche Bedeutung, wenn man nicht an den heutigen Studentenandrang in den grossen Hörsälen denkt, sondern die Basler Universität des 19. Jahrhunderts vor Augen hat. Als Burckhardt zu lesen anfing, waren in allen Fakultäten insgesamt bloss 70 Studenten immatrikuliert, 1860 waren es 83, um 1880 zählte man 208; als Burckhardt aufhörte, war die Zahl 500 erreicht.[318]

Bei vier Vorlesungen Burckhardts wissen wir ziemlich genau, was er doziert hat. Es sind: 1. Die Geschichte des 17. und 18. Jahrhunderts; 2. Die Geschichte des Revolutionszeitalters;

3. Die griechische Kulturgeschichte; 4. die Vorlesung «Über das Studium der Geschichte», die später den Buchtitel «Weltgeschichtliche Betrachtungen» bekommen hat. Wir stellen sie im folgenden einzeln vor.

Geschichte des 17. und 18. Jahrhunderts

Diese Vorlesung, das heisst ihre ältere Fassung in neuer Form, hielt Burckhardt zum ersten Mal im Sommersemester 1869. Sie ist als Ganzes nie gedruckt worden, aber rund 40 grössere Fragmente davon enthält die Gesamtausgabe im siebten Band.[319] Sie war ein Teil jenes dreiteiligen Zyklus, der die Weltgeschichte der Neuzeit behandelte. Den Anfang bildete die «Neuere Geschichte von 1450 bis 1598»; das Mittelstück hiess «Geschichte des 17. und 18. Jahrhunderts», und das Glanzstück war die abschliessende «Revolutionsgeschichte». Zu allen drei Vorlesungen schrieb Burckhardt eine «Einleitung», die schon die Akzente für die nachfolgende Darstellung setzte. Die Einleitung zur ersten Vorlesung, die er im Mai 1859 schrieb, begann so: *«Die Hauptschöpfung der neueren Geschichte ist der Grossstaat, die Lebensform der bedeutendsten Völker.»*[320] Die Einleitung zur Geschichte des 17. und 18. Jahrhunderts, die er im Mai 1869 formulierte, tönt ganz anders. Die europäische Geschichte war unterdessen in Bewegung geraten. Die aufsteigende Grossmacht Preussen hatte durch zwei siegreiche Kriege ihren Anspruch auf eine neue Machtposition in Mitteleuropa angekündigt. Jetzt schrieb Burckhardt jene berühmten Sätze über «Europa», von denen man gesagt hat, dass sie *«zum Unvergänglichsten gehören, was aus Burckhardts Feder geflossen ist.»*[321]

Fragmente aus der Vorlesung «Geschichte des 17. und 18. Jahrhunderts»

Der Historiker zum Thema «Europa»

«Der Mensch muss allerdings in seiner Zeitlichkeit etwas Bestimmtes wollen und vertreten, aber die höhere Betrachtung vorbehalten.

Was wir nicht zu wünschen brauchen, sondern schon vorhanden vorfinden, ob wir uns dessen freuen oder es beklagen, das ist Europa als alter und neuer Herd vielartigen Lebens, als Stätte der Entstehung der reichsten Gestaltungen, als Heimat aller Gegensätze, die in der einzigen Einheit aufgehen, dass eben hier alles Geistige zum Wort und zum Ausdruck kommt.

Europäisch ist: das Sichaussprechen aller Kräfte, in Denkmal, Bild und Wort, Institution und Partei, bis zum Individuum, – das Durchleben des Geistigen nach allen Seiten und Richtungen, – das Streben des Geistes, von allem, was in ihm ist, Kunde zu hinterlassen, sich nicht an Weltmonarchien und Theokratien, wie der Orient, lautlos hinzugeben. Von einem hohen und fernen Standpunkt aus, wie der des Historikers sein soll, klingen Glocken zusammen schön, ob sie in der Nähe disharmonieren oder nicht: Discordia concors.

*Die alten Völker hätten in Asien noch mehr grosse, mäch-
tige Reiche, wie Iran und Assur, eins übers andere gründen
können, deren aber jedes nur einerlei Kraft, Geist und Ton gehabt haben würde, wie andere orientalische Reiche.*

*Ein dunkler Drang mag einige Zweige der Indogermanen
nach dem Okzident, der Abendsonne entgegen, getrieben haben, weil hier ein anderer Boden und ein anderes Klima, das
der Freiheit und Vielartigkeit auf sie wartete, eine zackige Welt
von lauter Vorgebirgen und Inseln. Denn europäisch ist: nicht
bloss Macht und Götzen und Geld, sondern auch den Geist
zu lieben. Sie schufen die hellenische, römische, keltische und
germanische Kultur, welche die asiatischen Kulturen schon dadurch weit besiegten, dass sie vielgestaltig waren, und dass in
ihnen das Individuum sich voll entwickeln und dem Ganzen
die höchsten Dienste leisten konnte.*

*Die Kirche schuf dem europäischen Leben ein grosses neu-
es Gehäuse. Gebunden und doch unendlich frei und tausend-
gestaltig erhob sich das Mittelalter und endlich die Übergangsepoche zur neuern Zeit, die Allentwickelnde.*

*Die geschichtliche Betrachtung soll sich dieses Reichtums
freuen und die blossen Siegergelüste den Tendenzleuten überlassen. Bei der grossen Heftigkeit der damaligen Kämpfe, beim
Gelüste nach Zernichtung des Gegners, könnten wir humane
Spätlinge ja doch auf keiner Seite unbedingt mithalten, auch
nicht auf derjenigen, die wir für die unsrige wähnen.*

*Eine verborgene höchste Kraft erzeugt hier Zeitepochen,
Nationen, Individuen von endlos reichem besonderen Leben.*

*Die abendländische Entwicklung hat das echteste Zeichen
des Lebens: aus dem Kampf ihrer Gegensätze entwickelt sich*

wirklich Neues; neue Gegensätze verdrängen die alten; es ist nicht ein blosses resultatloses, fast identisches Wiederholen von Militär- und Palast- und Dynastierevolutionen wie 700 Jahre lang in Byzanz und noch länger im Islam. Die Menschen werden bei jedem Kampf anders und geben Zeugnis davon; wir schauen in tausend individuelle Seelen hinein und können die Stile des Geistes nach Jahrzehnten datieren, während zugleich das Nationale, das Religiöse, das Lokale und anderes zahllose geistige Nuancen von sich aus hineinbringen. Vergnüglich und genussreich sind diese Dinge in ihrer Zeit nicht gewesen, sondern Kämpfe auf Leben und Tod.

Tödlich für Europa ist immer nur Eins erschienen: Erdrückende mechanische Macht, möge sie von einem erobernden Barbarenvolk oder von angesammelten heimischen Machtmitteln im Dienst eines Staates oder im Dienst einer Tendenz, etwa der heutigen Massen, ausgehen...

Retter Europas sind nicht die grössten Feinde Roms gewesen, sondern die beharrlichsten Feinde Spaniens: die Holländer, England, das katholische und das protestantische, und Henri IV. trotz seines Übertrittes. Retter Europas ist vor allem, wer es vor der Gefahr der politisch-religiös-sozialen Zwangseinheit und Zwangsnivellierung rettet, die seine spezifische Eigenschaft, nämlich den vielartigen Reichtum seines Geistes bedroht. Banal ist der Einwurf, der Geist sei unüberwindlich und werde immer siegen, während es tätsächlich von einem bestimmten Kraftgrad eines Menschen in einem bestimmten Moment abhängen kann, ob Völker und Kulturen verloren sein sollen oder nicht. Es bedarf der grossen Individuen und diese bedürfen des Gelingens. Aber Europa hat in den grossen Momenten häufig auch grosse Individuen gehabt.» (GA 7, S. 368ff.)

Geschichte des Revolutionszeitalters

Fast könnte man sich als Student in den Hörsaal versetzen, in dem Burckhardt im Wintersemester 1867/68 die Revolutionsgeschichte vorgetragen hat. Ein Glücksfall ohnegleichen in der Historiographie: Fleissige Studenten des 19. Jahrhunderts stenographierten den Vortrag, und ein ebenso fleissiger Historiker des 20. Jahrhunderts entzifferte diese Stenogramme und liess so die Vorlesung fast wörtlich genau wieder auferstehen.[322]

Die glanzvollste Vorlesung Burckhardts begann nach der üblichen Einleitung mit der Schilderung Friedrichs des Grossen (1712–1786), der europäischen Staaten und Amerikas in der zweiten Hälfte des 18. Jahrhunderts auf 150 Seiten. Dann folgten wiederum im gleichen Umfang eine farbige Schilderung der Französischen Revolution und zuletzt, ebenfalls auf 150 Seiten, die Darstellung Napoleons und der Koalitionskriege.

Die Methode ist dieselbe wie im «Constantin» und im Renaissancebuch: Bild reiht sich an Bild; ein gewaltiges Mosaik ist entstanden. Gewiss hätte Burckhardt ein Buch über die Revolutionsgeschichte nie in der Form, in der sie als Rekonstruktion vorliegt, veröffentlicht. Diese hat die Form einer freien Rede, in der der Redner kein Blatt vor den Mund nimmt. Man liest sie mit Vergnügen, manchmal mit Ergriffenheit und gelegentlich mit Schaudern, wenn man die Untaten der Revolutionsmänner erfährt.

Friedrich der Grosse, König von Preussen und der siebenjährige Krieg (1756–1763)

«Friedrich war erfüllt vom Gefühl nach Macht und begierig nach Macht; er musste vorwärts treiben. So gab er vor, 1756 bedroht gewesen zu sein: Es habe eine grosse Verschwörung stattgefunden unter den drei Mächten Österreich, Frankreich und Russland, ihn seiner Länder zu berauben – er habe ihnen lediglich zuvorkommen müssen! Kursachsen wurde die erste Beute. Als er den sehr wenigen vertrauten, sehr willkürlichen Entschluss tat, rieten ihm seine Minister ab; nur einer seiner Räte war für ihn. Der König selber unternahm also den Krieg gegen den Rat seiner Umgebung... Es ist gewiss, dass Pläne zur Teilung des preussischen Staates bestanden haben, allerdings bloss für den Fall, dass der König von Preussen selbst den Krieg beginnen sollte. Es wird zu entscheiden bleiben, was besser gewesen wäre, zu warten oder anzugreifen. Auf jeden Fall nannte Friedrich seinen Krieg einen Verteidigungskrieg und behauptete, dazu gezwungen worden zu sein, weil er habe zuvorkommen müssen – und die Welt schrieb ihm's nach! Er musste sein Reich, das sehr verzettelt war, vereinigen. Seine Mittel sind zum Teil haarsträubender Art: Brandschatzung, Abholzung ganzer Länder, Misshandlungen der gefangenen Fürsten usw. Er kannte eben nur sein Ziel und setzte alles daran. Friedrich der Grosse hatte die Klugheit, sein eigener,

guter Geschichtsschreiber zu sein. Er ist aber im ganzen nicht angenehm zu lesen, der Ton hat auf die Länge etwas höchst Ermüdendes. Erst nach seinem Tode durfte ein klein wenig von der Wahrheit laut werden.» (RG, S. 22.)

Von den absoluten Fürsten im 18. Jahrhundert

«Eine Anzahl Staaten waren da, die in sich die Gewähr eines Fortbestehens hatten, etwas vorstellen konnten und mächtig genug schienen, schöne Resultate an den Tag zu legen. Die Fürsten, von denen mehr als einer von der Aufklärung auf das stärkste berührt war, gerierten sich gerne als Mäzene, als Landesväter usw. und genossen bei ihren Untertanen immer noch bedeutendes Ansehen und grosse Verehrung – selbst dort, wo sie schlecht regierten. Die einzelnen Hofhaltungen waren trotz ihrer versailleschen und sultanischen Lebensweise nicht so unbeliebt; unbeliebt war eher der Adel. Die Untertanen erwarteten das Gute durchaus von den Fürsten und nicht von den Adligen. Die privilegierten Stände waren verhasst. Oft missbrauchten die Fürsten ihre Stellung aber und führten sich auf wie Sultane, indem sie das Unwahre von Versailles in ihre Ländchen verpflanzten.» (RG, S. 35.)

Der bayrische Kurfürst Karl Theodor

«Bayern: In diesem höchst geheimnisvollen Land, in dem die Kräfte damals ganz entwickelt wurden, regierte Maximilian

Burckhardt auf dem Weg zur Vorlesung in der Universität am Rheinsprung.
Photo 1878.

Joseph von Wittelsbach, der letzte Kurfürst der bayrischen Li-
nien des Hauses Wittelsbach. 1777 starb er, weil sein Arzt kein
Mittel gegen die Kindsblattern kannte. Nachfolger war der
Vetter von der Pfalz. Karl Theodor musste nach München
übersiedeln. Er war einer der grössten Bonvivants, der je in
der Welt gewesen, roh und rücksichtslos, aber mit grossem
Kunstsinn (Theater in Mannheim, Schwetzingen). Er besass
ein ganzes Regiment unehelicher Erben, und weil er keine
ehelichen Leibesnachfolger hatte, war es seine Hauptsorge, für
die unehelichen zu sorgen.» (RG, S. 35f.)

Von den geistlichen Fürsten im 18. Jahrhundert

«Die geistlichen Fürsten mochten wohl selber an ihrer Fort-
existenz zweifeln. An den baldigen Untergang durch die Re-
volution dachte man freilich nicht. ‹Unterm Krummstab ist gut
wohnen› ist cum grano salis zu verstehen. Dem Bauern ging
es schlecht, er hatte es nirgends gut; der Arbeiter verarmte. Die
Herrschaft der Geistlichen, von den Fürstentümern bis zu den
kleinsten Klosterbesitzungen, waren fast alle Eigentum des
Adels geworden. Auch was die geistlichen Ritterorden hüte-
ten, war im Besitz des Adels. Es war ein grosses Adelskonglo-
merat in etwa 700 Domherrenstellen. Die Domherren er-
gänzten sich durch Kooptation; es gab sozusagen erbliche
Domherrenstellen. Die meisten Geschlechter lebten davon,
dass einer ihrer jüngeren Söhne irgendein Stift hatte. Es war
sogar üblich, dass man Domherr mehrerer Stifte war. Die
Pflicht war einfach: Der Domherr musste jährlich einen Mo-

nat sich im Chor sehen lassen. Hatte einer mehrere Domher-
renstellen inne, musste er eben herumreisen – es war im gros-
sen und ganzen ein onkelmässiger Schlendrian. Oft war der
Fürst nicht aus dem eigenen Ort. Alles wurde durch Nepotis-
mus und Protektion gemacht – fruges consumere nati! [den
Ertrag verprassten die Kinder] Daher riss dann auch vor den
Franzosen alles aus; diese nahmen dann, was sie wollten. Man
traute auch Preussen zu, dass es dieses oder jenes Stift an sei-
ne Prinzen bringen würde. Wo es möglich war, setzten die Für-
sten ihre Söhne auf die fetten Pfründen. Oft machten die Für-
sten ebenfalls Ansprüche auf Domherrenstellen und erhielten
sie. So hatten sich die Familien oft die Dynastien erworben.»
(RG, S. 37.)

Ludwig XIV, König von Frankreich

«Ludwig XIV. (1643–1715) kam 1661 auf den Thron; er trug
zweiundsiebzig Jahre lang dem Namen nach die Krone; drei-
undfünfzig Jahre lang regierte er. Sein fürstliches Prinzipat war
eine Regierung der losesten Art. Der absolutistische Staat
machte nun seine rohe Macht gegenüber dem eigenen Volk und
Europa entsetzlich geltend, mit seiner Treulosigkeit und sei-
ner Härte, mit seinem Vorrecht, das kein anderes Recht mehr
respektierte. Sich selbst aber baute der König stets neue Tem-
pel. Er zeichnete sich aus mit der Einmischung ins tägliche Le-
ben, in alle Fragen dieses Lebens und in alle Verhältnisse des
In- und Auslandes, weiter mit der Verletzung jedes Geheim-
nisses und der Unterdrückung des Handels. Die schrecklichen

Interventionen, die Einmischung und die Wortbrüchigkeit brachten Europa dauernden Schrecken und fürchterliche Abscheu.

Dem Volk zeigte sich diese fürchterliche Allwissenheit der Regierung in der Verletzung jedes richterlichen, brieflichen und persönlichen Geheimnisses, in der Ausspionierung jeglichen Tuns der Untertanen, in der Aufsicht der Industrie, die quälerisch war, weil der König vorschrieb, wie diese oder jene Gattung von Seide gewoben werden musste und so dem Handel sein Bestes verleidet wurde. Das Volk hatte eine Regierung, in der der König kaum lesen und schreiben konnte – er war zu träge dazu –, wo aber doch der König die höchste Instanz bildete, wenn es sich darum handelte, über die subtilsten Religionsfragen zwischen Calvinismus und Ultramontanismus zu entscheiden. Ein Dunkles bleibt: wie Ludwig XIV. nie viel Einsicht hatte in einzelne Menschen. Das zeigte sich in der Verfolgung der Hugenotten. Er wusste recht wohl, dass das Land dem Hungertode nahe war, kümmerte sich aber nicht darum, sondern verbrauchte 1500 Millionen. Diese Zahl ist nicht zu hoch gegriffen, denn Versailles allein kostete 600 Millionen – wie bauten diese Leute und wie wurden sie betrogen!

Seine Einmischung ins Ausland geschah, indem er allen schwachen Stellen nachspüren liess und beständig drohte. Er gab den Brandbefehl, die Pfalz in eine Wüste umzuschaffen, damit eine Öde sei zwischen Deutschland und Frankreich. Hierher gehören auch sein Wortbruch gegenüber Spanien, dem er versprochen hatte, er wolle Portugal nicht unterstützen, es dann aber doch tat, und seine Wut gegen Holland. Er machte sich in der Politik den Wortbruch ganz eigentlich zur Regel. Die schändlichste Tat ist die Aufhebung des einst so feierlich beschworenen Edikts von Nantes (Oktober 1685), die auf alle Zeiten seine Gestalt verdirbt. Nie wird es gelingen, diesen Flecken auszulöschen – er kennzeichnet ihn: Ludwig XIV. ist ein entsetzlicher Schuft und aller Reflex von Racine und Molière stellen diesen grössten aller Schufte in kein günstigeres Licht.» (RG, S. 39f.)

Der Hof von Versailles

«Der hohe Adel war ganz in Händen des Königtums. Ludwig XIV. hatte es verstanden, denselben in der Fäulnisanstalt von Versailles in die Beize zu legen. Dort konnte sich der Adel so herunterbringen, dass er allmählich ganz vom Hofe abhing. Es gab ausser dem gewöhnlichen und dem hohen Adel noch den gerichtlichen Adel: la Noblesse de robe, der Adel mit dem langen Talar.» (RG, S. 41.)

Voltaire

«Voltaire, der 1694 geboren wurde und 1778 starb, ist in seinen Werken der Ausdruck dieser Haltung. Er ist ziemlich gewissenlos. Sein Geist verrät sich von der ersten bis zur letzten Zeile; er bleibt sich seine siebzig Bände hinduch treu! Immer derselbe Voltaire! Zuerst war in ihm ein triebhafter, natürlicher und derber Wahrheitssinn, dem der Ernst fehlte. Es

war ihm ein Bedürfnis, sich jeden Augenblick über das, was vor ihm war, durch Witz und Pathos zu erheben. Welche Werkzeuge braucht er, um die Nation in Bewegung zu setzen? Man kann sagen, er brauchte alle Werkzeuge, die von der Literatur gebraucht werden können, alles, von der philosophischen Auseinandersetzung bis zum Madrigal, von der ernsthaften Abhandlung bis zur leichtfertigen Erzählung. Seine Dramen sind zwar herrlich zur Deklamation, sonst aber bereits vergessen.

Sein Lebenslauf war der eines klugen Mannes in seiner Lage – wenn man nun einmal die Feder nicht lassen konnte! Er hat es mit den Grossen nie ganz verdorben. Voltaire konnte mit der allerhöchsten Gesellschaft ausleben; er machte dies sehr schlau, indem er sich zuerst ein enormes Vermögen anschaffte, und zwar nicht immer auf die löblichste Weise!» (RG, S. 48.)

Rousseau

«Freiheit und Gleichheit sind Rousseaus Wörter; sie stammen aus dem Contract social. Freiheit ist der Zustand, wo jeder einzelne nur dieses tun darf, was dem Allgemeinen gemäss ist. In bezug auf die Gleichheit weiss Rousseau wohl, dass die Talente sind, dass das Leben verschieden ist. Niemand sollte reich genug sein, um einen andern bestechen zu können, niemand so arm, um sich müssen bestechen zu lassen. Um dies herbeizuführen, will er das Misstrauen herauswischen und die Gleichheit in jeder Beziehung herbeiführen; so rief er die Französische Revolution. *Die Ader des Misstrauens geht von Rousseau direkt auf Robespierre über.*

Das Gegengift in Rousseau ist seine Anlage zur Melancholie, zur Sentimentalität (Héloïse und Confessions). Diese haben die Schärfen unkenntlich gemacht, und man wird elegisch, statt heroisch gestimmt. Es war dies die Folge gerade der Neuen Héloïse. Im jetzigen Frankreich ist Rousseau nicht sehr beliebt; er gilt als der Vater der poetischen Prosa und der weinerlichen Sentimentalität – was dem Franzosen gleichermassen beides verhasst ist! Doch wer will sein gewaltiges poetisches Vermögen leugnen? Tausend Falten des menschlichen Gemüts sind erst durch ihn aufgedeckt worden; er redet für ganz bestimmte Schatten des Gemüts.» (RG, S. 54.)

Peter der Grosse, Zar von Russland (1672–1725)

«Peter war der dritte Sohn seines Vaters. Er kam bloss auf den Thron dank dem Tode seines Bruders Feodor und der Blödsinnigkeit des Bruders Iwan sowie nach der Zwischenregierung seiner Schwester Sophia. Schon die früheren Romanow hatten den Spiess Russlands zu schärfen gewusst. Peter war darum nicht Anfänger in dem, was er tat.

Die Regierung Peters des Grossen war schrecklich, weil er seinem Volk eine künstliche Seele inspirierte: Er beleidigte die Russen in ihren Sitten und Gewohnheiten und in ihrer Tracht und zwang sie zu Diensten und Lasten, von denen sie früher keinen Begriff hatten. Er peinigte das Volk, um damit gross und mächtig dazustehen und gab Russland eine ausnehmende

Stellung, von der vorher nie die Rede war, nahm aber eben, wie's der Teufel im Märchen macht, dem Volk seine Seele. Von dieser Stunde an war es das Schauspiel einer Nation, die an orientalische Demütigkeit gewohnt war und jetzt in den Dienst eines okzidentalen Mechanismus geriet. Die Regierung Peters verstand es, sich die auswärtigen Ideen und die Intelligenz dienstbar zu machen. Seither herrscht Peters Geist in Russland – wie lange, werden wir vielleicht noch erleben. In Peter selbst und in den Gegenden, die er als Hauptgegenden betrachtete, war etwas anders als in den Süd-Staaten: Die Völker, die den Ton angeben, sind die Nord-Russen. Peter selber gehörte dem nördlichen Russland an. Die weicheren, gemütlicheren, lyrischen Russen mussten folgen. Ich bin nicht imstande, diesen Unterschied immer festzustellen. Es trat dann jene Europäisierung Peters ein, die bis an die Bärte, die er den Leuten aberkannte und die Kaftane reichte. Diese Äusserlichkeiten waren nicht unwichtig, denn von ihnen hingen Gehorsam oder Ungehorsam ab; an ihnen konnte er messen, wie weit die Seele gebunden war.

Peter wollte Russland um jeden Preis gross machen und andrerseits auf Europa Einfluss üben. Russland sollte ausgedehnt werden bis zur Baltischen See und bis ans Schwarze Meer. Durch letzteres sollte die Flotte den Süden zum Zittern bringen. Peter hatte nicht nur Glück: 1711 musste er sich am Pruth – im türkischen Krieg – schmählich aus der Sache ziehen. Die Reorganisation des Heeres, die Neuschaffung der Flotte, die ganz neue Gesetzgebung und die neue Verwaltung konnte er zustande bringen, obwohl er mit bestechlichen Leuten vorlieb nehmen musste, die sich immer wieder dazu

einrichteten, möglichst viele Veruntreuungen zu verüben.
Peter der Grosse suchte seinen Leuten die Ehre der Beamten
andrer europäischer Staaten einzupflanzen, kam aber dann in
den Fall, mehrere Dutzend hinrichten zu lassen. Was das Hän-
gen betrifft, so tat er es; er gab selber das Beispiel, war er doch
imstande, zwanzig Menschen hintereinander zu köpfen!»
(RG, S. 37.)

Einleitung zum Thema Französische Revolution

«Schon lange ist die Revolution in Worten und Taten im
Volke; es fehlt bloss noch eine Nation, die eine eigentliche
Aufgabe daraus macht und die Revolution angreift und
durchführt. Wenn das geschieht, dann kann das eintreffen,
was (Tocqueville) sagt: Jetzt schwelgt es nicht mehr im Geist
und mit Worten allein, sondern es schwelgt schon direkt in
den Taten.
   Wer sind wir, die wir die Revolution beurteilen werden? Wir
treiben ja noch auf den Wogen! Allein nichtsdestoweniger wer-
den wir zu einem Urteil genötigt sein, dass es gute und böse
Sachen, gute und böse Menschen gab – wir sind nicht dispen-
siert von einem Urteil! Wenn eines mich dabei vom schweren
Gefühl der Verantwortung aufrecht halten kann, so ist es
nächst dem festen Willen, die Wahrheit zu sagen, noch das ei-
ne Gefühl: Ich hasse die französische Nation nicht! Ich habe
keinen Widerwillen gegen sie! Ich weiss die Gaben dieses
Volkes zu würdigen.» (RG, S. 149.)

Die Menschenrechte

Die «Erklärung der Rechte des Menschen und des Bürgers» wurde am 27. August 1789 von der französischen Nationalversammlung proklamiert.

«In diesen kritischen Wochen, wo man hätte regieren sollen, wo das hungernde Paris sich zu den äussersten Sachen rüstete, in diesen Wochen wurde eine philosophische Disputation abgehalten; ein Kongress von Philosophen beriet sich nun, und Lafayette setzte seine Sache durch. Diese Menschenrechte waren ein wahres Unglück für die Nation: Sie brachten den Leuten das Unerreichbare als Erreichbares, das sich als künstliche Wohlfahrt der Nation in bestimmte Sätze der Philosophie auflösen liess, und das ging nun eben nicht!

Freiheit und Gleichheit aller Bürger wurden vorausgesetzt; ausgenommen waren die, denen das Volk Autorität übertragen hatte. Das Recht des Widerstandes mochte noch angehen im 13./14. Jahrhundert, nicht aber zu dieser stürmischen Zeit. Jetzt wurde es förmlich als Paragraph aufgenommen. Das Widerstandsrecht ist ein Recht; aber es ist ein Unglück, wenn man es in eine Verfassung hineinschreibt; solches kam früher in Adelsverfassungen häufig vor.

Dann folgte die Definition der Autorität: Diese entsteht bloss durch Delegation des Volkes; es gibt bloss eine Autorität, diejenige, die durch Wahlen entsteht. Aber diese kann jeden Augenblick wieder zurückgezogen werden; sie ist revozierbar: Wie soll dadurch eine parlamentarische Regierung entstehen?

Eine weitere Forderung war die Religionsfreiheit. Was den

betreffenden Paragraphen betrifft, bekam er allerdings eine
Auslegung zugunsten des Katholizismus. Niemand soll bei der
Ausübung seiner Religion gestört werden, vorausgesetzt, dass
er nicht der öffentlichen Ordnung entgegentritt. Nun konnten
es aber mancherorts viele Katholiken als Skandal erklären, als
Eingriff in die öffentliche Ordnung, wenn die Protestanten
eine Glocke in ihren Turm hängten Wir werden noch sehen,
wie die ganze Revolution die religiöse Frage sehr oberflächlich
behandelte und wie damit die vollkommene Wiederherstellung
des Katholizismus zusammenhängt.» (RG, S. 195.)

Von der Aufhebung der Klöster im Frühling 1791

«Um die Klöster wars damals übrigens meistens nicht schade;
ausgenommen waren etwa die Benediktiner. An bitterem
Hohn fehlte es nicht. Das waren die Herren, zu deren Busse
es gehörte, dass die fernsten Meere ihre Fische hergeben muss-
ten; die nur noch mit ihren Bouteilles sprachen, und die die
Muttergottes bildlich aus Wachs gossen, Zahnstocher schnitz-
ten und Kanarienvögel züchteten. Und wenn sie achtzig Jah-
re alt starben, waren ihre Zellen voll Liqueur und Konfitüren.
Besonders die Zisterzienser galten für lustige Brüder und Fein-
schmecker; sie hatten eine ganz solidgute Tafel. Brillat-Sava-
rin ein geistvolles Kochbuch darüber.
Zwei Drittel der Geistlichen wollten den Eid auf die Kon-
stitution nicht leisten. Es war an und für sich unverfänglich:
Man schwor, der Verfassung, dem König und den Gesetzen
treu zu sein. Man verweigerte nicht den Eid seinem Inhalt nach,

sondern, weil man dem Staat einen Eid leisten musste. Von den Bischöfen waren bloss drei, die den Eid schworen: Loménie de Brienne, dann Talleyrand, der mit dem Strom schwamm und dem es auf einen Meineid nicht ankam, und noch einer.» (RG, S. 207.)

Die geistige Bewegung Europas zur Zeit der Revolution in Frankreich

«Wir wissen, wie in den meisten Staaten wirklicher Fortschritt angestrebt oder erheuchelt wurde, ein Fortschritt, der mit allerlei wunderlichen Dingen behangen war. Genug, alle Regierungen wollten sich als Reformer geben. Es ward in den Völkern auch ein ganz hohes Bildungselement getätigt; es war der Kosmopolitismus. Der Kosmopolitismus hatte den Humanismus und die Aufhebung jeder nationalen Schranke zur Folge. Die Sympathien für die Revolution wurden durch diese allgemeinen kosmopolitischen Ideen gesteigert. Die zweite Seite war die des 18. Jahrhunderts, die verderbliche, diejenige, die keine Volksgrenzen mehr anerkannte.

Nun wurde die Revolution ansteckungsfähig. Die Regierungen aber verstanden die Sache anders: Es kam die Reaktion obenauf; man fing an, die Menschen, die der Reform gedient hatten, zu verfolgen. So namentlich in den rheinischen Staaten, die zu beseitigen die Aufklärung gedient hatte. Je geringer ein Fürst war, desto schmählicher die Verfolgung der Jakobiner – eine eigentliche Jakobinerhatz setzte ein!» (RG, S. 218.)

Vom Ursprung der Revolutionskriege

«*Die gewöhnliche Ansicht der Franzosen ist: Im späten Sommer 1792 zogen Österreicher und Preussen ins Land. Die Wahrheit ist: Im April 1792 erklärte Frankreich Österreich und Preussen den Krieg, und ein Revolutionsheer fiel in Deutschland ein – das wissen aber die wenigsten! In Frankreich schreibt die ungebildete Klasse jetzt noch den Krieg von 1792 den Einfällen der Preussen und Österreicher zu. Wer hat diesen Krieg eigentlich gewonnen? Wer hat ihn prinzipiell gewollt? Es war die gesetzgebende Versammlung; es waren besonders die Girondisten.*» (RG, S. 223.)

Rückblick auf die Französische Revolution

«*Im grossen und ganzen wissen wir nicht, woher wir kommen und wohin wir gehen; die Rätsel unseres Daseins sind schmerzlich genug, so dass wir doch im Einzelnen nachrechnen dürfen, woher sie kommen, besonders bei einem Jahreswechsel wie dieser einer ist! Denn seit den zwei Monaten unseres Kollegs hat sich der Militarismus so sehr gesteigert, ist der Kampf mit dem Erwerb in eine so schreckliche Krisis getreten, dass wir das Recht haben, noch einmal zurückzublicken, wo die Anfänge dieser Erschütterung gewesen sind, zu sehen, wo das Schwanken begonnen hat. Wir dürfen daher schon noch einmal auf den Gang der Französischen Revolution zurückblicken.*
Die Revolution entstand vorwiegend durch literarische Bewegung, die den ganzen alten Zustand, Staat und Kirche,

förmlich in Frage stellte; sie ging aus von der Güte des menschlichen Herzens und der Völker. Es war dies die Stimmung Schillers. Diese Revolution begann mit der Voraussetzung, dass sie keinen Tropfen Blut kosten werde – so kann man sich irren! Dann die desperate finanzielle Zerfahrenheit: Finanziell gab die Not von 1788 und 1789 den Ausschlag. Die Notabeln kamen zusammen. Dann die Cahiers, eine prachtvolle Erscheinung in ihrer Art! In ihnen finden sich die Menschenrechte, eine Sache, die man aus der amerikanischen Revolution genommen hatte; man wollte Mensch werden, nicht bloss Franzos sein.

Während man die Menschenrechte konstituierte, konstituierte Paris fortwährend Unrecht und machte immer aufs neue Krawall – das eine war Theorie, das andere war Praxis! Endlich trat die Assemblée zusammen als Etats généraux. Dann wurden König und Assemblée gefangen gesetzt. Es kamen die Aufhebung des Adels und des alten Klerus und die Desorganisation der Armee. Man behielt den König noch bei, um sich an ihm zu rächen. Merkwürdig leicht vertauschte man die Assemblée. Man zog die alten Formen aus wie Handschuhe; das ist bezeichnend für das revolutionäre Wesen – wie für das moderne Wesen überhaupt! Die Girondins wollten nach Philosophen- und Literatenart handeln; doch fielen die Fédérés, sobald sie in Paris waren, unrettbar den Klubs anheim. Das Menschengeschlecht ist eben nicht gut, sondern gut und böse, und wer's nicht so ansieht, wird es nicht verstehen!

Die Armeen kämpften überall an den Grenzen und mussten ihre Organisation sich selber schaffen. Sie verteidigten zuerst das Vaterland und beherrschten es dann durch Napo-

leon Bonaparte. Die Entbindung der materiellen Kräfte wurde besonders durch die Revolution bewirkt, der materiellen mehr als der geistigen, die schon vor der Revolution ziemlich lose waren. Sehen wir noch, was der Mensch von 1868 zustande bringen würde. Wo sind die wirklichen Kräfte, sich entgegenzustemmen der Gewalt, den furchtbaren Krisen, die sich uns nahen? Man sieht ihnen entgegen – aber lange nicht mit der Hoffnung wie die Franzosen von 1789!» (RG, S. 235f.)

Griechische Kulturgeschichte

Anders als bei den Vorlesungen zur neueren Geschichte war dieser Text druckfertig im Nachlass Burckhardts vorhanden. Nach langem Schwanken gab der alte Onkel kurz vor seinem Tod seinem Neffen Johann Jakob Oeri, dem Altphilologen und Gymnasiallehrer, die Erlaubnis, das Manuskript drucken zu lassen. Der erste und der zweite Band erschienen schon 1898, der dritte und der vierte 1900 und 1902, nicht in Basel, sondern in einem vornehmen Berliner Verlag. Kaum war das Buch erschienen, rümpften berühmte deutsche Gelehrte der Altertumswissenschaft die Nase, schrieben sogar vernichtende Urteile. Doch seither hat sich das Blatt gewendet. Andere namhafte Gelehrte rühmen das Werk als einen bleibenden Schatz der deutschen Literatur. Wir zitieren eine von vielen Stimmen: *«Es wird immer von höchstem Interesse sein, zu erfahren, wie sich die grosse Welt in einem solchen Kopfe abspiegelte, ab-*

spiegeln musste, welche Verbindung sie notwendig mit der Seele eines solchen Mannes einging.»[323]

Griechische Geschichte hat Burckhardt seit der Schulzeit im Pädagogium fasziniert. Sie trat dann zurück gegenüber der mittelalterlichen Geschichte und der Renaissance. Doch mit zunehmendem Alter las er immer öfter griechische Schriftsteller. In den schlimmsten Tagen des 1870er Kriegs waren sie geradezu eine trostreiche Lektüre. *«Da ich gegenwärtig viel griechisch lese, komme ich leicht in einen wahren Hohn gegen unser Saeculum und dessen Prätensionen [Anmassungen].»*[324] In solcher Stimmung begann er, am Manuskript der griechischen Kulturgeschichte zu arbeiten. Sie wurde dann im Sommersemester 1872 zum ersten Mal gelesen, vor 54 Hörern. So viele Studenten fasste der Hörsaal nicht und *«mehrere müssen stehen»*, berichtet Burckhardt nicht ohne Stolz seinem Neffen.[325]

Der Vorlesung war eine lange «Inkubationszeit» vorausgegangen. Nicht ohne Schmunzeln liest man den Bericht, den Burckhardt darüber hinterlassen hat. Im Jahr 1861 sei zum ersten Mal die Idee einer griechischen Kulturgeschichte bei einem Glas Bier mit Kollege Otto Ribbeck in einem Restaurant gegenüber vom Badischen Bahnhof zur Sprache gekommen. Und dabei sei er so «infiziert» worden, dass er beschlossen habe, auf seine *«kuriose und wildgewachsene Idee das Hellenentum zu durchstreifen»*.[326] Der Gesprächspartner war der befreundete Altphilologe Otto Ribbeck, der nur während eines Jahres in Basel gewirkt hat – offensichtlich mit Erfolg!

Die wichtigste Voraussetzung für das Gelingen des Riesenwerks war natürlich die völlige Beherrschung der altgriechischen Sprache. Burckhardt hatte sie schon in der Schule erlernt.

Im höheren Alter las er dann nach und nach alle griechischen Schriftsteller. Aber Griechenland selbst hat er nie gesehen, so wenig wie Goethe. Er scheute nicht nur vor den Strapazen einer Reise auf Maultieren zurück; er fürchtete auch die hohen Kosten. So reich wie die Kollegen Johann Jakob Bachofen und Wilhelm Vischer, die lange in Griechenland weilten, war er eben nicht.

Was steht nun auf den 1700 Seiten der «Griechischen Kulturgeschichte»? Das Inhaltsverzeichnis verrät wenigstens die Hauptthemen, die in neun Abschnitte gegliedert sind: 1. Die Griechen und ihr Mythus; 2. Staat und Nation; 3. Religion und Kultus; 4. Die Erkundung der Zukunft; 5. Zur Gesamtbilanz des griechischen Lebens; 6. Die bildende Kunst; 7. Poesie und Musik; 8. Zur Philosophie und Redekunst; 9. Der hellenische Mensch in seiner zeitlichen Entwicklung. Wie im «Constantin» und im Renaissancebuch geht es also um «Kultur», was zur Folge hat, dass die politische Geschichte nur gelegentlich erscheint. Grosse Namen tauchen auf, aber lediglich einem Griechen widmet Burckhardt mehrere Seiten, dem Philosophen Sokrates. Noch breiter wird nur Alexander der Grosse geschildert, aber ihn wird man kaum zu den echten Griechen zählen können.

Man hat oft gefragt, ob Burckhardt mit dieser ungewöhnlich breiten Darstellung des Griechentums eine Absicht verfolgt habe. Die Frage ist zu bejahen, denn in einem Abschnitt des so zentralen Kapitels «Zur Gesamtbilanz des griechischen Lebens» findet man folgende programmatische Erklärung: *«In betreff der alten Griechen glaubte man seit der grossen Erhebung des deutschen Humanismus im vorigen Jahrhundert im Klaren zu sein: im Widerschein ihres kriegerischen Heldentums und Bürgertums, ihrer Kunst und Poesie, ihres schönen Landes und Klimas schätzte man sie glücklich... Allermindestens glaubte man, die Athener des perikleischen Zeitalters hätten jahraus, jahrein im Entzücken leben müssen. Eine der allergrössten Fälschungen des geschichtlichen Urteils, welche jemals vorgekommen.»*[327] Burckhardt kommt nach dem Studium des ganzen überlieferten Schrifttums zu einem ganz andern Ergebnis. Trotz Heldentum und Poesie waren die Griechen nicht glücklich, und was sie sich gegenseitig zugefügt haben, grenzt geradezu – an Mord! (Man vergleiche Fragment «Von der griechischen Selbstzerstörung») Eine solche Darstellung des Griechentums musste bei manchem Leser Kopfschütteln erregen. Burckhardt kannte die Einwände, aber er wusste, wer er war, und gestand einem jungen Gelehrten, der am Bücherschreiben war: *«Ich spreche in meinen Büchern absolut nur von dem, was mich interessiert, und behandle die Sachen nur danach, ob sie mir und nicht ob sie dem Gelehrten Kunz oder dem Professor Benz wichtig scheinen.»*[328]

Fragmente aus der Vorlesung «Griechische Kulturgeschichte»

Sokrates

«Sokrates (469–399 v. Chr.) ist neben dem mythischen Odysseus der bekannteste Hellene und, beim Lichte betrachtet, die erste Persönlichkeit der ganzen Weltgeschichte, von welcher

wir völlig genauen Bescheid wissen, – nicht zwar über das Einzelne seines (zumal frühern) Lebens, wohl aber über sein Wesen. Diese merkwürdige Gestalt, die sich in die Mitte von Athen pflanzte und von hier aus auf die ganze Welt den grössten Einfluss ausübt, war nicht nur ein Vorbild der Frömmigkeit, Selbstbeherrschung, Uneigennützigkeit und Charakterfestigkeit, sondern ein höchst eigentümliches Individuum und wirkte als solches; ein Mensch dieser Art, sagt Plato, sei noch nie dagewesen; jeder der grossen Männer heutiger Zeit lasse sich mit einem grossen Manne der Vergangenheit vergleichen, nur Sokrates nicht. Auffallend durch den überaus grossen Kontrast seines Äusseren und seines Innern, arm und bedürfnislos von Beiträgen seiner Freunde lebend, erging er sich von früh bis spät auf der Agora, in Gymnasien und Werkstätten, auch bei Festen und an Gelagen, belehrend, erziehend, ratend, ironisch, spöttisch, warnend, versöhnend usw. im Gespräche über alles Mögliche. Keine Stufe, kein Sessel, keine feste Stunde band ihn dabei, sondern scherzend wie es kam, und wo immer sich Gelegenheit bot, philosophierte er. Auch verkehrte er im Gegensatz zu allen andern Philosophen mit jedermann und brachte die Weisheit, die bei ihm kein System, sondern Denkweise war, auf die Gasse; wir haben es bei ihm mit der grössten Popularisierung des Denkens über Allgemeines zu tun, die je versucht worden ist. Dabei war er der pflichttreueste Bürger und Krieger, wenn auch ohne aktive Teilnahme am Staatswesen, da er von der Erziehung der Jugend das Hauptteil des Staates erwartete; seine einzige amtliche Stellung war bekanntlich die eines Prytanen im Jahre 406, da er sich im Feldherrenprozesse der Angeklagten annahm; im übrigen übten er und die Seinen Kritik gegenüber dem Staate und flohen denselben meist.

Vor allem verzichtete er auf das eigentliche Wissen. Er will nicht Kenntnisse mitteilen, wie dies die Sophisten tun, und sein berühmtes ‹Nichtwissen› ist wesentlich ein Spott auf diese. Dass Aristophanes in den ‹Wolken› Unglauben und böse Sophistik auf ihn häuft, ist eine rohe Ungerechtigkeit, die nur dadurch erklärlich wird, dass schon damals (423) bei den Athenern ein grenzenloser Widerwille gegen ihn bestand. Indem er aber die Mathematik und Naturforschung aufgibt, sucht er dafür das ethische Bewusstsein zu wecken, ein schweres Unternehmen, worauf er aber mit der ihm eigenen Genialität einging. Auf der neu gewonnenen Grundlage dieses Bewusstseins baut sich seine Tugendlehre auf; auch das Gottesbewusstsein und der Glaube an die Unsterblichkeit und Verantwortlichkeit werden als Tatsachen desselben nachgewiesen, und so treten Wissen, Wollen und Glauben in einen Zusammenhang wie noch nie.

Seine Grundanschauung ist eine optimistische. Er glaubt an die Güte der schaffenden und erhaltenden Götter und führt diesen Gedanken theologisch durch, und zwar so, dass ein kaum verhüllter Monotheismus stark anklingt. In der dialektischen und logischen Methode, die er für seine Erörterungen anwandte, mochten ihm die Sophisten vorangegangen sein und einen Antrieb gegeben haben, von dem er profitieren konnte, er allein hat sie aber ganz rein; schon Plato scheint dann allmählich wieder zum Dozieren übergangen zu sein. So band Sokrates in seinem Athen, das er fast nie verliess, mit den Leuten auf Weg und Steg an. In einem wirklich löblichen Sin-

ne, um sie besser zu machen, stellte er sie auf der Strasse, um sie auszufragen, zu widerlegen, ihre Begriffe klar zu machen. Die Art, wie er dabei verfuhr, wird [die Darstellung des Plato] ziemlich richtig wiedergegeben: nachdem der Zuhörer seinen untergeordneten Standpunkt mit Zähigkeit festgehalten, pflegte er ihm denselben durch eine tiefer eingehende Betrachtung zu verrücken; bisweilen freilich auch nur, um ihn irre zu machen und dann stehen zu lassen, wodurch er zum Weiterdenken anregen wollte. Wie dieser Sophist im Dienste des Guten seine Freunde begeisterte, davon gibt uns die Rede des Alkibiades in Platos Gastmahl einen Begriff, welche neben Xenophons Memorabilien und der platonischen Apologie mit die wichtigste Aussage über ihn ist. Dagegen darf man sich auch nicht im mindesten über die Feindschaften aller Individuen und Parteien wundern, die ihm mit der Zeit zuteil wurde. Schon das Bessermachen ist etwas, das die Menschen nicht immer gut aufnehmen, da Jeder findet, er sei eigentlich gut genug für seine Lage, und wenn er die Leute konfus machte, um sie sich dann selbst zu überlassen, musste er notwendig manchen spitzfindig vorkommen. Ganz bedenklich aber bleibt für uns das Gewicht, das er auf die Anfrage Chärephons [athenischer Schüler des Sokrates] in dem damals schon sehr verrufenen Delphi legte, eine Anfrage, bei deren Beantwortung sich Pythia weislich negativ ausdrückte, ‹Niemand sei weiser als Sokrates›. Er selbst legte die Aussage des Gottes freilich bescheiden aus: ‹Apoll habe nur den für weise erklären wollen, der wie Sokrates die Wertlosigkeit der menschlichen Weisheit einsehe.› Aber, indem er bei Leuten aller Stände herumging und allen einzelnen, die in irgend einem Fache etwas verstanden,

*bewies, dass sie im übrigen nicht weise seien, musste er doch
auch vielen tüchtigen und tätigen Leuten zuwider werden. Abgesehen davon, dass, wer so permanent redet, und wäre es
Sokrates, auch nicht immer weise reden kann, und dass er die
Leute mit seinen ewigen Gleichnissen langweilte, bediente er
sich für sein ‹Überführen› vorwiegend der Ironie, und diese
hat, da sie immer Anspruch auf Überlegenheit macht, nie gut
geschmeckt; und nun kam dazu noch, dass er seine Opfer in
Gegenwart der jungen Leute ironisierte, welche dazu lächeln
durften und es ihm nachmachten: damit macht man sich unter der Sonne keine Freunde.*

*Nun betont er in seiner Verteidigungsrede seinen göttlichen
Beruf gegenüber den Athenern aufs stärkste, indem er ihnen
zu Gemüte führt, schon seine Vernachlässigung des eigenen
Hauswesens wäre auf menschliche Weise nicht zu erklären;
auch beruft er sich auf das ihm speziell eigene Daimonion, d.h.
die göttliche Stimme, welche ihm im Leben hin und wieder
warnend in den Weg trat. Wir fürchten nur, mit dieser Berufung auf göttliche Inspiration könne er in den Augen seiner
Mitbürger neben jedem Wahrsager an einer Strassenecke
zurückgestanden haben. Von allen solchen Dingen glaubte damals jeder Athener, was er wollte; um die Zeit des Prozesses
aber war der herrschende Geist gewiss der der Enttäuschung
über Alles und Jegliches.*

*Man hat Sokrates etwa insultiert und am Ende getötet; es
scheint aber, dass Niemand die nötige Ironie vorrätig hatte,
um ihn einfach stehen zu lassen; mit der seinen konnte er alle
andern verblüffen. Nur lief er eben mit seinem Chagrinieren
[jemanden betrüben] in einer Zeit bei aller Welt herum, da*

schon die braven Leute in einem beständigen Belagerungszustand durch Sykophanten *[Leute, die andere verleumden]* und andere Organe der Polis lebten und für diese Ironie unter Umständen wenig mehr empfänglich sein mochten. Die Wirkung mag allmählich doch die gewesen sein, dass Alles ausriss, wenn man ihn um eine Ecke kommen sah, und am Ende hatte er jedermann gegen sich aufgebracht: die Priester, die Anhänger der hergestellten Demokratie, welche es ihm nicht verziehen, dass von den Oligarchen mehrere zu seinen frühern Schülern gehört hatten, die Sophisten und die altfränkischen Feinde der Sophistik, die Patrioten alten Schlages. Als ihm nun ein Biss der Polis ins Genick fuhr, indem sich ihrer drei zu einer Anklage zusammentaten, mochte sich mit Ausnahme des kleinen Anhanges niemand für ihn wehren. Dass aber in der Bürgerschaft gar so keine Bewegung für ihn entstand, zeigt, dass er den Athenern einfach verleidet war; ohnehin war man von den schrecklichen Tagen seit Aegospotamoi ohne Zweifel gegen das Schicksal von Einzelnen gleichgültiger geworden und hatte selbst Sorgen genug, sich irgendwie einzurichten und durchzuhelfen. Sokrates aber selbst wollte tatsächlich den Tod, wenn gleich der Selbstmord von ihm missbilligt wird. Sein ganzer Prozess bietet das Bild der höchsten persönlichen Souveränität bei völliger Legalität, und wahrhaft grossartig ist der Schluss seiner Verteidigungsrede. Dass ihm, wenn das Urteil auf Verbannung gelautet hätte, der Aufenthalt in einer für ihn unempfänglichen Stadt das Härteste gewesen wäre, dürfen wir ihm glauben.

In Sokrates Wesen und Schicksal wird Vieles am ehesten deutlich, wenn man sich ihn in die jetzige Zeit versetzt denkt.

Zunächst würden ihn alle Erwerbenden hassen, dann aber auch die aus Pflichttreue Arbeitenden schwerlich gerne mögen; der Pöbel würde ihn genau so weit lieben, als er anständige Leute inkommodieren würde; die Mächtigen und Einflussreichen würden ihn belächeln; die Religiösen würden ihm eine tiefere Anschauung von Schuld und Läuterung entgegenhalten, während die Verbrecher ihm völlig unzugänglich blieben. Diejenige Quote, welche für ihn zugänglich wäre, wäre verschwindend klein, und seinen Eigenruhm würde ihm niemand passieren lassen.

Immerhin aber war er für das damalige Athen eine unvergleichliche Originalfigur, hinterliess ein ungeheures Bild und wurde ein Ideal hellenischen Lebens; er wird stets ein Angelpunkt der ganzen attischen Welt bleiben, und die freie Persönlichkeit ist in ihm aufs sublimste charakterisiert.» (GA 10, S. 352ff.)

Vom einzigartigen griechischen Stadtstaat (Polis)

«Was nun die Polis ist, will, kann und darf, kann am besten aus ihrem historischen Verhalten ergründet werden. Alle Stadtrepubliken unseres abendländischen Mittelalters, auch wenn sie oft und viel an die Polis erinnern, sind doch wesentlich etwas anderes, nämlich einzelne mehr oder weniger frei gewordene Teile schon vorher bestehender grosser Reiche gewesen, und selbst von den italienischen wird zuletzt nur Venedig denjenigen absoluten Grad von Autonomie besessen haben, den die Polis genoss. Auch war die Kirche etwas Gemeinsa-

mes, das über allen Städten und Königreichen stand und das in Griechenland völlig wegfiel. Aber abgesehen von diesen Unterschieden ist die Polis an sich eine Schöpfung ganz anderer Art; einmal in der Weltgeschichte hat in voller Kraft und Einsichtigkeit sich hier ein Wille verwirklicht, welcher längst wie mit Ungeduld scheint auf seinen Welttag gewartet zu haben.

In neuern Zeiten ist es, abgesehen von philosophischen und sonstigen idealistischen Programmen, wesentlich der Einzelne, das Individuum, welches den Staat postuliert, wie es ihn braucht. Es verlangt von ihm eigentlich nur die Sicherheit, um dann seine Kräfte frei entwickeln zu können; hierfür bringt es gerne wohlabgemessene Opfer, hält sich aber um so viel mehr dem Staate zu Dank verpflichtet, je weniger derselbe sich um sein sonstiges Tun kümmert. Die griechische Polis dagegen geht von vornherein vom Ganzen aus, welches früher vorhanden sei als der Teil, nämlich als das einzelne Haus, der einzelne Mensch. Wir dürfen aus einer innern Logik hinzufügen: und dies Ganze wird den Teil auch überleben; es handelt sich nicht bloss um eine Bevorzugung des Allgemeinen vor dem Einzelnen, sondern auch des Dauernden vor dem Augenblicklichen und Vorübergehenden. Von dem Individuum wird nicht bloss im Felde und auf Augenblicke, sondern jederzeit die Hingebung der ganzen Existenz verlangt, denn es verdankt dem Ganzen alles; ja schon die Sicherung seines Daseins, welche damals nur der Bürger geniesst, und zwar nur in seiner Stadt oder soweit deren Einfluss reicht. Die Polis ist ein höheres Naturprodukt; entstanden ist sie, damit Leben möglich sei, sie existiert aber weiter, damit richtig, glücklich, edel, mög-

lichst nach der Trefflichkeit gelebt werde. Wer hier am Regieren und Regiertwerden teil hat, der ist Bürger: das erstere wird noch näher bestimmt als Teilnahme an Gericht und Ämtern. Allein der Bürger verwirklicht überhaupt all sein Können und jede Tugend im und am Staat, der ganze griechische Geist und seine Kultur steht in stärkster Beziehung zur Polis, und weit die höchsten Hervorbringungen der Poesie und der Kunst des Blütezeitalters gehören nicht dem Privatgenuss, sondern der Öffentlichkeit an.

Die oft grossartig pathetische Kunde von diesen Anschauungen erhalten wir teils durch die Dichter der Blütezeit, teils durch Philosophen und Redner des 4. Jahrhunderts, welche bereits nicht mehr das Gefühl konstatieren, wie es wirklich noch herrschte, sondern wie es hätte herrschen sollen.

Die Vaterstadt ist hier nicht bloss die Heimat, wo dem Menschen am wohlsten ist und wohin ihn das Heimweh zieht, nicht bloss die Stadt, auf welche er trotz all ihrer Mängel stolz ist, sondern ein höheres, göttlich mächtiges Wesen. Vor allem ist man ihr den Tod im Kampfe schuldig, und zwar zahlt man ihr damit nur das ‹Nährgeld› zurück. Schon Homer gönnt den Troern, zumal dem Hektor, hie und da die feurigsten Klänge des Patriotismus, und die Elegiendichter, in dem so Wenigen, was von ihnen erhalten ist, bleiben nicht zurück. Der gewaltige Zeuge aber ist Aeschylos. Seine ‹vom Kriegsgott erfüllte› Dichtung ‹Sieben gegen Theben› vereinigt in den Reden des Eteokles den höchsten Ausdruck der Opferpflicht des Bürgers gegen die Muttererde mit dem Pathos des Königs und Verteidigers. In seiner eigenen Grabschrift redet der Dichter nicht von seiner Poesie, sondern von seiner Tapferkeit: ‹Sagen mag

es der marathonische Hain und der starklockige Meder, der es
hat erfahren müssen.›
  Aber die Grosstaten gehören im Grunde gar nicht dem
Einzelnen, sondern der Vaterstadt; diese, nicht Miltiades und
Themistokles, hat bei Marathon und Salamis gesiegt, und
Demosthenes findet dann ein Zeichen des Verfalls darin, dass
jetzt viele sagen, Timotheos habe Kerkyra genommen, und
Chabrias habe bei Naxos die Feinde geschlagen. Jedenfalls hat
auch der Verdienstvollste der Heimat mehr zu danken, als
diese ihm. Und wem die Heimat Unrecht getan, der soll ihr
begegnen wie einer Mutter in solchem Falle. So lehrte Pytha-
goras.» (GA 8, S. 76ff.)

Von der griechischen Selbstzerstörung

«*Die Macht auf Erden hat sich von jeher, wenn ihr Interesse*
ins Spiel kam, vieles gestattet, aber in grossen Staaten bändigt
sie die vielen kleinen Einzelkräfte und hat in der Regel und
auf lange Zeit den Wunsch, nach aussen Frieden zu halten.
Griechische Poleis dagegen sind Kleinstaaten, deren innere
Unruhe seit dem V. Jahrhundert beständig auf Regung nach
aussen drängt und sich, sobald Krieg ausgebrochen ist, das
Äusserste für erlaubt hält; sehr schwer aber ist ihnen die An-
erkennung von Hegemonie und Heeresfolge und ganz un-
möglich die Unterwerfung unter andere Poleis. Wer eine Stadt
aus irgend welchen Gründen besitzen will, muss daher die
Bürgerschaft zernichten; die Folge ist die äusserste Gegen-
wehr, und, wenn man besiegt wird, die möglichste Ausrot-

tung. Ausrottung im Kleinen und in der Nähe aber macht tatsächlich einen ganz besonders empörenden Eindruck. Man handelt fortwährend, als ob das griechische Menschenkapital unerschöpflich und kein Persien, keine lauernde Barbarenwelt mehr vorhanden wäre. Unaustilgbar bleiben jene beiden erhaltenen Protokolle über das Schicksal von Platää und Melos. Der heldenmütige Rest der Platäer, nach einer berühmten Belagerung, hat (427 v. Chr.) mit den Spartanern daraufhin kapituliert, dass spartanische Richter über sie entscheiden sollten; es erscheinen fünf solche, mit dem geheimen Auftrag, den Thebanern zu Gefallen (welche in diesem Krieg noch Sparta nützlich sein konnten) das Todesurteil über jene zu sprechen. Dies verrät sich sogleich durch die kalte, bornierte Jakobinerfrage, welche an jeden einzelnen Platäer gestellt wird: ob er sich im gegenwärtigen Krieg um die Lakedämonier und ihre Verbündeten verdient gemacht habe? – Und da keiner dies bejahen kann, werden sie alle hingerichtet, die Weiber zu Sklavinnen gemacht und die Stadt zunächst ausgetriebenen Megarern zum Wohnen überlassen, dann aber durch die Thebaner von Grund aus zerstört und die Feldmark verpachtet. Und dieselben Thebaner hatten einst bereits bei Xerxes eine frühere Zerstörung von Platää durchgesetzt und zerstörten es später abermals, als nach dem antalkidischen Frieden (387 v. Chr.) die zersprengten Flüchtlinge die Stadt wieder bevölkert hatten; erst Makedonien stellte dieselbe bleibend her. – Die vollständigste Philosophie der Macht des Stärkern jedoch enthüllt sich in der entsetzlichsten Verhandlung zwischen den Athenern und den Bürgern von Melos (416 v. Chr.), welchen man mitten in Frieden und Neutralität die

Untertanenschaft zumutete, wobei die Athener vollkommen wohl wussten, dass Gegenwehr erfolgen und daher die Zernichtung der Schwächern unvermeidlich werden würde; in der Tat musste man die Melier, nachdem sie sich wegen Hungers ergeben, ermorden, Weiber und Kinder als Sklaven verkaufen und die Insel an athenische Kolonisten geben. Die Sympathie des Thukydides scheint dem jetzigen Leser etwas nach der Seite der Unglücklichen zu neigen, doch vielleicht nur, weil der Leser den innern Schauder, welchen er bei dem so völlig objektiven Bericht empfindet, unwillkürlich auch dem Geschichtschreiber zutraut. (GA 8, S. 282f.)

Auf Beschluss des athenischen Demos wurde bei der Einnahme von Skione (auf Pallene) die erwachsene männliche Bevölkerung ermordet. (GA 8, S. 284.)

Kampf zwischen Hellenen und Hellenen ist kein Krieg, da sie von Natur Freunde sind, sondern eine Krankheit, ein Aufruhr; den Namen Krieg verdient nur der Kampf zwischen Hellenen und Barbaren, weil nur hier ein Geschlecht dem andern fremd und entgegengeartet ist; gegen Barbaren mag man sich benehmen, wie jetzt leider Hellenen gegen Hellenen tun.» (GA 8, S. 291.)

Der Familienkult

«Wenn aber auch der öffentliche Gottesdienst mit seinen Festen, Weihen und Agonen bei verringertem Wohlstand abgenommen hätte, so blieb doch der Hauskult in voller Kraft, und bei den Landleuten war dieser ohnehin der vorherr-

schende und gewiss oft der einzige, wenn kein eigentlicher Tempel in der Nähe lag. Kein Zweifel, dass die im griechischen Hause verehrten Götter der Familie, des Besitzes, des Geschäftes, der Liebe weit stärkere Gefühle und weit häufiger in Bewegung setzen als der ganze öffentliche Tempeldienst, und wo die Herrin gerade nicht zusah, übte die verliebte Magd ihre Andacht zur Aphrodite ‹mit Opfern, Beten, Flehen und Fragen bei Tag und Nacht und zündete auch ihre Lichtchen an›. Vor allem war schon der Herd eine Gottheit, und über dem ganzen Gehöfte waltete der Zeus Herkeios. Geopfert wurde im Hause zu Stadt und Land des Morgens und des Abends, und bei jeder Mahlzeit ertönte der Päan [Gesang für Apollo]: der besondern Gelegenheiten, wie Hochzeit, Ephebie, Heimkehr von Reisen usw. nicht zu gedenken. Für den Landmann waren ferner gegebene Feste alle diejenigen, welche sich auf die Jahreszeiten bezogen, und Demeter und Dionysos standen an der Spitze seiner Berufsgötter; dazu noch die besondern Geschlechts- und Familiengötter. Ausserdem aber kamen im Verlauf der Generationen gewiss auch noch die tönernen und ehernen Bildchen mancher Götter des allgemeinen Kultus in das Haus des Griechen, je nach den Erlebnissen, da man ihre Hilfe genossen, oder auf Traumgesichte hin, und auch ausserhalb des Hauses stiftete die Andacht des einzelnen ungehemmt kleine Heiligtümer auf Feld und Flur.

Der Hausvater opferte und war beflissen, das Reisig auf dem Altar kunstgerecht zu ordnen; die Angehörigen aber durften ihm dabei helfen, und man wird nicht ohne Teilnahme – an unerwarteter Stelle, nämlich in einer athenischen Gerichtsrede – eine Schilderung davon anhören, wie eifrig schon

286

die Kinder mitmachten: ‹Unser Grossvater, heisst es, opferte nie ohne uns; mochte das Opfer gross oder klein sein, immer waren wir dabei und nahmen teil daran. Zu den Dionysien nahm er uns jedesmal mit sich aufs Land; neben ihm sitzend schauten wir zu; mit Einem Wort, wir feierten alle Feste mit ihm, und auch wenn er dem Zeus der Habe opferte, ein Opfer, welches er sehr hoch hielt, und wozu er weder Sklaven noch Freie ausser seinen nächsten Verwandten zuliess, sondern alles selbst besorgte, nahmen wir auch hieran teil und taten mit ihm beim Opfer Handreichung, legten es mit ihm auf den Altar und verrichteten alles Übrige mit ihm gemeinschaftlich; und er betete für uns um Gesundheit und Wohlstand, wie es ihm damals als Grossvater zukam.›» (GA 9, S. 179f.)

Von Alexander dem Grossen (356–323 vor Christus)

«Alexander geht über alles Berechnenwollen hinaus; von gesicherter Basis, allmählichem Ausrunden, genau inne gehaltener Proportion von Haupt- und Nebenaufgaben ist bei ihm nicht die Rede, und so ist er selbst militärisch und politisch nicht genau auszurechnen; es ist oft wie eine Laufbahn im Traum; er glaubte, die Fähigkeit zum Siege sei an sich göttlicher Art. Im Grossen ist er wie eine Art Abenteurer, vor allem aber ein Entdecker, der nicht weit genug in der Welt herumfahren kann; in den einzelnen strategischen Massregeln dagegen ist er zweckmässig und wahrscheinlich oft genial; und doch geht im Moment der Aktion der löwenkühne Soldat mit dem Feldherrn durch. Wenn irgendwo in der Geschichte, so hat

man bei der Betrachtung dieses inkommensurabeln Menschen das Gefühl: hier führt eine allmächtige Hand. Die weltgeschichtliche Veranstaltung, die ihn hinausgeführt hat, ist zu riesig, als dass wir uns dessen erwehren können.» (GA 11, S. 410.)

Weltgeschichtliche Betrachtungen

Das Werk, das Burckhardts Namen nicht nur bei den geschichtsbeflissenen Lesern, sondern auch bei den politischen Denkern in aller Welt bekannt gemacht hat, trägt den Titel «Weltgeschichtliche Betrachtungen». Ein Buch mit diesem Titel hat Burckhardt aber nie geschrieben. Was unter diesem Titel 1905 erschienen ist, war, wie bei der «Griechischen Kulturgeschichte», ein Vorlesungs- und Vortragsmanuskript, welches wiederum der Neffe Johann Jakob Oeri veröffentlicht hat. Was aus einem Guss scheint, hat eine lange Entstehungsgeschichte.[329]

Sie sei kurz geschildert, weil Werk und Biographie eng zusammenhängen. Die Urform des Buches bildete eine Vorlesung Burckhardts im Sommer 1851. Sie hatte den Titel «Einleitung in das Studium der Geschichte» und war, wie heute ein Proseminar, für die Anfänger im Geschichtsstudium gedacht. Dann verschwindet das Thema, bis man in einem Brief vom 24. Oktober 1868 wieder etwas davon hört. *«Den bevorstehenden Winter lese ich... eine Art von einstündiger Einleitung in die Geschichte, wozu ich diesen Sommer am Bodensee die Haupt-*

sache zu Faden geschlagen habe.»[330] Man staunt – in einem Gasthaus in Konstanz, fern von jeder Bibliothek, ist dieses stoffreiche Werk entstanden! Jetzt richtete es sich nicht wie früher an wenige Studenten, sondern an ein breiteres, gebildetes Basler Publikum. Burckhardt umschreibt nämlich in der Einleitung seine Absicht so: «*Wir wollen nicht eine Anleitung zum historischen Studium im gelehrten Sinne geben, sondern nur Winke zum Studium des* Geschichtlichen *in den verschiedenen Gebieten der geistigen Welt:*»[331] Später heisst es, dieses Studium des Geschichtlichen sei eine «*wahre Bürgerpflicht*», denn es gelte neben dem blinden Lobpreisen der Heimat die Pflicht, sich auszubilden zum erkennenden Menschen, dem die Wahrheit und die Verwandtschaft mit allem Geistigen über alles gehe.[332]

Die Vorlesung, die Burckhardt dreimal gehalten hat, 1868/69, 1870/71, 1872/73, fällt nun in die gleiche Zeit wie die «Griechische Kulturgeschichte». Es waren die fünf Jahre, in denen sich die politische Bühne Europas zur grossen Besorgnis Burckhardts gründlich veränderte. Damals empfand er das Bedürfnis, einmal nicht nur eine Epoche zu schildern, sondern nach den Mächten zu fragen, welche die Geschichte bewegten. Das war der Sinn dieser «Elementarlehre der Weltgeschichte».[333]

Das jetzt vorliegende Werk ist also ein Kompositum aus verschiedenen Einzelteilen, nämlich: 1. einer programmatischen Einleitung; 2. einem Hauptteil mit den Themen «Von den drei Potenzen», «Die Betrachtung der sechs Bedingtheiten», «Die geschichtlichen Krisen; 3. den Schlusskapiteln «Die historische Grösse» und «Über Glück und Unglück in der Weltgeschichte». Die beiden letzten Kapitel hatte Burckhardt in öffentlichen Vorträgen im November 1870 und im November 1871 vorgetragen. Kern des Werkes bilden also die drei mittleren Kapitel. Von diesen sagt Burckhardt schon auf der ersten Seite: *«Nach einer allgemein einleitenden Darlegung unserer Absicht... werden wir von den drei grossen Potenzen Staat, Religion und Kultur zu sprechen haben, dann zunächst deren dauernde und allmähliche Einwirkung aufeinander... behandeln, weiterhin zur Betrachtung der beschleunigten Bewegung des ganzen Weltprozesses übergehen, der Lehre von den Krisen und Revolutionen...»*[334] Von all dem will Burckhardt sprechen, aber was er nicht will, betont er auch: *«Wir geben vor allem keine Geschichtsphilosophie.»*[335] Trotz dieser klaren Aussage von Burckhardt selbst wird er in der Literatur oft als «Geschichtsphilosoph» gekennzeichnet. Gewiss, er ist ein Historiker, der immer wieder die Fakten der Weltgeschichte hinterfragt, aber er macht daraus noch nicht wie ein Philosoph eine Lehre, sucht nach keinem *«allgemeinen Programm der Weltentwicklung mit optimistischem Ausgang»*. In weiser Selbstbeschränkung sagt er: *«Wir sind nicht eingeweiht in die Zwecke der ewigen Weisheit und kennen sie nicht.»*[336] Aber wo liegt denn sein eigener Ausgangspunkt? Die Antwort lautet: *«Unser Ausgangspunkt ist der vom einzigen bleibenden und für uns möglichen Zentrum, vom duldenden, strebenden und handelnden Menschen, wie er ist und immer war und sein wird.»*[337] Und nochmals setzt er sich deutlich von den Geschichtsphilosophen ab: *«Die Geschichtsphilosophen betrachten das Vergangene als Gegensatz und Vorstufe zu uns als Entwickelten; – wir betrachten das sich* Wiederholende,

Konstante, Typische *als ein in uns Anklingendes und Verständliches.*»[338]

Wir sind schon ins Zitieren gekommen! Tatsächlich kann man dieses Buch nicht lesen, ohne auf jeder Seite einen Satz zu finden, der etwas Wichtiges über Burckhardts Sicht der Weltgeschichte aussagt oder ein Ereignis ganz neu beleuchtet. Darum dient dieses Werk Burckhardts bis zum heutigen Tag als Fundgrube für die Kalendermacher. So oft wie Burckhardt kommt nur noch Goethe zu Wort. Bedeutet dies, dass die beiden die besten Lieferanten für allgemein verständliche Lebensweisheiten sind? Schon einer der ersten Interpreten der «Weltgeschichtlichen Betrachtungen» behauptete, mit diesem Buch sei nur eines des 19. Jahrhunderts zu vergleichen – die «Gespräche Goethes mit Eckermann».[339]

Wir zitieren zunächst einen längern Text und setzen einige von jenen Hunderten von zitatreifen Sätzen hinzu.

Fragmente aus: «Über Glück und Unglück»

«Unsere tiefe und höchst lächerliche Selbstsucht hält zunächst diejenigen Zeiten für glücklich, welche irgendeine Ähnlichkeit mit unserem Wesen haben; sie hält ferner diejenigen vergangenen Kräfte und Menschen für löblich, auf deren Tun unser jetziges Dasein und relatives Wohlbefinden gegründet scheint.

Ganz als wäre Welt und Weltgeschichte nur unsertwillen vorhanden. Jeder hält nämlich seine Zeit für die Erfüllung der Zeiten und nicht bloss für eine der vielen vorübergehenden

Wellen. Hat er Ursache, zu glauben, dass er ungefähr das ihm Erreichbare erreicht hat, so versteht sich diese Ansicht von selbst; wünscht er, dass es anders werde, so hofft er, auch dies in Bälde zu erleben und noch selber bewirken zu helfen.

Alles einzelne aber, und wir mit, ist nicht nur um seiner selbst, sondern um der ganzen Vergangenheit und um der ganzen Zukunft willen vorhanden.

Diesem grossen und ernsten Ganzen gegenüber sind die Ansprüche der Völker, Zeiten und Individuen auf dauerndes oder nur momentanes Glück und Wohlbefinden nur von sehr untergeordneter Bedeutung, denn weil das Leben der Menschheit ein Ganzes ist, stellen dessen zeitliche und örtliche Schwankungen nur für unsere schwachen Organe ein Auf und Nieder, ein Heil und Unheil dar, in Wahrheit aber gehören sie einer höheren Notwendigkeit an.

‹Glück› ist ein entweihtes, durch gemeinen Gebrauch abgeschliffenes Wort. Wohin käme man, wenn eine allgemeine Abstimmung nach der Kopfzahl auf der ganzen Erde über die Definition desselben zu entscheiden hätte.» (GA 7, S. 199.)

Kernsätze

«Das Wahre, Gute, Schöne braucht bei unserer Betrachtung richtig gefasst, keine Not zu leiden. Das Wahre und Gute ist mannigfach zeitlich gefärbt und bedingt; auch z.B. das Gewissen ist zeitlich bedingt; aber die Hingebung, zumal die mit Gefahren und Opfern verbundene an das zeitlich bedingte Wahre und Gute ist etwas unbedingt Herrliches. Das Schöne freilich könnte über die Zeiten und ihre Wechsel erhaben sein, bildet überhaupt eine Welt für sich. Homer und Phidias sind

noch schön, während das Wahre und Gute jener Zeit nicht mehr ganz das unserige ist.» (GA 7, S. 7.)

«Der Geist ist die Kraft, jedes Zeitliche ideal aufzufassen. Er ist idealer Art, die Dinge in ihrer äusseren Gestalt sind es nicht.

Der Geist muss die Erinnerung an sein Durchleben der verschiedenen Erdenzeiten in seinen Besitz verwandeln. Was einst Jubel und Jammer, muss nun Erkenntnis werden, wie eigentlich auch im Leben des einzelnen.

Damit erhält auch der Satz Historia vitae magistra einen höheren und zugleich bescheideneren Sinn». (GA 7, S. 6.)

«Denn der Geist hat Wandelbarkeit, aber nicht Vergänglichkeit.» (GA 7, S. 4.)

«Und nun gedenken wir auch der Grösse unserer Verpflichtung gegen die Vergangenheit als ein geistiges Kontinuum, welches mit zu unserem höchsten geistigen Besitz gehört. Alles, was im entferntesten zu dieser Kunde dienen kann, muss mit aller Anstrengung und Aufwand gesammelt werden, bis wir zur Rekonstruktion ganzer vergangener Geisteshorizonte gelangen.» (GA 7, S. 6.)

«Wenn die Geschichte uns irgendwie das grosse und schwere Rätsel des Lebens auch nur geringstenteils soll lösen helfen, so müssen wir wieder aus den Regionen des individuellen und zeitlichen Bangens zurück in eine Gegend, wo unser Blick nicht sofort egoistisch getrübt ist.» (GA 7, S. 8.)

«Wie weit sind die Religionen gestiftet? Jedenfalls sind sie wesentlich als die Schöpfungen einzelner Menschen oder einzelner Momente, das heisst eben der Fixierungsmomente ruckweise, strahlenweise entstanden. Ein Teil der Menschen hält

mit, weil der Stifter oder das Ereignis gerade den Punkt des
metaphysischen Bedürfnisses getroffen hat, der in den leben-
digsten Menschen empfunden wird, die grosse Masse hält mit,
weil sie nicht widerstehen kann, und weil alles Bestimmte ein
Königsrecht hat gegenüber dem Dumpfen, Unsicheren und
Archaischen.» (GA 7, S. 31.)

«Noch kein Staat ist durch einen wahren, d.h. von allen
Seiten freiwilligen Kontrakt entstanden; denn Abtretungen
und Ausgleichungen wie die zwischen zitternden Romanen
und siegreichen Germanen sind keine echten Kontrakte. Dar-

Burckhardts Wohn- und Studierstube von 1892–1897, Aeschengraben 6.

um wird auch künftig keiner so entstehen. Und wenn einer so entstände, so wäre es eine schwache Schöpfung, weil man beständig um die Grundlagen rechten könnte.» (GA 7, S. 21.)

«Der Grossstaat ist in der Geschichte vorhanden zur Erreichung grosser äusserer Zwecke, zur Festhaltung und Sicherung gewisser Kulturen, die sonst untergingen, zur Vorwärtsbringung passiver Teile der Bevölkerung, welche als Kleinstaat sich selbst überlassen, verkümmern würden, zur ruhigen Ausbildung grosser kollektiver Kräfte.» (GA 7, S. 24.)

(Über den Kleinstaat vgl. man Seite 17 meines Textes.)

«Wenn sich der gebildete Mensch bei Kunst und Poesie der Vergangenheit zum Mahle setzt, wird er die schöne Illusion, dass jene glücklich gewesen, als sie dies Grosse schufen, nie völlig von sich abwehren können oder wollen. Jene freilich retteten nur mit grossen Opfern das Ideale ihrer Zeit und kämpften im täglichen Leben den Kampf, den wir alle kämpfen. Ihre Schöpfungen sehen nur für uns aus wie gerettete und aufgesparte Jugend.» (GA 7, S. 174.)

«Es gehört mit zur Jämmerlichkeit alles Irdischen, dass schon der einzelne zum vollen Gefühl seines Wertes nur zu gelangen glaubt, wenn er sich mit andern vergleicht und es diesen je nach Umständen tatsächlich zu fühlen gibt. Staat, Gesetz, Religion und Sitte haben alle Hände voll zu tun, um diesen Hang des einzelnen zu bändigen, das heisst ins Innere des Menschen zurückzudrängen.» (GA 7, S. 124.)

«Der Despot kann unendlich viel Gutes stiften, nur nicht eine gesetzmässige Freiheit herstellen; auch Cromwell [1599–1658] regierte England distriktweise durch Generäle. Gäbe der Despot eine freie Verfassung, so würde er nicht nur bald

selbst beiseite geschoben, sondern durch einen andern und geringern Despoten ersetzt, aber nicht durch die Freiheit; denn diese will man einstweilen nicht, weil man sie in zu schlimmen Händen gesehen hat. Man möge sich erinnern, wie das jetzige Frankreich [von 1868] sich vor seinem eigenen Schatten fürchtet.

Das nächste Phänomen unter dem Despotismus kann dann ein grosses materielles Gedeihen sein, womit sich die Erinnerung an die Krisis verwischt. Nur hat der Despotismus wieder seine eigenen inneren Konsequenzen; er ist an sich garantielos, persönlich und als Erbe einer gefundenen Macht zu Gewaltstreichen nach aussen aufgelegt.» (GA 7, S. 143f.)

«Unser Fazit ist: die Menschen sind Menschen im Frieden wie im Kriege; das Elend des Irdischen hängt ihnen in beiden Zuständen gleich sehr an. Überhaupt waltet viel optische Täuschung zugunsten derjenigen Parteien und ihrer Individuen ob, mit deren Interesse das unsrige irgendwie zusammenhängt.» (GA 7, S. 125.)

«Schlecht ist der Trost mit einem höheren Weltplan u. dgl. Jede erfolgreiche Gewalttat ist allermindestens ein Skandal, d.h. ein böses Beispiel; die einzige Lehre aus gelungener Missetat des Stärkeren ist die, dass man das Erdenleben überhaupt nicht höher schätze, als es verdient.» (GA 7, S. 126.)

Die letzten Zeilen der «Weltgeschichtlichen Betrachtungen» lauten:

«Auf diesem Punkt angelangt, ist innezuhalten. Wir sind unmerklich von der Frage des Glückes und Unglückes auf das Fortleben des Menschengeistes geraten, das uns am Ende wie

das Leben eines Menschen erscheint. Dieses, wie es in der Ge-
schichte und durch sie bewusst wird, muss allmählich die
Blicke des Denkenden dergestalt fesseln und die allseitige Er-
gründung und Verfolgung desselben muss seine Anstrengung
derart in Anspruch nehmen, dass die Begriffe Glück und Un-
glück daneben mehr und mehr ihre Bedeutung verlieren.‹Reif
sein ist alles.› Statt des Glückes wird das Ziel der Fähigen
nolentium volentium die Erkenntnis. Und dies nicht etwa aus
Gleichgültigkeit gegen einen Jammer, der uns ja mitbetreffen
kann – wodurch wir vor allem kalten Objektiv-tun geschützt
sind –, sondern weil wir die Blindheit unseres Wünschens ein-
sehen, indem die Wünsche der Völker und einzelnen wechseln
und sich widersprechen und aufheben.

Könnten wir völlig auf unsere Individualität verzichten und
die Geschichte der kommenden Zeit etwa mit ebensoviel Ru-
he und Unruhe betrachten, wie wir das Schauspiel der Natur,
z.B. eines Seesturmes vom festen Lande mitansehen, so wür-
den wir vielleicht eines der grössten Kapitel aus der Geschichte
des Geistes bewusst miterleben.

In einer Zeit: da der täuschende Friede jener dreissig Jahre,
in welchen wir aufwuchsen [1815–1845] längst gründlich da-
hin ist und eine Reihe neuer Kriege im Anzug zu sein scheint,
da die grössten Kulturvölker in ihren politischen Formen
schwanken oder in Übergängen begriffen sind, da mit der Ver-
breitung der Bildung und des Verkehrs auch die des Leidens-
bewusstseins und der Ungeduld sichtlich und rasch zunimmt,
da die sozialen Einrichtungen durchgängig durch Bewegungen
der Erde beunruhigt werden – so vieler anderer angehäufter
und unerledigter Krisen nicht zu gedenken –, würde es ein

wunderbares Schauspiel, freilich aber nicht für zeitgenössi-
sche, irdische Wesen sein, dem Geist der Menschheit erken-
nend nachzugehen, der über all diesen Erscheinungen schwe-
bend und doch mit allen verflochten, sich eine neue Wohnung
baut. Wer hievon eine Ahnung hätte, würde des Glückes und
Unglückes völlig vergessen und in lauter Sehnsucht nach die-
ser Erkenntnis dahinleben.» (GA 7, S. 207f.)

Die Vorträge

Populär in Basel wurde Burckhardt nicht durch seine wenigen Bücher, die zu Lebzeiten erschienen sind, auch nicht durch seine Vorlesungen an der Universität, die ja nur von relativ wenigen Herren – Damen waren noch nicht zugelassen – gehört wurden. Populär wurde er dank seinen Vorträgen für jedermann. Kaum war der junge Dr. phil. aus Deutschland zurück, hielt er seinen ersten Vortrag, über den «Veltlinermord»; im letzten, am 15. Dezember 1892, sprach er über die «Marienkrönung in der bildenden Kunst». Die Gesamtausgabe der Werke Burckhardts verzeichnet 146 Vorträge; nur ein kleiner Teil davon ist gedruckt worden. Bemerkenswert ist nun, dass sie in einer kleineren Zahl vor einem elitären Publikum im Schosse wissenschaftlicher Gesellschaften gehalten worden sind. Weitaus zahlreicher waren die «populären» Vorträge, die, jedermann zugänglich, in der Safranzunft, im Casino oder im Bernoullianum zu hören waren. Wie sehr ihm diese öffentliche Tätigkeit am Herzen lag, wissen wir aus einem Brief an den deutschen Freund, der ihn um einen Vortrag im Ruhrgebiet bat. «... *Ich werde mit meinen Vorträgen nie über die Torschwelle von Basel hinausgehen.*»[340]

In den ersten Jahren brachten diese Vorträge gewiss auch

eine willkommene Aufbesserung des Einkommens, denn die ausserordentliche Professur war, wie erwähnt, unbesoldet. Burckhardt selbst zeigte seine Vorträge in der Zeitung an, und die Basler, Männer und Frauen, kamen zuhauf. Einen Vortragszyklus über die «Gegenreformation» wollten gar 530 Besucher hören. Für die Basler waren solche Abendvorträge damals fast so etwas wie die heutigen Fernsehfolgen – freilich in einer etwas anderen Qualität. Der erste Biograph Burckhardts, Hans Trog, sagt von dieser Tätigkeit, Burckhardt habe sich *«in die Herzen des Basler Publikums hineingesprochen».*[341] Ein sehr kritischer Basler hingegen spöttelte: «*Burckhardts hiesiges Publikum besteht namentlich aus schönen Seelen, deren vorgefasste Meinungen den Besuch des Theaters unmöglich machen.»*[342] Doch Theater und Burckhardts Vorträge schlossen einander nicht immer aus. Dies beweist eine nette Geschichte, die man aus der Briefausgabe erfährt. Eine beliebte Sängerin trat in einer Mozartoper, die zugleich ihre Benefizvorstellung war, am 10. Februar 1880 abends acht Uhr auf. Burckhardts öffentlicher Vortrag sollte zur gleichen Zeit stattfinden. Als er von der Kollision hörte, liess er ein Zeitungsinserat erscheinen mit dem Text: «*Wegen gleichzeitiger Benefizvorstellung im Theater wird die Vorlesung des Herrn Prof. Burckhardt um sechs Uhr stattfinden.*» Als die Künstlerin dies erfuhr, schrieb sie einen bewegten Dankbrief, den Burckhardt ebenso freundlich erwiderte.[343]

Was ein wirklicher Fachmann von einem dieser Vorträge dachte, lautet so: «*Gestern abend hatte ich einen Genuss, den ich Dir [dem Adressaten] vor allem gegönnt hätte. Jacob Burckhardt hielt eine freie Rede über ‹historische Grösse› und*

zwar völlig aus unserm Denk- und Gefühlskreis heraus.»[344]
Der Fachmann hiess – Friedrich Nietzsche.

Die Spannweite der Themen, die Burckhardt aufgegriffen hat, ist fast erschlagend gross. Wir zählen einige wenige auf. Der Titel beginnt meistens mit «Über»... Die Lage Frankreichs 1444; Der Charakter der Königin Agnes; Die Heldenlieder der Serben; Die Reiterstatuen; Die Säkularisationsversuche im Kirchenstaat; Landschaftliche Schönheit; Don Quixote; Die Kochkunst der späten Griechen usw. Wir verzichten – mit Ausnahme eines Textes – auf den Abdruck von Stilproben, weil sie lediglich bestätigen könnten, was wir schon von früheren «Fragmenten» wissen: Burckhardt ist ein Sprachkünstler.

Wir versuchen im folgenden eine Frage zu beantworten, die jeden heutigen Leser der Vorträge beschäftigen dürfte: Wie war es möglich, dass Burckhardt in kunstgeschichtlichen Vorträgen seine Hörer fesseln konnte, ohne ein einziges Lichtbild zu zeigen (aus dem einfachen Grund, weil es noch keine gab)? Zwar wissen wir, wie leidenschaftlich Burckhardt auf seinen Reisen Photographien gesammelt hat. Er schleppte sie in die Universitätsvorlesungen mit und liess sie, während er dozierte, zirkulieren. Das war zwar schon im kleinen Hörsaal der alten Universität recht problematisch, aber vollends unmöglich in den Vorträgen mit einigen Hundert Zuhörern. Was muss dies für ein Publikum gewesen sein, das in die Vorträge kam, um etwas über Bilder, Architektur und Skulpturen zu erfahren, was es nicht sehen konnte? Wir meinen, die Antwort könnte etwa lauten: Das Publikum war noch nicht durch eine Bilderflut abgestumpft und – Burckhardt war ein überragender Schilderer.

An einem Beispiel versuchen wir, die lichtbildlose Methode im Vortrag «Die Malerei und das Neue Testament» darzustellen.[345] Burckhardt beschreibt zunächst das Verhältnis von Kirche und Kunst und sagt, es sei für die Kunst ein Glück gewesen, in der Dienstbarkeit der Religion Schutz zu finden. Zur Verherrlichung der religiösen Themen habe die Kunst ihr Bestes aufgewendet. Und dann geht er nicht in die Kunstgeschichte, sondern durch das Neue Testament und die damals allen Zuhörern wohlbekannten Szenen und sagt jeweils, wie die Malerei ihre Aufgabe, die biblischen Szenen sichtbar zu machen, gut oder weniger gut gelöst hat.

Wir lassen einige Fragmente kommentarlos folgen, in der Hoffnung, der Leser werde zum ganzen Text greifen. Er ist ein Edelstein in der so reichen Schatztruhe der Werke Burckhardts.

«Das Leben Christi beginnt in der Kunst schon mit seinen Vorfahren. Dies sind jene gekrönten Gestalten unter Baldachinen auf Teppichgrund, welche in den Chören grosser reicher gotischer Kirchen die Oberfenster einzunehmen pflegen. Noch einmal und in ganz anderer Weise, als ausruhend Wartende, zum Teil in ganzen Familien, hat Michelangelo sie an den Oberwänden und Gewölbekappen der sixtinischen Kapelle dargestellt.

Unzählige Male sind die vier Evangelisten gemalt worden, und hier treffen wir schon öfter auf eine der höchsten psychologischen Aufgaben der Kunst: auf die Inspiration, vorzüglich bei Johannes; mag er als Jüngling oder als Greis auftreten.»

«Zu völliger Individualität ausgebildet sind die drei Erzengel. Rafael als Begleiter des jungen Tobias ist dann überhaupt zum Angelus Custos der Jugend geworden in herrlichen Bildern der italienischen Kunst. Michael ist nach der Andacht des Mittelalters der Seelenwäger im Weltgericht und der Sieger über die dunklen Mächte; in gewaltigem Schwung saust er mit der Lanze auf den Satan nieder. Gabriel ist der Engel der Verkündigung, und mit dieser, mit einem jener Themata, wie sie die hohe Kunst nicht herrlicher wünschen kann, beginnen dann die erzählenden Darstellungen.»

«Die Heimsuchung der Maria ist vor allem einer der Anlässe gewesen, die Landschaft walten zu lassen, und zwar das Gebirge, über welches Maria zu Elisabeth kam. Die moderne Landschaft mag es sich offen gestehen, dass auch sie im Heiligtum und für das Heiligtum entstanden ist; eine höhere Macht hat über die elementare Natur den Segen sprechen müssen, damit sie darstellungswürdig und schön wurde.»

«Es folgt die Geburt, nach alter Kunstübung vereinigt mit der Anbetung der Hirten. Wir werden sogleich von der Anbetung der Könige zu sprechen haben, welche in der Kunst so viel mehr in den Vordergrund tritt; die Anbetung der Hirten aber ist das gemütlich schönere Thema, weil es gar keine Zeremonie ist, sondern rein in Rührung und Entzücken aufgeht.»

«Nun erst kommt das mächtige, von Segen für die Kunst triefende Thema der Anbetung der Könige. So wie der ferne Orient auf göttliche Weisung hergezogen kam, so ist seither

die Kunst von sechzehn Jahrhunderten, periodisch hergezogen gekommen und hat dieser Aufgabe jedesmal ihre vollen Kräfte und Gaben dargebracht.»

«Die Darstellung im Tempel verherrlicht in der Regel die priesterliche Würde auf das höchste, indem Simeon, gen Himmel schauend, die Worte eines bald selig Sterbenden ausspricht. Nur das allervorzüglichste dieser Bilder von Fra Bartolomeo erteilt dem Christuskinde selbst die höchste Funktion; während Simeon zu Maria leise redet, spendet es den Segen und deutet mit der Linken auf seine Brust. An stiller Harmonie, an Schönheit und Würde der einzelnen Gestalten steht dies Bild auf der vollen Sonnenhöhe aller Kunst.»

«Die Flucht nach Ägypten und die Ruhe auf der Flucht, beides oft in Geleit von Engeln, sind als Themata der Malerei über jedes Lob erhaben. Welche liebliche Inspiration leitet Baldung, als er Maria mit dem Kinde unter einer Palme vorbeireiten liess, deren Zweige von Engelkindern niedergebeugt werden, damit eines davon dem Christkind Datteln reichen könne!»

«Im spätern Leben Christi sind die Gespräche mit den Pharisäern und Schriftgelehrten bekanntlich nie ausgegangen, und zwei dieser Momente: die Szene der Ehebrecherin und des Zinsgroschen sind wahrhaft kunstüblich geworden. Allein die Malerei nahm den Schriftgelehrten hier schon durch ihre geringere Zahl und durch Beschränkung auf Halbfiguren oder Kniefiguren gewissermassen die physische Übermacht und

stellt ihnen einen erwachsenen Christus voll Hoheit gegenüber, welcher überdies im vollen Lichte zu stehen pflegt, während jene das Licht vom Rücken haben.»

«Im Leben Christi müssen wir wieder anknüpfen bei der Versuchung; aber dies psychologisch so viel versprechende Thema eignet sich nicht für Altäre, und die wenigen vorzüglichen Darstellungen desselben stammen, so viel mir bekannt ist, von nordischen Malern her. Im untern Freskenzyklus der sixtinischen Kapelle geht wohl eine Versuchung von Sandro Botticelli mit; allein diese wunderliche Komposition erschöpft gerade die seelische Seite der Erzählung nicht.»

«Für die Geschichte vom reichen Mann und dem armen Lazarus haben wir wenigstens die eine überaus geistvolle Ausführung von Bernard van Orley. Dagegen haben die klugen und törichten Jungfrauen, welche im Mittelalter als Statuen so manches Kirchenportal schmückten, in der grossen Malerei des XVI. und XVII. Jahrhunderts keine namhaften Darsteller gefunden, was seinen Grund in der Schwierigkeit haben möchte, sie als nächtliche Gruppe im Streit um das Öl deutlich wirken zu lassen.»

«Die Wunder sind für die malerische Darstellung in sehr ungleichem Grade geeignet. Der Zusammenhang zwischen einer gewöhnlichen Ursache und einer gewöhnlichen Wirkung, worauf sonst die Sichtbarkeit eines Hergangs beruht, ist hier aufgehoben; an ihre Stelle tritt ein Machtwort oder eine Gebärde und daneben ein Ereignis, welches für den gläubigen

Sinn allerdings die Folgen davon sein soll, es aber für das Auge nicht ist.»

«Von andern Ereignissen des Neuen Testamentes haben die Maler besonders gerne die schon erwähnte Szene von Christus und der Ehebrecherin behandelt, einen psychologisch überaus anregenden Moment, der auch eine grosse optische Schönheit gestattet, sobald nicht Christus sich auf die Erde bückt, um zu schreiben.»

«Der höchste Augenblick aus der Zeit des Erdenlebens Christi, die Verklärung auf Tabor, hat feierliche Darstellungen hervorgerufen schon seit dem frühen Mittelalter, und im XV. Jahrhundert hat Giovanni Bellini das strenge, tief andächtig empfundene Bild geschaffen, welches sich im Museum von Neapel befindet, immerhin die weitaus bedeutendste vorrafaelische Transfiguration. Rafaels Gemälde im Vatikan aber, wo die verklärte Szene in Verbindung gebracht ist mit der Geschichte vom besessenen Knaben, ist dann eines der ganz grossen Vermächtnisse der reifen italienischen Kunst an die künftigen Völker und Jahrtausende.»

«Indem wir nun von der Passion zu reden hätten, entsinkt uns der Mut. Wer soll in Kürze berichten, wie hier die Religion die Malerei an der Hand genommen und auf die höchsten Höhen nicht bloss des Empfindens, sondern auch des Könnens hinaufgeführt hat? Die grossen Meister haben es nie als eine Zurücksetzung empfunden, dass in der Mitte ihrer Aufgaben sich kein antiker Schönheitsjubel, kein Apollon, noch Dionysos, sondern ein Leiden vorfand; denn hier erst entdeckten sie die höchsten Kräfte in ihrem Innern. Welche Augenblicke für die Malerei! Sie heissen Abendmahl, Gethsemane, Gefangennehmung, Geisselung, Eccehomo, Kreuztragung, Golgatha, Kreuzabnahme; dann die drei Momente: Beklagung, Grabtragung und Grablegung; hierauf folgen die Bilder des Christus in der Vorhölle, der Auferstehung, der Frauen am Grabe, des Christus als Gärtner und endlich jenes erhabene Emmaus.»

Die Briefe

Gehören «Briefe» zum Werk eines Historikers? Bekanntlich ist seit dem Altertum das Briefeschreiben auch eine literarische Form gewesen. Und als Burckhardt jung war, las man mit Tränen die Briefe von Goethes «Werther». Burckhardt sprach in einem seiner schönsten Vorträge über «Die Briefe der Madame de Sévigné». Doch eine literarische Schöpfung sind die Briefe Burckhardts nicht! Er dachte nie daran, seine Briefe einmal drucken zu lassen. Im Gegenteil, er bat oft inständig seine Freunde, z. B. Paul Heyse, die Briefe zu vernichten. Gerade die Lücke in der Korrespondenz mit seinem verehrten guten Freund Franz Kugler beweist, dass dies geschehen ist.

Aber dann trat das Gegenteil ein! Bald nach seinem Tod wurden einzelne Briefe von Verehrern veröffentlicht, und in den ersten zwei Jahrzehnten unseres Jahrhunderts folgten ganze Sammlungen, z. B. die Briefe an Max Alioth, an Paul Heyse, an Heinrich von Geymüller, an Friedrich von Preen. 1935 gab Fritz Kaphahn die erste Sammlung von Briefen an viele Adressaten heraus.[346] Sie wurde fünfmal neu aufgelegt, bis 1949 die «klassische» Sammlung von Max Burckhardt erschien. Seit 1986 liegen 1662 chronologisch geordnete Briefe – und als Nachtrag nochmals rund hundert – in schön gedruckter und gut kommentierter Form vor. Jedermann kann sie lesen – und viele tun es auch. Nie werden wir jenes Gespräch in einem Wiener Café vergessen, als ein österreichischer Kaufmann mittleren Alters aufhorchte, als das Wort «Basel» fiel. «Sie kommen von Basel? Der Stadt Jacob Burckhardts! Ich habe seine Briefe in der schönen Ausgabe des Schwabe-Verlags abonniert und warte sehnlichst auf die nächsten Bände.»

Woher, so fragt man, nimmt man aber die Berechtigung, diese privaten Briefe zu veröffentlichen? Weil man erkannt hat, dass hier ein kostbares Werk der deutschen Geistesgeschichte vorliegt. Gerade in einer Zeit, in der das Briefschreiben wegen anderer Kommunikationsmittel abzusterben droht, wird ein Briefschreiber wie Jacob Burckhardt vorbildlich. Ob die Behauptung eines deutschen Gelehrten, dass das alemannische Volk besonders zum Briefeschreiben begabt sei, stimmt, wagen wir nicht zu bestätigen. Burckhardt bleibt auch hier ein Einzelfall.[347]

Wir sehen, etwas vereinfachend, drei Gründe, die ihn zum Briefschreiber gemacht haben. Er hatte, erstens, ein starkes Mitteilungsbedürfnis; es war so stark, dass er in der Jugend öfters sein Herz gegenüber seinen besten Freunden ausschüttete. (Wir haben im biographischen Teil Beispiele zitiert.) Als alter Herr schrieb er jene Reisebriefe, in denen er seine schönen oder auch nur interessanten Erlebnisse in fremden Städten mitteilte. – Zweitens: Burckhardt beantwortete immer die Fragen, die ihm in Briefen von Fernstehenden gestellt worden sind. Junge Gelehrte, wie Bernhard Kugler, der Sohn Franz Kuglers, oder Dichter wie Joseph Viktor Widmann, Friedrich

Salomon Vögelin und Emma Brenner-Kron schickten ihm ihre Arbeiten und baten um ein Urteil. Burckhardt nahm sich die Mühe, gelegentlich seitenlang zu kritisieren und Verbesserungsvorschläge anzubieten. Drittens: Burckhardt war ein ausgesprochen höflicher Mensch. Das zeigt sich darin, dass er auch die kleinste Gabe, einen Kuchen, eine Schachtel Zigarren, einige Flaschen Wein mit einem Brief verdankt hat. Am Leid im Freundeskreis nahm er Anteil, erkundigte sich nach kranken Kindern, nach den Schulerfolgen der Söhne und schrieb teilnahmsvolle Beileidsbriefe, wie jenen an die Familie von Preen, den wir oben zitiert haben.

Wir haben den biographischen Teil weitgehend mit Briefzitaten belegt. Doch auch auf die Werke werfen sie einen Blick, der Zusammenhänge sichtbar macht.

Wir schliessen mit dem Abdruck von zwei Briefen. Den ersten mit der Unterschrift «Eminus» (= der Ferne) schrieb der 28-jährige Burckhardt einem deutschen Studienfreund, Hermann Schauenburg (1819–1876); den zweiten der 54-jährige dem ehemaligen Oberamtmann von Lörrach, Friedrich von Preen. Sie bestätigen, was man schon vor 50 Jahren behauptet hat: «*Burckhardt ist ein wahrhaft begnadeter Briefschreiber gewesen.*»[348]

An Hermann Schauenburg

«Basel, 28. Februar 1846

Herzjunge!

*In viereinhalb Wochen geh ich nach Rom, habe Dir seit eben-
so vielen Monaten nicht geantwortet, möchte gern noch ein
gut Wort von Dir mit auf die Reise, darum ist es die höchste
Zeit, ich schreibe Dir jetzt.*

*Ihr Wetterkerle wettet Euch immer tiefer in diese heillose
Zeit hinein – ich dagegen bin ganz im Stillen, aber komplett
mit ihr überworfen und entweiche ihr deshalb in den schönen
faulen Süden, der der Geschichte abgestorben ist und als stilles, wunderbares Grabmonument mich Modernitätsmüden
mit seinem altertümlichen Schauer erfrischen soll. Ja, ich will
ihnen allen entweichen, den Radikalen, Kommunisten, Industriellen, Hochgebildeten, Anspruchsvollen, Reflektierenden,
Abstrakten, Absoluten, Philosophen, Sophisten, Staatsfanati-
kern, Idealisten, aner und iten aller Art – bloss die Jesuiten
werden mir wieder jenseits begegnen und von den uten bloss
die Absoluten; Fremdlinge pflegen ihnen jedoch auszuwei-
chen. Jenseits der Berge muss ich mit Leben und Poesie neue
Beziehungen knüpfen, wenn aus mir fürderhin etwas werden
soll; denn mit dem jetzigen Zustand aller Dinge bin ich innerlich brouilliert – ganz im Stillen, ohne irgend einen besonderen Verdruss, ganz allmählich hat der Tropfen den Stein
ausgehöhlt, bis ich endlich inne wurde: es tut's nicht mehr. Ich
bleibe wahrscheinlich ein Jahr im Süden, Du sollst Nachrich-*

312

ten von mir haben und was für! *Vielleicht schickt mir unser Herrgott ein barmherziges Fieberchen, das dem unruhigen Kopf ein Ende macht – gut, ich habe auch nichts dagegen, vogue la galère! auch wenn es Charons Nachen ist. Das dunkle Schicksal meint es oft gut mit uns: ‹Duc me, parens, celsique dominator poli!›* [Führe mich Vater, Du Herrscher des hohen Himmels.]

Ich bin noch selten in so wunderbarer Stimmung gewesen wie eben jetzt – es ist wiederum jener Traum von dem alten Schlosse, von wo aus man in die prächtige Abendlandschaft hinaussieht, eine geheimnisvolle Zukunft winkt – ach wär' es doch ein früher, lustiger Tod recht mitten aus dem Leben heraus und nicht das alltägliche sentimentale Verenden im Kreise von Kindern und Kindeskindern! Ich ahne so halb und halb, dass mein Geist in Italien wieder die rechte stählerne Spannkraft erhalten und etwas Rechtes produzieren wird – warum es Dir nicht sagen? Der Poet wird jetzt erst aufwachen.

Ach lieber Junge, Freiheit und Staat haben an mir nicht viel verloren. Mit Menschen wie ich einer bin, baut man überhaupt keinen Staat; dafür aber will ich, so lange ich lebe, gegen meine Umgebung gut und teilnehmend sein; ich will ein guter Privatmensch, ein liebreicher Kumpan, eine vortreffliche Seele sein, dafür habe ich ein Talent und das will ich ausbilden. Mit der Gesellschaft im Grossen kann ich nichts mehr anfangen; ich verhalte mich gegen sie unwillkürlich ironisch; das Detail ist meine Sache. Bildung und Routine besitze ich nun genug, um mich im Notfall auch der höheren Politik gegenüber durchzubringen, nur mitmachen will ich nicht mehr, wenigstens in unserer hierländischen Konfusion nicht. Du kannst nun böse

sein so lange Du willst, ich will Dich schon wieder einfangen
und zu mir an mein Herz ziehen, glaub nur!

5. März

Teufel, wie ist der Brief lange liegen geblieben! Mir schwirr-
te seitdem beständig der Kopf von noch zu vollendenden Ar-
beiten, Kollegien usw.; ich bin nicht mehr mein eigener Herr
– morgen zwei Stunden lesen, fünfzehn Artikel für das Kon-
versationslexikon arbeiten und heute Hals über Kopf präpa-
rieren u.a. Dreck! – Ich muss schnell schliessen nur damit der
Brief nicht noch einen Tag liegen bleibe.

Lieber Sohn, ich glaube in Euern Augen einen stillen Vor-
wurf zu lesen, weil ich so leichtfertig der südländischen Schwel-
gerei, als da sind Kunst und Altertum, nachgehe, während die
Welt in Geburtswehen liegt, während es in Polen an allen
Enden kracht und die Vorboten des sozialen jüngsten Tages
vor der Tür sind. In Gotts Namen! Ändern kann ich's doch
nicht und, ehe die allgemeine Barbarei (denn anderes sehe ich
zunächst nicht vor) hereinbricht, will ich noch ein rechtes Auge
voll aristokratischer Bildungsschwelgerei zu mir nehmen, um
dereinst, wenn die soziale Revolution sich ausgetobt hat, bei
der unvermeidlichen Restauration tätig sein zu können – ‹so
der Herr will und wir leben› versteht sich. Ihr werdet sehen,
welche sauberen Geister in den nächsten zwanzig Jahren aus
dem Boden steigen werden! Was jetzt vor dem Vorhang her-
umhüpft, die kommunistischen Dichter und Maler und dergl.,
sind bloss die Bajazzi, welche das Publikum vorläufig dispo-
nieren. Ihr alle wisst doch nicht, was das Volk ist, und wie
leicht das Volk in barbarischen Pöbel umschlägt. Ihr wisst

nicht, welche Tyrannei über den Geist ausgeübt werden wird, unter dem Vorwand, dass die Bildung eine geheime Verbündete des Kapitals sei, das man zernichten müsse. Ganz närrisch kommen mir diejenigen vor, welche verhoffen durch ihre Philosopheme die Bewegung leiten und im rechten Gleise erhalten zu können. Sie sind die feuillants der bevorstehenden Bewegung: letztere aber wird sich so gut wie die französische Revolution in Gestalt eines Naturereignisses entwickeln und alles an sich ziehen, was die menschliche Natur Höllisches in sich hat. Ich möchte diese Zeiten nicht mehr erleben, wenn ich nicht dazu verpflichtet wäre; denn ich will retten helfen, so viel meines schwachen Ortes ist. Für Dich ist mir gar nicht bange: ich weiss zu gut, auf welche Seite Dich die Ereignisse stellen werden. Untergehen können wir alle; ich aber will mir wenigstens das Interesse aussuchen, für welches ich untergehen soll, nämlich die Bildung Alteuropas. Mir ist, als würden wir uns, wenn die Tage kommen, in einer und derselben heiligen Schar wieder antreffen. Schüttle die Illusionen von Dir, mein Hermann! Gewiss wird aus den Stürmen ein neues Dasein auf ganz neuen, d. h. aus Altem und Neuem gemischten Grundlagen hervorgehen; dort wird Dein Platz sein, nicht im Vordergrunde des wüsten Treibens. Neugestalten helfen, wenn die Krisis vorüber ist, das ist wohl unser beider Bestimmung.

Von Rom aus schreibe ich Dir wieder. Ich reise den 23. d. von hier ab; o gib mir vorher noch ein Zeichen alter Liebe!

Und nun lass meinen guten Genius walten. Ich weiss wohl, in aller Herrlichkeit Italiens wird mich stündlich das Heimweh nach Dir begleiten. Leb wohl.

Dein Eminus»

An Friedrich von Preen

«Basel, 26. April 1872

Verehrtester Herr und Freund,

Herzlichen Dank für das Wohlwollen, womit Sie die Bedeutung unserer Anstalt für Filii [Sohn Paul, der eine Zeitlang das Basler Gymnasium besucht hatte] *Entwicklung beurteilen. Ein Urteil über Ihre Landeslyzeen, das mir eine Parallele gestattete, besitze ich nicht; umso wohltuender ist mir Ihre freundliche Anerkennung.*

Nun bitte ich zunächst nur noch um eine Zeile Auskunft darüber, ob unser Maturitätszeugnis ist als genügend anerkannt worden, oder ob Filius sich noch einmal zur Maturität stellen muss? Es liegt mir daran, dies zu wissen.

Oberalemannien ist nach einigen Regentagen wieder sehr schön! Gestern gab es herrliche Beleuchtungen und in Muttenz einen Schoppen auf der Matte. Heute ist es strahlend schön. Quoad militaria: ich verzweifle nicht daran, Sie auf sachten, weiten Umwegen allmählich meiner Ansicht über den Ursprung der letzten Kriege zusteuern zu sehen. Einstweilen klappt es doch wenigstens so, als wäre es bezweckt und gewollt gewesen, nicht wahr? – Und wenn der gleiche Zweck wieder einen Krieg verlangt, so wird man wieder einen haben. Der neuliche Artikel des ‹Daily Telegraph› hatte nach meiner Überzeugung den allerechtesten Ursprung. Mit der ‹Sicherung von Elsass-Lothringen› hat man auch ohne Krieg wenigstens jeden Moment Kriegslärm, Mobilmachung und dergleichen disponibel, das heisst einen leisen Belagerungszustand in Deutschland selbst, wobei Konstitutionalismus und andere Antiquitäten plötzlich verstummen müssen.

Ich bin nicht unbillig. Bismarck hat nur in eigene Hand genommen, was mit der Zeit doch geschehen wäre, aber ohne ihn und gegen ihn. Er sah, dass die wachsende demokratisch-soziale Woge irgendwie einen unbedingten Gewaltzustand hervorrufen würde, sei es durch die Demokraten selbst, sei es durch die Regierungen, und sprach: ‹Ipse faciam›, und führte die drei Kriege 1864, 1866, 1870.

Aber nun sind wir erst am Anfang. Nicht wahr, all unser Tun ist jetzt als beliebig, dilettantisch, launenhaft in einen zunehmend lächerlichen Kontrast geraten zu der hohen und bis ins Detail durchgebildeten Zweckmässigkeit des Militärwesens? Letzteres muss nun das Muster alles Daseins werden. Für Sie, verehrter Herr und Freund, ist es nun am allerinteressantesten, zu beobachten, wie die Staats- und Verwaltungsmaschine militärisch umgestaltet werden wird; für mich: wie man das Schul- und Bildungswesen in die Kur nehmen wird usw. Am merkwürdigsten wird es den Arbeitern gehen; ich habe eine Ahnung, die vorderhand noch völlig wie Torheit lautet und mich doch durchaus nicht loslassen will: der Militärstaat muss Grossfabrikant werden. Jene Menschenanhäufungen in den grossen Werkstätten dürfen nicht in Ewigkeit ihrer Not und ihrer Gier überlassen bleiben; ein bestimmtes und überwachtes Mass von Misère mit Avancement und in Uniform täglich unter Trommelwirbel begonnen und beschlossen, das ist's, was logisch kommen müsste. (Freilich kenne ich Geschichte genug, um zu wissen, dass sich die Dinge nicht immer

*logisch vollziehen.) Es versteht sich, dass was man tut, ganz
getan werden muss, und dann ohne Erbarmen nach oben und
nach unten. In der gestrigen oder vorgestrigen* ‹A.A.Z.› [Augsburger Allgemeine Zeitung] *war aus Berlin vom (-) Strichkorrespondenten das Programm der dortigen Zimmerleute mitgeteilt, welches Sie wohl auch in den Berliner Blättern leicht
finden werden. Lisez et réfléchissez!*

*Die Entwicklung einer intelligenten Herrschergewalt, für
die Dauer, steckt noch in ihren Kinderschuhen; in Deutschland zuerst wird sie vielleicht ihre Toga virilis anziehen. Es gibt
hierin noch grosse unbekannte Länder zu entdecken. Die
preussische Dynastie ist jetzt so gestellt, dass sie und ihr Stab
überhaupt gar nie mehr mächtig genug sein können. Vom Innehalten auf dieser Bahn ist keine Rede mehr; das Heil
Deutschlands selber drängt vorwärts.*

*Kommen Sie bald! Ich bin den ganzen Sommer höchstens
einmal acht Tage abwesend, sonst immer hier.*

*Leben Sie wohl und seien Sie bestens gegrüsst von Ihrem
getreuen*

J. Burckhardt»

Abkürzungen

BJ	Basler Jahrbuch.
Briefe	Jacob Burckhardt. Briefe. Vollständige und kritische Ausgabe von Max Burckhardt. Bd. I–X. Basel 1949–1986.
Bs. Nbl.	Basler Neujahrsblatt.
BZ	Basler Zeitschrift für Geschichte und Altertumskunde.
GA	Jacob Burckhardt-Gesamtausgabe. Bd. 1–14, Basel 1929--1934.
Gantner	Jacob Burckhardt und Heinrich Wölfflin. Briefwechsel und andere Dokumente ihrer Begegnung 1882–1897. 2. Aufl. Basel 1989.
Hoffmann	Jacob Burckhardt. Gedichte. Hgg. von K.E. Hoffmann, Basel 1926.
HZ	Historische Zeitschrift.
Kaegi	Werner Kaegi: Jacob Burckhardt. Eine Biographie. Bd. I–VII, Basel 1947–1982.
Markwart	Otto Markwart: Jacob Burckhardt. Persönlichkeit und Leben. Nur Band I erschienen. Basel 1920.
Neumann	Carl Neumann: Jacob Burckhardt. München 1927.
Roth	Paul Roth: Aktenstücke zur Laufbahn Jacob Burckhardts, in BZ 1935.
RG	Ernst Ziegler: Jacob Burckhardts Vorlesungen über die Geschichte des Revolutionszeitalters in den Nachschriften seiner Hörer. Rekonstruktion des gesprochenen Wortlautes, Basel 1974.
Skizzenbücher	Die Skizzenbücher Jacob Burckhardts. Katalog. Bearbeitet von Yvonne Boerlin-Brodbeck, Basel 1994.
STABS	Staatsarchiv Basel-Stadt.
Trog	Hans Trog: Jacob Burckhardt, in: BJ 1898.
UB	Universitätsbibliothek Basel.
L. Vöchting-Oeri	L. Vöchting-Oeri: Die Schwestern Schorndorff und ihre Nachkommen, Zürich 1941.

Anmerkungen

1. Peter Stadler in: Geschichtsforschung in der Schweiz, Bilanz und Perspektiven – 1991, Basel 1992. S. 436.
2. Kaegi: Bd. I. S. XVI.
3. Jacob Burckhardt: Griechische Kulturgeschichte, München 1977, hgg. v. Werner Kaegi. Band 1, Vorwort S. VII.
4. Aus einem Brief H. Wölfflins an seine Eltern am 15.11.1888 in: Gantner, S. 56.
5. Eduard His: Basler Gelehrte des 19. Jhs., Basel 1941. S. 201.
6. Karl Joël: Jacob Burckhardt als Geschichtsphilosoph, Basel 1910. Edgar Salin: Jacob Burckhardt und Nietzsche, Basel 1938.
7. August Rüegg: Die beiden Blütezeiten des Basler Humanismus. (Gedenkschrift 500 Jahre Universität Basel). Basel 1960. S. 14.
8. Zum Thema Erasmus und Basel vgl. man: Erasmus v. Rotterdam, Ausstellung zum 450. Todestag, Katalog des Historischen Museums, Basel 1986.
9. Die Stadtbeschreibung in: Basel in einigen alten Stadtbildern und in den beiden berühmten Beschreibungen des Aeneas Sylvius Piccolomini. Basel 1951.
10. GA 7, S. 24.
11. Dazu Franz Gschwind: Bevölkerungsentwicklung und Wirtschaftsstruktur der Landschaft Basel im 18. Jh., Liestal 1977. (Die Volkszählungen in der Stadt, S. 140, Tab. 11.)
12. Abbruchgesetz und Stadtentwicklung im 19. Jh., vgl. dazu R. Teuteberg: «Basler Geschichte», Basel 1988, S. 328ff.
13. Briefe I, Nr. 583, 17.3.1872.
14. Vgl. dazu: Annie Hagenbach: Basel im Bilde seiner Maler. 1770–1870, Basel 1939.
15. Vgl. dazu: L. Vöchting-Oeri: Die Schwestern Schorndorff und ihre Nachkommen. Zürich 1941. S. 146. Zum gleichen Thema: Stefan Suter: Menschen und Justiz. Grosse Basler Rechtsfälle des 19. Jhs., Basel 1995.
16. «Meine ganze Nervenkraft gehört einzig diesem Grund und Boden.» Briefe V, Nr. 528, 3.12.1869.
17. Kaegi: Bd. I. S. 36.

18. ckdt. (Basel) Streiflichter auf Geschichte und Persönlichkeiten des Basler Geschlechts Burckhardt, Basel 1990. (Verschiedene Autoren).
19. Eine sehr schöne Zeichnung dieses Stammbaumes befindet sich als Beilage im ältesten «Burckhardt-Buch»: Zacharia Hemminger: Historischer Entwurf des Burckhardtischen Stammbaumes, Basel 1715.
20. Paul Burckhardt: Der Oberstzunftmeister Christof Burckhardt, in: BZ, 9. Band (1908/9).
21. «Die Gegenreformation in den ehemaligen Vogteien Zwingen, Pfeffingen und Birseck», Basel 1855.
22. Genauer Titel: «Kurze Geschichte der Reformation in Basel. Ein Beytrag zur dritten Säkular-Feyer von Jakob Burkhardt, Obersthelfer.» Basel 1818.
23. Heinrich Oeri-Schenk/Max Burckhardt: Aus Jacob Burckhardts Jugendzeit. Ein Nachtrag zu seiner Bildungsgeschichte, in BZ 1982. S. 102ff.
24. Vgl. Anm. 15.
25. Briefe I, Nr. 34, 29.5.1839 + Nr. 45, 22.3.1840.
26. Stammbaum der Familie Burckhardt in Basel, bearbeitet vom Archivschreiber Ludwig Säuberlin nach den Aufzeichnungen von Fiskal Dr. Joh. Rud. Burckhardt und fortgeführt bis August 1893. Hgg. von einigen Familiengliedern, Basel 1893.
27. Vgl. Markus Kutter: Celio Secondo Curione. Sein Leben und sein Werk (1503–1569), Basel 1955. Abstammung Burckhardts von C.S. Curione in: Markwart, S. 395.
28. Briefe I, Nr. 33, 10.4.1839. Hier ergänzte Burckhardt «Heine würde sagen ...».
29. Briefe VII, Nr. 930, 6.8.1881.
30. Stammbaum von Jacob Burckhardts Eltern und Geschwistern in: Markwart, S. 392.
31. Briefe IV, Nr. 429, 1.7.1865.
32. Briefe I, Nr. 34, 29.5.1839.
33. Briefe I, Nr. 55, 25.9.1841.
34. Briefe III, Nr. 230, 24.12.1849. Hier zitiert Burckhardt den Satz als Rede eines klugen Mannes. Andere Briefstelle betr. Onkel, Briefe VII, Nr. 799, 1.1.1879.

35. Dazu Horst Fuhrmann: Fern von gebildeten Menschen. Eine oberschlesische Kleinstadt um 1870. München 1989. Dazu ein reizender Briefwechsel zwischen Onkel und Neffe.
36. GA 1, S. VII-IX. Für die Entstehung und Form des Urtextes vgl. man GA 1, S. 409f. Dieser Lebensbericht ist nicht der einzige; schon im März 1843 schrieb Burckhardt für die Dr.-Promotion eine «Vita».
37. Der Nachlass von Pfr. Jakob Burckhardt in der Handschriften-Abteilung der UB.
38. Vorträge in GA 14. S. 221–243.
39. Briefe XI, Nr. 1323, 25.9.1890.
40. Briefe I, Nr. 59, 21.3.1842 + Briefe I, Nr. 22, 28.8.1838.
41. Briefe I Nr. 50, 5.4.1841.
42. L. Vöchting-Oeri, S. 61.
43. Martin Warnke: Jacob Burckhardt und Karl Marx, in: Umgang mit Jacob Burckhardt, hgg. von der Jacob Burckhardt-Stiftung. Basel 1994.
44. L. Vöchting-Oeri, S. 126ff.
45. Johann Wahrmund Hess: Die Gemeindeschulen der Stadt Basel in den Jahren 1817–1822 in: BJ 1884; idem: Die Knabengemeindeschulen der Stadt Basel in den Jahren 1825–1835 in: BJ 1889.
46. Th. Burckhardt-Biedermann: Geschichte des Gymnasiums zu Basel 1589–1889. Basel 1889. Nachdruck zum Jubiläum 400 Jahre Humanistisches Gymnasium 1989.
47. Zur Entstehungsgeschichte des Pädagogiums vgl. die Darstellung: Basel in der Zeit der Restauration 1814–1830 v. Wilhelm Vischer in: Bs.Nbl. 1906. S. 25ff.
48. Vgl. Joh. Jak. Bachofen, Gesammelte Werke 3. Band, S. 1024 (Nachwort von Karl Meuli).
49. Kompositionen Burckhardts sind auf einer Musikkassette (Dolby-System) aufgenommen worden. Titel: Jacob Burckhardt, Ausgewählte Jugendkompositionen, Festgabe der Historischen u. Antiquarischen Gesellschaft zu Basel. Zum 80. Geburtstag (14. Dez. 1990) von Dr. Dr. h.c. Max Burckhardt. Erläuternder Text von Martin Staehelin (in Göttingen).

50. Das Album «Alterthümer» im: STABS, PA, 207, 60.
51. Die «Basler Chronick» von Christian Wurstisen (1544–1588) erschienen 1580. Diese erste Auflage ist heute sehr selten geworden.
52. «Die Skizzenbücher Jacob Burckhardts, Katalog» bearbeitet von Yvonne Boerlin-Brodbeck. 2. Band der «Beiträge zu Jacob Burckhardt» Basel/München 1994.
53. Vgl. dazu: GA 2. Bd. Einleitung des Herausgebers F. Stähelin, S. XII.
54. Genaueres bei: Kaegi, Bd. I. S. 267.
55. Neudruck: Jacob Burckhardt, Bemerkungen über Schweizerische Kathedralen, Amerbach-Verlag, Basel 1946.
56. Sehr viele, aber nicht alle Gedichte Burckhardts im Buch von Hoffmann.
57. Briefzitate: «Ich sehne mich nach meinem Klimperkasten» (1879, Briefe VII, S.107) «von 9 Uhr spiele ich Klavier, munter bis 11 Uhr.» (1881, Briefe VII, S. 512).
58. Briefe I, Nr. 22, 28.8.1838.
59. Vgl. Anm. 58.
60. Vgl. Anm. 58.
61. Briefe I, Nr. 26, 9.9.1838.
62. Vgl. Anm. 61.
63. Vgl. z.B. Alfred von Martin: Die Religion in Jacob Burckhardts Leben und Denken – Eine Studie zum Thema Humanismus und Christentum, München 1942. – Rezension dazu: Oscar Moppert in: Sonntagsblatt Basler Nachrichten 25.4.1943. Hermann Glockner in HZ 1949/1. Zum Thema vgl. auch: Ernst Walter Zeeden: Die Auseinandersetzung des jungen Jacob Burckhardt mit Glaube und Christentum. HZ 1954, S. 493ff.
64. Briefe II, Nr. 103, 14.1.1844.
65. Briefe VI, Nr. 777, 7.7.1878.
66. Briefe IX, Nr. 1349, 8.5.1891.
67. Jacob Burckhardt Briefwechsel mit Heinrich von Geymüller, mit einer Einleitung über H.v.G. und mit Erläuterungen von Carl Neumann, München 1914. S. 44.
68. Carl Spitteler: Ges. Werke, Geleitband II. Zürich 1958. S. 382.

69. Arnold von Salis: Zum 100. Geburtstag von Jacob Burckhardt in: BJ 1918. S. 305f.
70. Briefe I, Nr. 29, 12.12.1838.
71. Liederbüchlein in der Handschriften-Abteilung der UB: Signatur AN VI 71.
72. Skizzenbücher, S. 89 und S. 90.
73. Briefe I, Nr. 37, 8.9.1839.
74. Briefe I, Nr. 42, 11.3.1840.
75. Vgl. Anm. 72. S. 92–127.
76. Briefe I, Nr. 45, 22.3.1840 + Adressangabe in: Briefe I, Nr. 38, 18.10.1839.
77. Vgl. Anm. 76.
78. Vgl. Anm. 76.
79. Briefe I, Nr. 40, 15.1.1840.
80. Briefe I, Nr. 49, 15.8.1840.
81. Vgl. Anm. 80.
82. Bernhard Hoeft: Rankes Berufung nach München, München 1940. S. 113
83. GA 11, S. 425
84. Briefe I, Nr. 62, 14.6.1842.
85. GA 3, S. XXVII.
86. Briefe I, Nr. 42, 11.3.1840.
87. Briefe I, Nr. 55, 25.9.1841.
88. Briefe I, Nr. 50, 5.4.1841.
89. Vgl. Anm. 88.
90. Wir werden später davon sprechen in: Werke S. 210
91. Gottfried Kinkels Selbstbiographie, 1838–1848. Hgg. v. Richard Sander, Bonn 1931.
92. Briefe IV, Nr. 451, 7.9.1866.
93. Vgl. Anm. 91. S. 98.
94. Willibald Beyschlag: Aus meinem Leben. Erinnerungen und Erfahrungen der jüngeren Jahre, 2. Aufl. Halle, o.J. S. 133.
95. GA 1, S. 199.
96. GA 1, S. 113.
97. GA 1, S. XXX.
98. GA 1, S. XXXII.

99. Vgl. Anm. 94. S. 150.
100. Hoffmann, S. 54.
101. Briefe I, Nr. 50, 5.4.1841.
102. Briefe I, Nr. 56, 30.12.1841.
103. Briefe I, Nr. 55, 25.9.1841.
104. Vgl. Anm. 103.
105. Briefe III, Nr. 189, 27.11.1846.
106. Briefe III, Nr. 190, 5.12.1846.
107. Briefe III, Nr. 191, 7.12.1846.
108. Briefe III, Nr. 193, 27./28.2.1847.
109. Vgl. Anm. 108.
110. Dazu: Paul Burckhardt: Die Geschichte der Stadt Basel von der Trennung des Kantons bis zur neuen Bundesverfassung. Bs. Nbl. 1912.
111. Briefe II, Nr. 98, 24.11.1843.
112. Roth, S. 14.
113. Briefe I, Nr. 74, 7.2.1843.
114. Emil Dürr: Jacob Burckhardt als politischer Publizist. (hgg. v. Werner Kaegi), Zürich 1937.
115. Eduard His: Ratsherr Andreas Heusler und seine Politik in der «Basler Zeitung» (1831–1859). BZ 1929. S. 250ff.
116. Vgl. Anm. 115. S. 8f.
117. Vgl. Anm. 114. S. 183.
118. Vgl. Anm. 114. S. 48f.
119. Vgl. Anm. 114. S. 11.
120. Briefe II, Nr. 119, 16.7.1844.
121. Vgl. Anm. 114. S. 50ff.
122. Briefe II, Nr. 165, 11.1.1846.
123. Werner von der Schulenburg: Jacob Burckhardt, Reisebilder aus dem Süden, Heidelberg 1928. Erste Publikation in der Zeitschrift «Der Wanderer in der Schweiz» 4. Jhg. 1837/38.
124. Hoffmann, S. 32 (Elegie I), Das Gedicht ist eine Beilage zum Brief an H. Schreiber in Freiburg. Brief I, Nr. 18, 2.1.1838.
125. Hoffmann, S. 72.
126. Briefe VI, Nr. 793, 29.8.1878.

127. Briefe III, Nr. 210, 6.12.1847. Abb. 5. Die Zeichnung gilt (nach Max Burckhardt) auch für den Sommer 1846.
128. Briefe III, Nr. 180, 10.5.1846.
129. Briefe III, Nr. 187, 12.9.1846.
130. Briefe III, Nr. 179, 21.4.1846.
131. Unbekannte Aufsätze Jacob Burckhardts aus Paris, Rom und Mailand. Hgg. v. Josef Oswald, Basel 1922. S. 125ff.
132. Vgl. Anm. 131. S. 130f.
133. Vgl. Anm. 131. S. 136f.
134. Vgl. Anm. 131. S. 138.
135. Vgl. Anm. 131. S. 144f.
136. Dazu: Max Burckhardt: Rom als Erlebnis und geschichtliches Thema bei Jacob Burckhardt, in: Jacob Burckhardt und Rom. Hgg. vom Schweiz. Institut in Rom 1988, und: Max Burckhardt: Zeitungsberichte für die Basler Zeitung, aus Rom, in: Jacob Burckhardt in Rom, Festschrift Karl Schwarber, Basel 1950.
137. «Kunstblatt», Stuttgart/Tübingen 1848, Nr. 33 u. 35.
138. Briefe III, Nr. 195, 25.3.1847.
139. GA 14. S. 68.
140. Der Briefwechsel von Jacob Burckhardt und Paul Heyse. Hgg von Erich Petzer, München 1916. Brief Nr. 8.
141. Ausnahme Gedichte im 1. Bd. der GA in «Bilder aus Italien».
142. Briefe III, Nr. 233, 12.1.1850.
143. BJ 1910. S. 139.
144. Vgl. Rudolf Suter (Hg.), «Uff Baseldytsch», Basel 1988.
145. Briefe I, Nr. 18, 2.1.1938.
146. Briefe I, Nr. 44, 16.3.1840.
147. Briefe II, Nr. 125, 3.8.1844.
148. Briefe IV, Nr. 381, 6.1.1862.
149. Briefe VI, Nr. 703, 1.6.1876.
150. Hoffmann, S. 7.
151. Hoffmann, S. 22.
152. Markwart, S. 358.
153. Briefe VI, Nr. 793, 29.8.1878.
154. Briefe VII, Nr. 835, 2.9.1879.
155. Briefe VIII, Nr. 972, 7.8.1882.

156. Briefe III, Nr. 231, 29.12.1849.
157. Hoffmann, S. 83.
158. Hoffmann, S. 104.
159. Hoffmann, S. 120.
160. Hoffmann, S. 125f.
161. Schmuckeli, Olten MCMLVI. Hgg. v. William Matheson. Nachwort von Werner Kaegi.
162. Briefe II, Nr. 165, 11.1.1846.
163. Briefe III, Nr. 194, 25.3.1847.
164. Briefe VI, Nr. 787, 18.8.1878.
165. Briefe III, Nr. 257, 5.11.1852.
166. Neumann, S. 53.
167. Roth, Nr. 24, 25 (Die Bedingungen Burckhardts), Nr. 27 (Die «Entlassung»).
168. Zum ganzen Thema: Kaegi, Bd. III. S. 447f.
169. Briefe III, Nr. 263, 31.10.1853.
170. Heinrich Wölfflin: Jacob Burckhardt zum hundertsten Geburtstag 25. Mai 1918. in: Heinrich Wölfflin: Gedanken zur Kunstgeschichte, Basel 1940[1].
171. Briefe III, Nr. 278, 19.12.1854.
172. R. Oeri-Sarasin: Beiträge zum Verhältnis zwischen Jacob Burckhardt und Arnold Boecklin, in: BJ 1917. S.266.
173. Schweiz. Bundesblatt, Nr. 47. Samstag, den 21. Oktober 1854.
174. Roth, Nr. 39, 40, 41.
175. Geschichte der Gründung des Eidg. Polytechnikums mit einer Übersicht seiner Entwicklung 1855–1905. Zur Feier des fünfzigjährigen Bestehens der Anstalt verfasst im Auftrag des Schweiz. Schulrates von Wilhelm Oechslin, Professor der Schweizergeschichte, Frauenfeld 1905.
176. Vgl. Anm. 175. S. 209f.
177. Roth, Nr. 42.
178. Vgl. Anm. 175. S. 232.
179. Kaegi, Bd. III. S. 562.
180. Briefe III, Nr. 295, 29.11.1855.
181. Vgl. Anm. 180.
182. Briefe III, Nr. 293, 17.10.1855.

183. Briefe III, Nr. 309, 2.11.1856.
184. Briefe III, Nr. 306, 27.7.1856.
185. Briefe VIII, Nr. 1005, 31.5.883.
186. Kaegi, Bd. III. S. 608.
187. Roth, Nr. 69.
188. Roth, Nr. 60.
189. Roth, Nr. 68.
190. Vgl. S. 34.
191. Briefe V, Nr. 588, 17.5.1872.
192. Briefe V, Nr. 528, 3.12.1869.
193. Briefe V, Nr. 653, 5.10.1874.
194. Briefe IV, Nr. 324, 23.5.1858.
195. Neumann, S. 322.
196. Gantner, S. 184.
197. Carl Spitteler: Ges. Werke, Bd. 6, 1947. S. 374.
198. Werner Kaegi: Jacob Burckhardt als Lehrer am Basler Pädagogium, Olten 1962.
199. Trog, S. 127.
200. Jacob Burckhardt – Briefwechsel mit Heinrich von Geymüller. Hgg. von Carl Neumann, München 1914. S. 6.
201. Trog, S. 153f.
202. Briefe IX, Nr. 1368, 17.10.1891. Burckhardt sagt genau: «der alte Mann mit dem Portefeuille».
203. Briefe X, Nr. 1444, 19.5.1893.
204. Vgl. Anm. 196. S. 28.
205. Briefe IV, Nr. 401, 3.4.1864.
206. Briefe V, Nr. 491, 31.1.1868.
207. Briefe VII, Nr. 825, 16.8.1879. Das Thema «Burckhardt und das Markgräflerland» hat Dr. E. Richter, Grenzach, in der Zeitschrift. «Das Markgräflerland», Jhg. 1974, Heft 1+2, gründlich behandelt.
208. Briefe IV, Nr. 327, 9.6.1858.
209. Briefe VI, Nr. 777, 7.7.1878.
210. Briefe IV, Nr. 431, 16.10.1865.
211. Briefe V, Nr. 602, 31.12.1872.
212. Briefe VII, Nr. 799, 1.1.1879.
213. Briefe VI, Nr. 700, 27.2.1876.

214. Briefe IX, Nr. 1258, 5.6.1889.
215. Eduard Kaiser: Aus alten Tagen, Lebenserinnerungen eines Markgräflers, 1815–1875, Lörrach 1910.
216. Briefe V, Nr. 624, 29.12.1873.
217. Dazu René Teuteberg: Friedrich von Preen, sein Freundeskreis und Jacob Burckhardt, Skizze einer Biographie, Jahrbuch 1987, Schweiz. Ges. für Familienforschung. S. 155–168.
218. Briefe V, Nr. 525, 6.11.1869.
219. Briefe V, Nr. 546, 3.7.1870.
220. Briefe Preens im: STABS, PA 207.
221. Briefe V, Nr. 530, 8.1.1870.
222. Vgl. Anm. 220.
223. Briefe V, Nr. 550, 20.7.1870.
224. Vgl. Anm. 220.
225. Briefe V, Nr. 554, 27.9.1870.
226. Vgl. Anm. 225.
227. Vgl. Anm. 220.
228. Vgl. Anm. 220.
229. Briefe V, Nr. 560, 31.12.1870.
230. Briefe V, Nr. 562, 3.3.1871.
231. Briefe X, Nr. 1488, 30.12.1893.
232. Briefe X, Nr. 1505, 6.5.1894.
233. Briefe VIII, Nr. 975, 12.8.1892.
234. Briefe VII, Nr. 814, 30.7.1879.
235. Briefe VII, Nr. 815, 31.7.1879.
236. Briefe VII, Nr. 839, 3.9.1879.
237. Vgl. Anm. 236.
238. Vgl. Anm. 236.
239. Vgl. Anm. 236.
240. Briefe VI, Nr. 746, 5.8.1877.
241. Briefe VI, Nr. 680, 29.7.1875.
242. Briefe VIII, Nr. 1062, 31.7.1884.
243. Vgl. Anm. 242.
244. Briefe VIII, Nr. 1063, 1.8.1884.
245. Briefe VIII, Nr. 1064, 2.8.1884.
246. Briefe VI, Nr. 744, 1.8.1877.

247. Briefe VI, Nr. 747, 7.8.1877.
248. Briefe VII, Nr. 839, 3.9.1879.
249. Briefe VII, Nr. 932a, 15.8.1881.
250. Briefe X, Nr. 1662, 5.8.1897.
251. Briefe X, Nr. 1654, 22.6.1897.
252. Vgl. S. 124.
253. Das Haus wurde 1955 abgerissen, aber im Neubau befindet sich eine pietätvolle Tafel, die an den grossen Basler erinnert.
254. Briefe X, Nr. 1399, 22.9.1892.
255. Briefe X, Nr. 1415, 11.2.1893.
256. Roth, Nr. 102.
257. Roth, Nr. 105.
258. Dazu: Max Burckhardt: Jacob Burckhardt in seinen letzten Lebensjahren, in: BZ 1986/2.
259. Felix Staehelin: Reden und Vorträge, hgg. von Wilhelm Abt, Basel 1956. S. 318.
260. Die Beerdigung Jacob Burckhardts in: Allgemeine Schweizer Zeitung, 12. August 1897.
261. Im Vorwort «Zur Farbenlehre»
262. Vgl. Anm. 261
263. Briefe IV, Nr. 329, 14.8.1858.
264. Neumann, S. 112.
265. Briefe III, Nr. 187, 11.9.1846. / Briefe II, Nr. 134, 23.12.1844.
266. Briefe II, Nr. 98, 24.11.1843.
267. Briefe VI, Nr. 717, 4.9.1876.
268. Briefe VIII, Nr. 1120, 25.12.1885.
269. Zitate betr. Tessinerputsch, Briefe IX, Nr. 1318, 1320, 1361.
270. Hermann Bächtold: Gesammelte Schriften, hgg. v. Eduard Vischer, Aarau 1939. S. 266.
271. Briefe IV, Nr. 486, 24.11.1867.
272. Briefe II, Nr. 176, 9.3.1846.
273. Briefe III, Nr. 293, 17.10.1855.
274. Briefe VI, Nr. 700, 27.2.1876.
275. Briefe VIII, Nr. 961, 13.4.1882.
276. Briefe IX, Nr. 1320, 14.9.1890.
277. Briefe VIII, Nr. 1106, 18.7.1885.

278. 1. Zitat: Gedicht «Vorgsicht» vgl. S.101 / 2. Zitat: Briefe III, Nr. 303, 16.3.1856. / 3. Zitat: Arnold von Salis im BJ 1918. S. 292.

279. Friedrich Rintelen: Gedenkworte auf Jacob Burckhardt, in: Schweizerische Akademiereden, hgg. v. Fritz Strich, Bern 1945.

280. Arnold von Salis (II.): Jacob Burckhardts Vorlesungen über die Kunst des Altertums, in: Basler Universitätsreden, 23. Heft, Basel 1948. S. 28.

281. Emil Dürr: Jacob Burckhardt 1818–1897, in: «Basler Nachrichten», 25. Mai 1918. Beilage zu Nr. 238.

282. Friedrich Nietzsche: Sämtliche Briefe, Ausgabe dtv de Gruyter, Berlin 1975–1984. Bd. 8, Nr. 1245.

283. Bibliographie der Schriften Jacob Burckhardts (1837–1897). Im Auftrag des Archivs für schweizerische Kunstgeschichte zusammengestellt von Rainer Baum, Basel September 1994.

284. Man vergleiche «Literatur-Auswahl».

285. Briefe I, Nr. 74, 7.2.1843.

286. Quaestiones aliquot Caroli Martelli historiam illustrantes... scripsit Jac. Chr. Burckhardt Basiliensis.

287. GA 1, S. 200. (Vorwort zu Conrad).

288. Briefe I, Nr. 61, 13.6.1842.

289. Trog, S. 80.

290. GA 2, S. 1.

291. GA 2, S. XVIII.

292. Die Zeit Constantins des Grossen, hgg. v. Karl Christ, München 1982.

293. Sprachgut der Schweiz, Hefte für den Deutschunterricht, Heft 4. Jacob Burckhardt, ausgewählt von Werner Kaegi, Zürich o.J., S. 60.

294. GA 2, S. 287.

295. Briefe III, Nr. 264, 8.11.1853.

296. GA 5, S. 1.

297. GA 5, S. 1 und S. 411.

298. Briefe IV, Nr. 344, 1.8.1860.

299. Über das Verhältnis zu C.F. Meyer, dem Dichter von Renaissance-Novellen, vgl. GA 5, S. LXXI.

300. Wilhelm Bode im Vorwort zu seiner Ausgabe der «Kultur der Renaissance», Berlin 1927.

301. Werner Kaegi in Kindlers-Literatur-Lexikon, Bd. IV, Spalte 843.

302. GA 5, S. 95.
303. GA 1, S. 114.
304. Briefe I, Nr. 64, 1.7.1842.
305. GA 1, S. 285.
306. Briefe III, Nr. 275, 2.12.1854.
307. Briefe III, Nr. 278, 19.12.1854.
308. Briefe IV, Nr. 427, 28.6.1865.
309. GA 3, S. 1.
310. Kindlers-Literatur-Lexikon, Bd. I, Spalte 2603.
311. Briefe IV, Nr. 478, 2.6.1867.
312. H.Wölfflin in: GA 12, S. X.
313. Briefe X, Nr. 1454, 25.5.1893 und Anmerkung dazu S. 453.
314. Neumann, S. 362f.
315. GA 12, S. XV.
316. GA 12, S. 295.
317. Emil Maurer: Jacob Burckhardt und Rubens, Basel 1951.
318. Albert Teichmann: Die Universität Basel in den 50 Jahren seit der Reorganisation im Jahre 1835, Basel 1885. Die Universität Basel in den Jahren 1885–1895, Basel 1896.
319. GA 7. Historische Fragmente aus dem Nachlass, hgg. von Emil Dürr, Basel 1929. Ein Neudruck davon mit einem Vorwort von Werner Kaegi erschien 1942.
320. GA 7, S. 282.
321. Kaegi, Bd. 5, S. 155.
322. Ernst Ziegler: Jacob Burckhardts Vorlesung über die Geschichte des Renovationszeitalters in den Nachschriften seiner Zuhörer. Rekonstruktion des gesprochenen Wortlautes, Basel 1974.
323. GA 8, S. XXXVIII.
324. Briefe V, Nr. 530, 8.1.1870.
325. Briefe V, Nr. 588, 17.5.1872.
326. Briefe IV, Nr. 406, 10.7.1864.
327. GA 9, S. 343.
328. Briefe V, Nr. 630, 14.6.1874.
329. Das Thema behandelt ausführlich Peter Ganz: Jacob Burckhardt. Über das Studium der Geschichte, München 1982. Die ältere Bearbeitung dieses Themas von Hermann Bächtold, in:

Hermann Bächtold: Gesammelte Schriften, hgg. von Eduard
Vischer, Aarau 1939.

330. Briefe V, Nr. 504, 24.10.1868.
331. GA 7, S. 1.
332. GA 7, S. 8f.
333. Werner Kaegi, in: Weltgeschichtliche Betrachtungen, Bern 1941,
    Einleitung S. 16.
334. GA 7, S. 1.
335. Vgl. Anm. 334.
336. GA 7, S. 2.
337. GA 7, S. 3.
338. Vgl. Anm. 337.
339. Markwart, S. 6 (er zählt noch Schopenhauers «Paralipomena» zu
    den drei besten Büchern des 19. Jahrhunderts).
340. Vgl. Anm. 192.
341. Trog, S. 143.
342. Das Zitat befindet sich im Buch von Ziegler. Vgl. Anm. 322. S. 560.
343. Briefe VII, Nr. 859, 13.2.1880 und Anm. S. 412 dazu.
344. Das Zitat wie Anm. 342. S. 561. Zum Thema Jacob Burckhardt
    und Nietzsche vgl. das vortreffliche Buch von Curt Paul Janz:
    Friedrich Nietzsche, Biographie, München 1978. Bd. 1, S. 321ff.
345. GA 14, S. 331–344.
346. Jacob Burckhardt. Briefe zur Erkenntnis seiner geistigen Gestalt.
    Hg. Fritz Kaphan, Leipzig 1935.
347. Walter Rehm: Jacob Burckhardt, Frauenfeld 1930. S. 40.
348. Gantner, S. 15.

Literatur-Auswahl

Es handelt sich um eine kleine Auswahl von Schriften aus dem Schüler- und Bekanntenkreis Burckhardts und von wichtigen Darstellungen späterer Autoren. Die im Abkürzungsverzeichnis schon genannten Autoren werden nicht mehr aufgeführt.

Bächtold, Hermann: Vier Aufsätze über Jacob Burckhardt, in: Gesammelte Schriften, hgg. von Eduard Vischer, Aarau 1939.

Beyschlag, Willibald: Aus meinem Leben. Erinnerungen und Erfahrungen, Halle o.J.

von Bode, Wilhelm: Mein Leben, 1. Bd., Berlin 1930.

Breisig, Kurt: Aus meinen Tagen und Träumen..., Berlin 1962.

Burckhardt, Max: Jacob Burckhardt in Rom, Basel 1950.

Burckhardt, Max: Jacob Burckhardt als Zeichner, in: Librarium, 20. Heft I, 1977.

Burckhardt, Max: Aus Jacob Burckhardts Jugendzeit, in: BZ 1982.

Burckhardt, Max: Jacob Burckhardt und Rom, Rom 1988.

Christ, Salome: Jacob Burckhardt und die Poesie der Italiener, Basel 1939.

Dürr, Emil: Jacob Burckhardt als politischer Publizist. Aus dem Nachlass Emil Dürrs hgg. von Werner Kaegi, Zürich 1937.

Gass, Alfred Lukas: Die Dichtung im Leben und Werk Jacob Burckhardts, Basel 1967.

Gelzer, Heinrich: Jacob Burckhardt als Mensch und Lehrer, in: Zeitschrift für Kulturgeschichte, Bd. VII, Berlin 1899.

Grisebach, Eberhard: Jacob Burckhardt als Denker, Bern 1943.

Heyse, Paul: Jugenderinnerungen und Bekenntnisse, 2. Aufl. Berlin 1900.

(Heyse Paul) Der Briefwechsel von Jacob Burckhardt und Paul Heyse, hgg. von Erich Petzet, München 1916.

His, Eduard: Ratsherr Andreas Heusler und seine Politik in der «Basler Zeitung». BZ 1929.

Hoffmann, Karl Emil: Basler Dichterstätten, Basel 1934.

Hoffmann, Karl Emil: Jacob Burckhardt, Briefwechsel mit der Basler Dichterin Emma Brenner-Kron, Basel 1925.

Jenny, Ernst: Basler Dichtung und Basler Art im 19. Jahrhundert, 105. Basler Neujahrsblatt, Basel 1927.

Joël, Karl: Jacob Burckhardt als Geschichtsphilosoph, Basel 1918.

Kinkel, Gottfried: Selbstbiographie 1838–1848, hgg. von Richard Sander, Bonn 1931.

Klebs, Georg: Erinnerungen an Jacob Burckhardt, Heidelberg 1919.

Löwith, Karl: Jacob Burckhardt, in «Sämtliche Schriften», Band 7, Stuttgart 1984.

Lübke, Wilhelm: Lebenserinnerungen, Berlin 1891.

von Martin, Alfred: Die Religion in Jacob Burckhardts Leben und Denken, München 1942. (Rezension davon von Oskar Moppert in «Basler Nachrichten» vom 25. April 1943.)

Maurer, Emil: Jacob Burckhardt und Rubens, Basel 1951.

Meier, Nikolaus: Wilhelm Lübke, Jacob Burckhardt und die Architektur der Renaissance, BZ 1985.

Münzel, Gustav, (Hg.): Briefwechsel Jacob Burckhardts mit dem Freiburger Historiker Heinrich Schreiber, Basel 1924.

Oswald, Joseph: Unbekannte Aufsätze Burckhardts aus Paris, Rom, Mailand. Basel 1922.

Rehm, Walter: Jacob Burckhardt, Frauenfeld 1930.

Richter, Erhard: Jacob Burckhardt und das Markgräflerland, in: Das Markgräflerland, 1974, Heft 1/2.

Ritter, Henning, (Hg.): Jacob Burckhardt, Die Kunst der Betrachtung / Aufsätze und Vorträge zur bildenden Kunst, Köln 1984.

Salin, Edgar: Vom deutschen Verhängnis / Gespräch an der Zeitenwende, Burckhardt–Nietzsche, Rowohlt Hamburg 1959.

von Salis, Arnold (II.): Jacob Burckhardts Vorlesungen über die Kunst des Altertums, Basler Universitätsreden 23, 1948.

Schlink, Wilhelm: Jacob Burckhardts Künstlerrat, in: Städel-Jahrbuch, Neue Folge II, 1987.

Schneider, Max F.: Die Musik bei Jacob Burckhardt, Basel 1946.

Spitteler, Carl: Aufsätze über J. Burckhardt in «Gesammelte Werke», Geleitband II, Zürich 1958.

Wölfflin, Heinrich: Gedanken zur Kunstgeschichte, Gedrucktes und Ungedrucktes, Basel 1941. (Darin drei Aufsätze über Jacob Burckhardt.) (Vgl. dazu: Abkürzungen «Gantner»)

Wüthrich, Lucas: Jacob Burckhardt und Matthäus Merian, in: BZ 1960.

Verzeichnis der Abbildungen